高速铁路客运乘务专业系列教材

高速铁路概论

主　编　连义平　刘艳红
副主编　王艳艳　牛天河

西南交通大学出版社
·成　都·

内容简介

本教材简明扼要地介绍了高速铁路的基本概况、基本组成和基本原理。旨在为学习者了解高速铁路做一些基本准备，为学习相关专业课程奠定一定的基础。全书共分九个部分，主要包括：高速铁路概述、高速铁路的线路、高速铁路动车组、高速铁路车站、高速铁路供电系统、高速铁路信号与列车控制系统、高速铁路通信系统、高速铁路环境保护和高速铁路运输组织等内容。

本教材可以作为高等职业技术学院各铁路专业教学用书，也可以作为铁路运输企业技术人员、技术工人培训参考用书。

图书在版编目（CIP）数据

高速铁路概论 / 连义平，刘艳红主编. —成都：西南交通大学出版社，2019.8（2021.8 重印）
高速铁路客运乘务专业系列教材
ISBN 978-7-5643-7082-4

Ⅰ. ①高… Ⅱ. ①连… ②刘… Ⅲ. ①高速铁路—高等职业教育—教材 Ⅳ. ①U238

中国版本图书馆 CIP 数据核字（2019）第 185679 号

Gaosu Tielu Gailun
高速铁路概论
主编 连义平 刘艳红

责任编辑	杨 勇
助理编辑	宋浩田
封面设计	吴 兵
出版发行	西南交通大学出版社 （四川省成都市金牛区二环路北一段 111 号 西南交通大学创新大厦 21 楼）
发行部电话	028-87600564 028-87600533
邮政编码	610031
网 址	http://www.xnjdcbs.com
印 刷	四川森林印务有限责任公司
成品尺寸	170 mm × 230 mm
印 张	20
字 数	359 千
版 次	2019 年 8 月第 1 版
印 次	2021 年 8 月第 2 次
书 号	ISBN 978-7-5643-7082-4
定 价	48.00 元

课件咨询电话：028-81435775

前　言

从 20 世纪 90 年代开始，我国高速铁路进入了快速发展的时期。到目前为止，已有超过 2.5 万千米的高速铁路投入运营。高速铁路在改善我国铁路运输紧张局面、解决广大人民群众出行难、减少环境污染、节约土地资源、推动我国社会经济发展等方面发挥着越来越重要的作用。

本教材是为满足高等职业院校在高速铁路基础知识相关教学的实际需要而编写的。教材力求简明扼要、系统全面地阐述高速铁路的基本知识、基本设备和基本原理，使之成为具有科普知识的教科书，帮助读者对高速铁路有一个比较全面、系统的了解。由于不同院校和专业之间所需要掌握的内容有所不同，在实际教学中，可根据具体情况予以选用，适当补充。

本教材由西安铁路职业技术学院连义平老师、河北轨道运输职业技术学院刘艳红老师担任主编，西安铁路职业技术学院王艳艳、牛天河老师参与编写工作。编写分工如下：项目一、项目六、项目七由连义平编写；项目四、项目五由刘艳红编写；项目二、项目八由王艳艳编写；项目三、项目九由牛天河编写，全书由连义平统稿。

教材在编写过程中，参考了佟立本、刘建国、洪立新等老师及单位的相关资料和实际案例，得到了西安铁路职业技术学院和兄弟院校领导和老师的热情帮助。在此向所有关心并给予大力支持的单位和同志表示衷心的感谢。

由于我国高速铁路尚处于发展时期、许多设备及管理模式还在不断完善和探索阶段，许多系统缺少统一的标准，加之编者水平有限，教材中难免有疏漏、不妥之处，恳请各位老师和广大读者批评指正，以便不断提高教材的专业水准，为我国高速铁路和高等职业教育的发展贡献微薄之力。

连义平

2019 年 5 月于西安

目 录

项目一　高速铁路概述

从人类有文字记录以来，就有从事运输活动的相关记载。原始社会中，我们的祖先为了取得赖以生存的生活资料，搬运及狩猎是必不可少的活动。在人类进入文明社会之前，是以肩扛、背驮或以头顶的方式进行运输的；其后，随着时间的推移，人们知道了如何利用动物驮运货物以减少人类的负担。利用动物来运输，促进了人类社会的大分工，从此作为社会的第四个物质生产部门的运输业由此诞生。而轮轴的发明、车辆的出现、蒸汽机的发明，则揭开了现代运输业发展的序幕。

进入 19 世纪，随着近代铁路运输业的发展，铁路以其迅速、便利、经济等优点，受到人们的高度重视。修建铁路成为世界上许多国家最热门、最时髦的事情。西欧各国和美国都进入了铁路建设的高潮，横贯大陆的美国铁路就是在这个时期建成的。到了 19 世纪后半叶，铁路建设热潮已经扩展到非洲、南美洲和亚洲各国。

在铁路快速发展的同时，跟随时代的发展及要求，高速铁路也开始了它的发展。1964 年，日本建成了世界上第一条速度超过 200 km/h 的高速铁路—— 东海道新干线。随后，各个国家也开始了自己国家高铁的发展。

高速铁路是世界铁路的一项重大技术成就，它集中反映了一个国家铁路牵引动力、线路结构、高速运行控制、高速运输组织和经营管理等方面的技术进步，也体现了一个国家的科技和工业水平。高速铁路是社会经济发展和运输市场竞争的需要，它促进了地区经济的发展和城市化进程，在经济发达、人口密集地区的经济效益和社会效益尤为突出。

知识点一　高速铁路的发展历程

一、外国高速铁路的发展历程

1825 年 9 月 27 日，由“铁路之父”乔治·史蒂芬孙（George Stephenson）主持修建的世界上第一条铁路在英国的达灵顿和斯道克顿之间建成，由此拉开了铁路作为陆上运输主要方式的序幕。由于铁路拥有运输速度高和节约运输能量的优点，在很长的历史时期内，铁路成为各国的交通运输骨干。到20世纪20年代末，全世界已经修建铁路120万千米，几乎垄断了所有的陆上运输。

20世纪四五十年代，随着公路运输、航空运输、管道运输的相继崛起，铁路固有的不足之处逐渐凸显出来，可及性不及公路，直达性不如管道，方便和快捷性不如高速公路和民航。在激烈的竞争中，铁路长途客运受到了航空运输的挤压，短途客运被汽车运输所取代。加之铁路方面经营意识的落后，服务水准每况愈下。在这些不利因素的影响下，铁路运输客、货运量开始逐年下降，连年亏损，被迫封闭或拆除部分铁路。公路运输、航空运输、管道运输对铁路运输提出了极大的挑战，铁路进入“夕阳产业”的被动局面。

20世纪五六十年代以后，由于能源危机、环境恶化、交通安全等问题的困扰，人们重新认识到铁路的价值。特别是高速铁路以其速度快、运能大、能耗低、污染轻等一系列的技术优势，适应了现代社会经济发展的新需求。为了迎接挑战，充分发挥铁路的优越性，夺回铁路应有的市场，世界各国的铁路业者在高速度、大重量、高密度等方面做出了极大的努力。尽管如此，20世纪前半叶，铁路运行速度超过200 km/h者寥寥无几。直到1964年，世界上第一个实现运行速度高于200 km/h的高速铁路系统——日本的新干线系统正式开通。

（一）日本高速铁路的发展

20世纪60年代，日本为了满足第十八届奥运会对交通系统的要求，于1959年4月5日破土动工修建世界上第一条真正意义上的高速铁路——东海道新干线。经过5年的建设，于1964年3月全线完成铺轨，同年7月竣工，1964年10月1日正式通车，如图1-1所示。

图1-1　日本东海道新干线

东海道新干线从东京起始，途经名古屋、京都等地，终至（新）大阪，全长 515.4 km，全部修建新线，旅客列车专用。运营速度高达 210 km/h，使东京——大阪的运行时间从 6 h 30 min 缩短到 3 h 10 min；票价比飞机便宜，从而吸引了大量的旅客，迫使东京——名古屋间的飞机航班停飞。东海道新干线投入运营后，高速列车的客运市场占有份额迅速上升，每天平均运送旅客 36 万人次，年运输量达 1.2 亿人次，从而使包括东京、横滨、名古屋、大阪等大城市在内的东海道地区，原本旅客运输十分紧张的状况一下得到了缓和，也取得了预期的经济效益，仅用 8 年时间就收回全部投资。东海道新干线的建成通车标志着世界高速铁路新纪元的到来，给世界铁路的复苏带来了生机。

继 1972 年东海道新干线之后，日本又修建了山阳、东北、上越、长野等新干线，使新干线列车能直通运行到更多的城市；截至 2017 年 4 月，日本已投入运营的新干线高速铁路里程为 3 041 km，在建新干线高速铁路里程为 402 km，规划建设新干线高速铁路里程为 179 km。

50 多年来，日本新干线以其安全、快速、准时、舒适、运输能力大、环境污染轻、节省能源和土地资源等优越性，受得了政府与公众的支持和欢迎，已经构成了日本国内铁路网的主干部分。

高速铁路具有明显的经济效益和社会效益，极大地刺激了西欧各国，终于促使一直对是否修建实用性高速铁路犹豫不决的西欧国家政府下定决心，奋起直追。

（二）法国高速铁路的发展

法国是全世界从事提高列车速度研究较早的国家，1955 年就利用电力机车牵引创造了 331km/h 的世界纪录。1971 年，法国政府批准修建 TGV（Train à Grande Vitesse，法语“高速铁路”的简称）东南线。东南线始于巴黎至里昂，全长 417 km，其中新建高速铁路线 389 km，于 1976 年 10 月正式开工，1983 年 9 月全线建成通车，最高运行速度达 270 km/h，超过了当时日本东海道新干线最高速度。法国高速铁路的建设特点与日本新干线有所不同，主要为部分修建新线，部分旧线改造，旅客列车专用。之后，法国又修建了大西洋 TGV 线、北方 TGV 线、地中海 TGV 线和欧洲东部 TGV 线。

法国对高速铁路速度目标值的追求是独具特色和遥遥领先的。TGV 一直牢牢占据高速轮轨的速度桂冠，1972 年的试验运行中，TGV 创造了当时的 318 km/h 的高速轮轨速度纪录。1981 年 2 月 TGV 高速列车在东南线南段部分的试验中，实验记录速度达到了 380 km/h，打破了传统铁路运行速度的理论概念值。1990 年 5 月 18 日在大西洋线上创造了 515.3 km/h 的新纪录，2007 年又创下了 574.8 km/h 的最高纪录。在运营线路上，大西洋线、北方高速线

TGV 的平均速度均超过 300 km/h，表现非常稳定。2001 年建成并投入运营的地中海线，列车运行速度达到 350 km/h。法国已研制出性能更高、速度达 350 km/h 的第四代动力分散式 AGV 型高速列车，速度为 300 km/h 的高速双层列车也已问世，如图 1-2 所示。

图 1-2　法国 TGV

TGV 的成功促进了铁路网络的扩张，多条新线路在法国南部、西部和东北部建成。法国的铁路网络逐渐与邻国相连，“欧洲之星”应运而生，如图 1-3 所示。“欧洲之星”高速列车（Euro Star）是欧洲首列国际列车，于 1994 年投入运营。“欧洲之星”的最高速度可达到 300 km/h，它穿越英吉利海底隧道并把伦敦、巴黎和布鲁塞尔三个首都连接起来。乘客从伦敦的滑铁卢火车站搭乘“欧洲之星”到达巴黎只需要 2 h 35 min。人们首次可以从英国搭乘火车快速地到达欧洲大陆，而且旅途舒适便捷，不用再忍受搭乘飞机时的诸多不便。而且，法国高速铁路的运营推动了沿线地区经济的均衡发展，促进了房地产、工业机械、钢铁等相关产业的发展，欧洲铁路市场份额大幅度回升，企业经济效益得到明显好转。

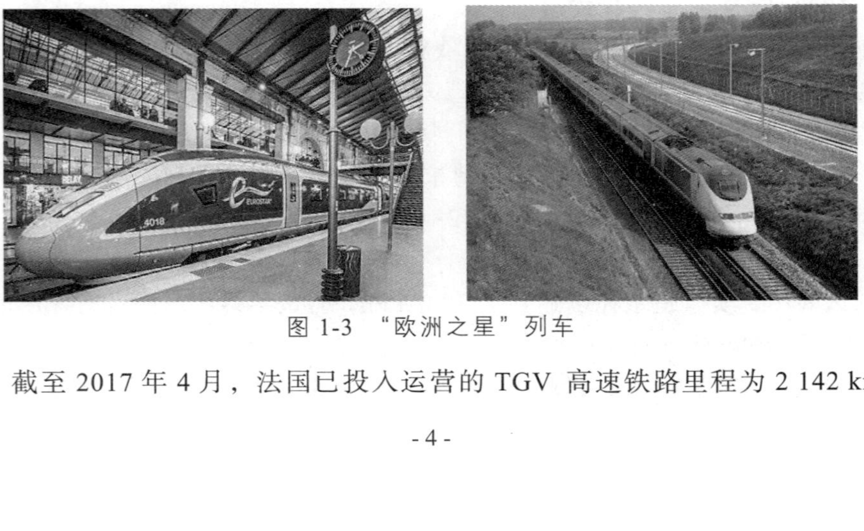

图 1-3　“欧洲之星”列车

截至 2017 年 4 月，法国已投入运营的 TGV 高速铁路里程为 2 142 km，在建线路里程 634 km，规划线路里程 1 786 km。

受法国 TGV 高速铁路获得极大成功的影响，欧洲各国逐步加入高速铁路的建设热潮中来。主要体现在：一是修建高速铁路得到了各国政府的大力支持，一般都有了全国性的整体修建规划，并按照规划逐步实施；二是修建高速铁路的企业经济效益和社会效益，得到了人们更广层面的共识，特别是修建高速铁路能够节约能源、减少土地使用面积、减少环境污染、交通安全等方面的社会效益显著，以及能够促进沿线地区经济发展、加快产业结构的调整等。

（三）德国高速铁路的发展

德国的 ICE（Intercity-Express 的简称），即“城际高速铁路”，是发达国家高速铁路中起步最晚的项目，如图 1-4 所示。ICE 是连接城市，解决人员、货物运输的交通工具，它将德国国内 130 多个大小城市连为一体，对人员和信息的往来与交流，以及经济建设发挥了极其重要的作用。ICE 的研究开始于 1979 年，其内部制造原理和制式与法国 TGV 有很大相似之处，最大的特点是全部修建新线，旅客列车与货物列的线路混用。1985 年 ICE 首次试车，以速度 317 km/h 打破了德国铁路纪录，目前的最高速度是 1988 年创下的 406.9 km/h，在当时堪称世界第一。

德国人在研究高速轮轨技术的同时，还在研究磁悬浮列车技术。由于磁悬浮在设计理念上的先天优势，德国的常导高速磁悬浮一直是其铁路方面科研的重点。磁悬浮的设计理念与传统意义上的轮轨完全不同，以前德国政府一直比较重视相对先进的磁悬浮技术，但由于磁悬浮铁路造价昂贵，并与现有铁路无法接轨，因此德国政府一直没把依靠磁悬浮技术的高铁投入商业运营中。直到 1981 年法国的 TGV 列车用事实证明了高速列车在商业上可以取得成功，而且速度不亚于当时的磁悬浮时，德国人才开始在高速轮轨方面奋起直追。虽然德国在全面掌握高速铁路技术方面比日、法两国要晚，但是其独特的技术已经能与日、法两国相媲美。

图 1-4　德国 ICE

1991 年，首个 ICE 列车正式运营。开通了从下萨克森州的首府汉诺威直达巴伐利亚州的重镇维尔茨堡的铁路线，全长 327 km。还有一条是从曼海姆至斯图加特的铁路线，全长 99 km。此后，德国高铁迅速发展，分别在 1998 年、2002 年、2006 年、2007 年和 2017 年开通了 5 条高速铁路线。尤其是 2017 年 12 月新开通的 VDE 8，连接德国第一大城市、首都柏林和第三大城市、南部重镇慕尼黑，使得原本约 6 h 30 min 的路程缩短到约 3 h 55 min。

ICE 系统是一个从列车、接触网、牵引供电、安全系统、线路、道床直到检测系统各个环节都相互关联和匹配的整体工程，以不污染环境、快捷迅速为其突出特征。作为一向注重节能环保的国家，德国高速铁路的发展也承继了这一理念。在德国，即使高速公路和民用航空高度发达，政府依旧会斥巨资兴建高铁。这样做的主要目的是从整个国家的能源战略高度考虑。因为德国第三代高速列车比汽车和飞机更节能。据德国联邦铁路公司计算，ICE3 之后系列的列车在载客率为 50%的情况下，每人每百千米消耗的能源不到 2 L。以汉堡到柏林为例，乘火车需要 1.5 h，比汽车快 1 倍。火车在半满员的情况下，每位乘客整个旅程消耗的能源平均不到 8 L 汽油。而汽车平均需要 27 L 以上。

目前，德国新建和改建的高速铁路线总长至少已达 1 560 km。近些年，德国与法国正在进行铁路对接，用各自的技术完成欧洲大陆上最大的两个国家铁路网的贯通。

顺带一提，日本磁悬浮研究成功的时间是新干线正式运行 10 年之后的 1972 年，而且研究方向是与德国完全不同的超导方式。目前日本磁悬浮已经在试验中跑出 552 km/h 的最高速度。

（四）英国高速铁路的发展

英国在发展高速铁路的过程中则是采用了 APT（Advanced Passenger Train 的简称）模式（见图 1-5），其特点是既不修建新线，也不对既有线路进行大量改造，主要靠采用由摆式车体的车辆组成的动车组，旅客列车与货物列车的线路混用。意大利、瑞典和德国是最早进行摆式列车试验的国家，1997 年以来，摆式列车因为价格便宜和制造工艺相对简单，尤其是凭借其能够充分利用现有线路，不必铺设全新的铁路网络的优势，而逐渐能够在高速列车的竞争上与高速轮轨和磁悬浮分庭抗礼。

从国际趋势来看，摆式列车很有可能是一种在大规模成熟铁路网基础上完成提速，而且性价比较高的高速铁路技术。

图 1-5　英国 APT

（五）意大利、西班牙等其他国家高速铁路的发展

意大利是一个多山区的国家，历史悠久，人口密度高，因此环境保护的紧迫性更高，工业发达但布局偏于北部，处于整个欧洲交通的枢纽地位，这种国情决定了意大利高速铁路定位是：在大部分为山区、丘陵地形、总体地质条件比较差的地形地貌上修建一个适应旅客列车的、最高速度为 300 km/h、货物列车轴重达 18 t、最低速度为 80 km/h 的客货运混用的 T 字形高速铁路网。意大利第一条高速铁路是 1992 年修建的罗马—佛罗伦萨线，1994 年正式开始修建高速铁路网工程。其中，1998 年对米兰—博洛尼亚段 180 km 铁路进行改造升级，车速提高至 300 km/h。都灵—博洛尼亚高速铁路于 2000 年完工；米兰—威尼斯高速铁路 2001 年完工；米兰—热那亚高速铁路 2003 年完工。意大利铁路的摆式列车，是世界上最早的摆式列车。目前，意大利的高速铁路总长度达到 1 525 km，所采用的最新型 ETR500 高速列车，被称之"意大利欧洲之星"。

西班牙高速铁路最初采用了法国 TGV 的技术，是法国 TGV 技术输出的第一个国家。后来又采用了德国 ICE 的技术。西班牙对高速铁路的贡献在于它的可变轨距列车。1992 年 4 月，西班牙在巴塞罗那奥运会前夕开通了马德里—塞维利亚的高速铁路，赶上了世界高速铁路的发展步伐。西班牙高速列车简称为 AVE，最高时速达 300 km。除了 AVE 高速列车外，在马德里—塞维利亚高速铁路上还开行了自行研制的 Talgo250、Talgo350 摆式车体列车，以适应与既有线共线式列车的运行。

在认识建造高速铁路的优势后，美国奋起直追，不仅保留了原计划拆除的东北走廊电气化设施，而且在引进 TGV 技术的基础上，研制了具有美国特色的高速列车 Acela，该列车连接了波士顿、纽约、费城、华盛顿。是美国唯一的一条高速铁路。

从 20 世纪 80 年代开始，欧洲大部分发达国家开始大规模修建该国或跨国界高速铁路，逐步形成了欧洲高速铁路网络。

韩国高速铁路名为 KTX（Korea Train Express），首先引进 TGV 的技术，随后自身在引进技术的基础上再开发。韩国首都首尔—釜山的高速线路始建于 1994 年，2004 年 4 月 1 日正式开通，运行速度达 300 km/h 以上。自行制造的最新一代高速列车名为海雾（HEMU-430X），于 2012 年 12 月 27 日速度的试验中突破 400 km/h，达到 401.4 km/h 的行驶速度。

从世界各国高速铁路的发展和经营经验来看，是否适合高速铁路的发展应该总结是否具备两个基本条件：第一是需人口稠密和城市密集，而且生活水准较高，能够承受高速轮轨比较昂贵的票价和多点停靠，第二是需要有较高的社会经济和科技基础，能够保证高速轮轨的施工、运行与维修需要。

就这两点而言，以巴黎和柏林为核心的欧洲大陆和日本密集的城市带是非常适合高速铁路发展的地区。因此世界最先进的高速轮轨技术诞生在德、法、日这三个国家就很合乎逻辑了。在我国的京津经济带、长三角经济带、珠三角经济带也同样印证了高速铁路的发展优势和广阔前景。

目前，全世界拥有或正在建设高速铁路的国家有德国、法国、西班牙、意大利、瑞典、荷兰、比利时、英国、日本、韩国、中国等。各个国家都会根据本国国情的需要，选择不同的高速铁路建设类型。归纳起来，主要有以下几种模式：

1. 日本的新干线模式

其主要特点是新建双线高速线路，专门用于旅客快速运输。

2. 法国的 TGV 模式

其主要特点是部分修建新线，部分旧线改造，旅客列车专用。

3. 德国的 ICE 模式

其主要特点是全部修建新线，旅客列车与货物列车线路混用。意大利高速铁路就采用这种模式。

4. 英国的 ATP 模式

其主要特点是既不修建新线，也不对既有线路进行大量改造，而是在既有线上采用由摆式车体的车辆组成的动车组运行，旅客列车与货物列车线路混用。瑞典的 X2000 型列车能是在这种模式下开行的。

截至 2018 年年底，全世界高速铁路运营总里程约为 4.5 万千米。

二、中国高速铁路的发展历程

我国从 1876 年修建第一条铁路以来已经 140 多年了。经过长期的努力，我国的铁路建设取得了很好的成绩，铁路运输在国民经济发展中起着十分重要的作用。但是，由于诸多的因素，直到 20 世纪 90 年代，我国铁路的发展无论是从横向还是从纵向对比，都远远落后于其他发达国家。在铁路运营里程、运输效率、技术水准、装备质量等方面都存在着较大的差异。特别是改革开放以来，在中国走向新时代、国民经济持续高速发展的过程中，对交通运输快速发展的需求与日俱增，运能与运量的矛盾比较突出，铁路成为制约国家经济发展的“瓶颈”产业。所以，发展高速铁路是我国铁路走向复兴的需要和必然选择。虽然我们在高速铁路领域的起步较世界上部分发达国家晚了 20 至 30 年，但进入 21 世纪以后发展迅速。

1. 高速铁路建设的构想与探索

20 世纪 90 年代初我国开始研究高速铁路，当时京沪高速铁路正处于构思阶段。1990 年，当时的铁道部完成了《京沪高速铁路线路方案构想报告》并提交全国人大会议讨论，这是中国首次正式提出兴建高速铁路。在第八个五年计划期间，也开始着手进行高速铁路的前期研究，但实质性的进展不大。

我国建设高速铁路初期的战略设想是：首先对既有线进行改造，以较少的投资，较短时间建成旅客列车速度达 160 km/h 的准高速铁路，并在其中设置供高速列车运行的试验段，在积累经验的同时，为我国大量既有线的进一步提高速度提供技术储备；然后建成一条速度达 200 ~ 300 km/h 的高速客运专线进行试运营，再逐步提速发展成网。

为探索我国高速铁路的发展模式，1991 年我国开始对广深铁路进行技术改造，该铁路设计目标速度为客车速度 160 ~ 200 km/h，货车 100 ~ 120 km/h，最小曲线半径 1 400 m，最大限制坡度 8‰。1994 年，广州—深圳准高速铁路建成并投入运营，通过利用既有线提速改造、建设部分新线、使用蓝箭国产动车组，旅客列车速度达 160 ~ 200 km/h，第一次实现公交化运输，在技术上实现了质的飞跃，更主要的是通过科研与试验、引进和开发，为我国高速铁路建设做好了技术前期准备，被称为我国高速铁路的起点。1998 年 5 月，广深铁路电气化提速改造完成。同年 8 月广深铁路率先使用从瑞典租赁的 X2000 摆式高速动车组。由于全线采用了众多达到 1990 年代国际先进水平的技术和设备，因此广深铁路被视为中国由既有线改造踏入高速铁路的开端。

从 1997 年 4 月 1 日开始，到 2017 年 4 月，中国铁路十年中先后实施了六次大提速。1998 年 6 月，韶山 8 型电力机车于京广铁路的区段试验中达到了 240 km 的时速，创下了当时的“中国铁路第一速”，是中国第一种高速铁路机车。2006 年 11 月 10—16 日，中国铁路第六次大提速进行综合牵引试验。试验数据表明：中国铁路已经掌握既有线提速到速度 200 ~ 250 km/h 的整套技术，既有线提速技术达到世界先进水平。2007 年 4 月 18 日，第六次大提速正式实施，在京哈、京沪、京广、陇海、沪昆、胶济、广深等既有繁忙干线大量开行具有自主知识产权的时速 200 ~ 250 km“和谐号”高速动车组列车。这标志着中国铁路拉开进入高速时代的序幕。经过六次大而积提速，2007 年不仅出现了中国铁路百年发展历史上未曾有过的时速 200 ~ 250 km 的动车组和时速 120 km 的普通客车，还实现了 5 000 t 货物重载列车共线运行零的突破，创造了世界铁路既有线整体性、系统性提速改造的新模式，极大地推动了我国铁路运输生产力发展，引领了世界铁路提速改造的新潮流。它的成功实践，大大加快了中国铁路现代化发展的历史进程。

2. 高速铁路的规划与修建

20 世纪 90 年代，中国铁路面临着客运速度慢、运输能力严重不足等诸多越来越严重的问题，而由于高速铁路具有运载能力大、运行速度快、运输效率高等特点，因此越来越受到重视。在中国第九个五年计划（1996 年—2000 年）期间进行的三次中国铁路大提速的基础上，当时铁道部制定了《“十五”期间铁路提速规划》正式将高速铁路建设列入规划，《规划》提出：到“十五”末期，初步建成以北京、上海、广州为中心，连接全国主要城市的全路快速客运网，总里程达 16 000 km；客运专线旅客列车最高时速达到 200 km 及以上，实现高速铁路、部分繁忙干线客货分线；而用于高速铁路车辆的交流电传动、动车组技术研究也同步进行，并开展时速 270 km 高速动车组（DJJ2）的研制工作。

中国第一条真正意义上的高速铁路，是在 2002 年建成开通的秦沈客运专线，全线设计时速达到 200 ~ 250 km，同年“中华之星”电力动车组在秦沈客运专线创造了当时“中国铁路第一速”的 321.5 km/h，轰动一时。而现在秦沈客运专线已经合并进京哈线成为其区间段。

2004 年 1 月，国务院批准的中国第一个《中长期铁路网规划》，提出了跨越式发展的路线，以较短的时间、较少的环节和较少的代价，实现与发达国家原先走过发展历程相同的目标，明确了整体引进技术，消化吸收，逐步实现国产化，力争达到国际先进水平的技术路线。我国高铁开始了从自主发展向引进—消化吸收—自主创新路径上的转变。正式宣布规划建设里程超过 1.2 万千米的客运专线，且客车速度目标值达到每小时 200 km 及以上，以及建设三个地区的城际客运系统（环渤海地区、长江三角洲地区、珠江三角洲地区）。中国和谐号列车见图 1-6。

图 1-6　中国和谐号列车

2004 年 6 月，为第六次大提速进行时速 200 km 动车组招标，先后引进吸收加拿大庞巴迪、日本川崎和法国阿尔斯通的动车组制造技术，打造中国铁路“和谐号”机车品牌，研发出 CRH1、CRH2、CRH5 三类车型。2005 年，我国又启动了设计时速 300 km 及以上的动力分散型动车组引进项目，通过吸收消化德国西门子公司时速 300 km 以上高速动车组技术，研发了 CRH3 型动车组。随即，大批高速铁路相继上马开工建设，包括温福铁路、合宁铁路、武广客运专线、京津城际铁路等。2008 年 8 月，中国首条设计时速达 350 km 的高速铁路——京津城际铁路通车运营。

京津城际铁路是连接北京和天津两大城市的城际客运专线，线路全长 120 km，设有北京南、亦庄、永乐、武清、天津 5 个车站。线路采用高新技术系统集成，于 2005 年 7 月 4 日开工建设，2007 年 12 月 15 日全线铺通，试验最高时速 394.3 km/h，2008 年 8 月 1 日在北京奥运开幕前一星期，作为奥运会交通配套工程投入运营。前期运营最高时速达 350 km/h，全程直达运行时间 30 min。是满足中国高速铁路定义的第一条城际高速铁路，也是《中长期铁路网规划》中的第一个开通运营的城际客运系统。

2007 年原起铁道部开始对《中长期铁路网规划》调整方案进行研究，并于 2008 年 11 月正式发布《中长期铁路网规划（2008 年调整）》。新方案将客运专线规划目标由 1.2 万千米调整为 1.6 万千米，并将城际客运系统由扩展到长株潭、中原城市群、武汉城市圈、关中城镇群、海峡西岸城镇群等经济发达和人口稠密地区。

2008 年 4 月 18 日—2011 年 6 月 30 日建设的京沪高速铁路标志着中国自主创新的高速铁路技术成功应用。京沪高速铁路是《中长期铁路网规划》中投资规模最大、技术含量最高的一项工程，正线全长 1 318 km，设计最高速度 380 km/h，初期运营速度 300 km/h，共设置 23 个客运车站。京沪铁路连接环渤海和长三角两个经济区，所经区域面积占国土面积的 6.5 %，人口占全国的 26.7 %，途经人口 100 万以上城市 11 个，是我国社会经济发展最活跃地区之一，也是客货运输最繁忙的通道之一。京沪高速铁路建设坚持自主创新，立足高起点、高标准，瞄准世界先进水平，历经前期引进消化吸收再创新的过程，形成具有中国自主知识产权的高速铁路技术体系，初步掌握了世界顶级高速铁路客车的设计与制造关键技术，走完了国外制造商历经几十年才走完的发展历程，开启了中国铁路高速新时代。

3. 高速铁路建设取得的成果

继京津城际铁路、京沪高速铁路之后，一大批高速铁路相继开通建成，基本按规划拉通“四纵四横”高速网。在技术研发方面，我国已实现了高铁列车自主设计、制造、调试的完整链条，在线路工程、列控系统、牵引供电等方面的技术水平也已达到世界领先水平。2010 年 12 月 3 日，中国自主研发的“和谐号”CRH380A 型高速动车组列车在京沪高铁枣庄至蚌埠段创造了时速达 486.1 km/h 的世界高铁运行试验速度纪录，在低阻力流线型头型、高气密强度和气密性车体、振动模态系统匹配、安全可靠的高速转向架、先进的噪声控制、高性能的牵引系统、高速双弓受流性能和人性化的旅客界面等方面取得了新突破，其脱轨系数、轮轴横向力和轮重减载率等高速列车的三项最重要安全指标，全部优于国际标准，使其成为世界上最安全的高铁列车之一。

现在，我国铁路已经掌握了设计、制造适应各种运行需求的不同速度等级的高速动车组列车成套技术，具备极强的系统集成、适应修改、综合解决并完成国产化的自主创新能力，完成了从“中国制造”到“中国创造”的转身。2017 年 6 月，具有完全自主知识产权、达到世界先进水平的中国标准动车组列车“复兴号”（英文代号为 CR）正式上线运行，如图 1-7 所示。我国已成为全世界高速铁路系统技术最全、集成能力最强、运营里程最长、运行速度最高、在建规模最大的国家。到 2018 年年底，中国高速铁路运营总里程已达 2.9 万千米，占世界高铁运营总里程的 60%以上。

图 1-7　中国“复兴号”列车

知识点二　高速铁路的定义与特点

一、高速铁路的定义

日本是世界上最早修建高速铁路的国家。最早对高速铁路的定义是日本于 1970 年法律条文形式下的：“列车在主要区间，能以 200 km/h 以上速度运行的干线铁道，称为高速铁路。”

随着科学技术发展水平和客观条件的变化，世界各国根据自己的国情、路情，对高速铁路有不同的定义。

1983 年，法国建成巴黎至里昂高速铁路，最高运行速度为 270 km/h。1985 年，联合国欧洲经济委员会将高速铁路的最高运行速度规定为：“客运专线为 300 km/h，客货混用线路为 250 km/h。”

1990 年以后，世界各国普遍认为，新建铁路最高运行速度达到 250 km/h 及以上，既有线改造最高运行速度达到 200 km/h 及以上的线路称为高速铁路。

世界各国为区别于既有线普速铁路，对高速铁路都有各自的命名。比如：日本——新干线，法国——TGV，德国——ICE，西班牙——AVE，意大利——ETR，英国——APT。

中国建设发展高速铁路较晚，对高速铁路定义也较晚。第一次是根据 20 世纪 90 年代《铁路主要技术政策》进行的定义：“新建设计开行 250 km/h 及以上动车组列车，初期运行速度不小于 200 km/h 的客运专线铁路。”例如，2003 年投入运营的沈阳至秦皇岛客运专线，就是我国第一条高速铁路。第二次是根据 2014 年 11 月 1 日施行的高铁《技规》总则说明，对中国高速铁路进行的定义：“200 km/h 及以上铁路，200 km/h 以下仅运行动车组的铁路。具有应用 CTCS-2/3 级列控和 CTC 系统，以运行动车组为主兼顾普通客车，采用防灾系统以及高速等基本属性。”据此，在中国可以称为“高速铁路”的主要包括以下 3 种：

（1）最高运行速度 300 ~ 350 km/h 仅运行动车组列车的高速铁路，如京沪、京广高速铁路等。

（2）最高运行速度 200 ~ 250 km/h，仅运行动车组的高速铁路，如秦沈、南广、贵广、西太客运专线等。

（3）最高运行速度 200 ~ 250 km/h，以运行动车组为主，兼顾普速客车的高速铁路，如汉宜、兰新客运专线；此外温福厦和南福、石太客运专线还开行少量货物列车。

二、高速铁路的特点

从经济和社会效益来看，高速铁路与普速铁路、高速公路、航空客运比较，在以下几个方面具有明显的优势。

（一）运行速度快，旅行总时间短

运行速度快是高速铁路技术的核心，也是高速铁路最主要的技术经济优势之一。目前，高速铁路最高运行速度超过 350 km/h，低于航空客机，远高于普速铁路（160 km/h）、高速公路（140 km/h）。

在 500～1 000 km 的运输距离内，乘坐高速铁路动车组列车，比乘坐普速铁路列车、高速公路汽车和航空客机的旅行总时间短。以北京—上海（铁路里程 1 300 km）为例，在正常天气条件下，乘飞机的旅行总时间约为 5 h 左右，乘坐高速铁路一站直达动车组的列车旅行总时间约为 5.5 h，与飞机相当；乘坐高速公路长途汽车或普速铁路客车，旅行总时间约为 10～12 h，和高铁相比增加一倍。据调查，西安—郑州（铁路旅程约 500 km），乘坐高速铁路动车组列车，比乘坐飞机旅行总时间缩短约 1 h，和高速公路自驾小汽车的旅行时间相比约省一半。

自 2011 年 6 月 30 日京沪高铁正式开通运营到 2018 年 6 月 30 日，7 年间，京沪高铁累计发送旅客突破 8.25 亿人次。如果按照和乘坐高速公路大巴车相比可节省 5～6 h，每小时时间成本 20 元计算，7 年可节省 800～1 000 亿元人民币的时间成本。

（二）安全性能好

安全是旅客出行选择交通方式主要考虑的问题，也是现代交通运输业赖以生存和发展的首要因素。高速铁路在全立交、全封闭的条件下，采用了先进的列车运行控制系统，能保证追踪运行列车之间的安全距离，防止列车追尾及正面冲撞事故出现；与行车有关的固定设施、移动设备，都有信息化程度很高的诊断与监测设备，有科学的养护维修制度；对一些可能危及行车安全的自然灾害、设备故障，设有预报、预警装置；对 200 km/h 及以上和 200 km/h 以下仅运行动车组列车的高速铁路的技术设备、行车组织、信号显示，制订了科学的管理规章制度。所有这些构成了高速铁路现代化、科学化、既严格又完善的安全保障系统，可以防止设备故障、自然灾害引发的事故，并能预防人为过失造成的行车事故。

高速铁路在国外 50 多年的运营实践中，除德国 1998 年 6 月 3 日发生的翻车事故和西班牙 2013 年 7 月 24 日发生脱轨事故外，其他国家从未发生乘客死亡事故。特别是日本新干线，运营 50 年来，每天到发 800 多列高速列车，总运送旅客近百亿人次，即使在 2004 年 10 月 24 日新潟地震发生新干线列车脱轨的严重事故中，也从未发生旅客伤亡事故。我国高速铁路运营较晚，20 多年来只发生过 2010 年 7 月 23 日温甬动车组列车因灾害天气和人为过失造成的列车冲突事故。因此可以肯定地说，高速铁路是当今世界上最安全的现代高速交通运输方式。

（三）运送旅客能力大

高速铁路动车组列车最小追踪间隔时间一般为 3 ~ 4 min，扣除设备综合维修天窗时间 240 min，如果采用 3 min 追踪间隔，理论上每日最大开行列车对数为 400 对：如果采用 4 min 追踪间隔，每日最大开行列车对数为 300 对。

目前，我国 CRH 系列高铁动车组均采用动力分散式，分别按 8 辆、16 辆固定编组。按每列平均乘坐旅客 800 人，年均单向输送旅客能力为 640 ~ 1 150 万人次/年。远比高速公路、航空运输多得多。近几年来长期困扰我国铁路的“春运”“暑运”等问题得到了明显的改善，这一切归功于我国高速铁路的巨大运输能力。

（四）节能减排，对环境污染小

能耗高低是评价交通运输方式优劣的重要经济技术指标。研究表明，如以普速铁路每人每千米消耗的能源为 1 个单位，则高速铁路为 1.3，高速公路为 1.5，小汽车为 8.8，飞机为 9.8。由此可见，高速铁路每人千米能耗约为小汽车、飞机的 20%，可以节省 80%的能源。

高速铁路动车组的动力是电力。电力是利用煤（油）、水力、风力、核和地热为燃料二次再生的清洁能源，飞机、高速汽车使用的汽（柴）油是不可再生的不清洁能源。我国水电、风电、核电资源丰富，汽（柴）油能源不足。因此，高速铁路采用电力动车组，符合我国能源发展战略。

高速电力动车组，消除了粉尘、油（煤）烟和其他废气对环境的污染。然而，空中飞行的喷气式客机、高速公路上运行的大小轿车却大量排放一氧化碳、二氧化碳和三氧化硫，是造成空气污染、雾霾、酸雨等恶劣天气的罪魁祸首。高速铁路的噪声污染也是最低的。如以飞机为 1，大轿车为 0.2，那么高速铁路仅为 0.1。

节能减排可以大量节省环境污染治理费用。据我国研究，如以高速铁路每人每 km 环境污染治理费用为 1，则高速公路为 3.76，飞机为 5.21。我国 1.8 万千米高速铁路，每年可节省数千亿人民币的治污费。

（五）全天候运行，正点率高，乘坐舒适

高速铁路全部采用自动化控制，可以全天候运营。我国 250 km/h 及以上高速铁路采用 CTCS-3 级，250 km/h 以下采用 CTCS-2 级列控系统，可以保证动车组列车全天候安全运行，几乎不受气候变化的影响，即使在大风大雾或冰雪天气条件下，只需减速运行，无须停运。机场、高速公路遇到浓雾、暴雨和冰雪等恶劣天气时，必须关闭停运。

除运行速度快外，旅客更关心的是旅行时间和正点率。高速铁路动车组列车采用先进的自动化控制系统，列车严格按照列车运行图规定的时间运行，正点率几乎都在 99%以上。西班牙 AVE 规定，高速列车晚点超过 5 min，退还旅客的全额票费；日本新干线规定，列车晚点超过 2h，退还旅客的加快票费；我国铁路规定，列车晚点要在列车和车站上向旅客通报情况、表达歉意。

高速铁路线路平顺、稳定，动车组列车运行平稳，座位比汽车、飞机宽敞，设施先进，装备齐全。乘坐过我国高铁动车组列车的旅客都表示自己感到十分舒适，车内很安静，既能坐着看书报、电视或闭目养神，又能在车厢内自由行走、活动腰腿。乘坐高速列车旅行几乎无不便之感，无异于愉快的享受。

由于高速铁路具有高速、全天候、安全正点、舒适等优势，许多原来乘坐飞机、汽车的旅客，自驾出行和上下班的“白领”，都改乘城际高速列车。这种情况在京津冀、长三角、珠三角等经济发达、人口密集、交通拥堵地区显得尤为突出。致使高速公路旅客减少，短途航班停运或减少班次。据德国 ICE 运营初期的三年统计，ICE 运送的 4 700 万旅客中，64%的新旅客来自公路，36%来自航空。

（六）社会经济效益显著

日本 1964 年建成世界上第一条东海道新干线投入运营后，东京至大阪间日均客流量达到 36 万人次，年运量稳定在 1.2 亿人次左右。营业里程仅占国铁总里程 9%，却完成国铁总旅客周转量（人 · km）的 33%，营业收入达到

9 330 亿日元，经济效益十分显著。从日本 4 条新干线运行图可以算出，每年节省的旅客时间约为 4 亿小时，其经济价值约为 5 000 亿日元，社会效益惊人。

法国 1981 年至 1993 年投入运营的 3 条高速铁路，每年运送旅客 2 000 多万人次，完成的客运量约占干线铁路总客运量 55%，均取得盈利。1994 年投入运营的高速铁路，完成旅客周转量共计 204 亿人 · km，纯利润近 27 亿法郎。

我国高速铁路运营时间不长，铁路企业本身的经济效益尚不显著。但是，由于我国高速铁路的迅速发展，在繁忙干线方向实现了客货列车分线运行，基本解决了铁路运输能力不足，高速公路运输拥堵的局面。2013 年以来，铁路货运运输紧张问题得以缓解，客运购票难的现象得到了很大的改观，产生了极大的社会效益。同时，我国高速铁路装备技术已经走出国门，即将在“一带一路”建设中凸显其社会经济效益。

截至 2018 年 6 月 30 日，京沪高铁安全运营 2 558 天，累计开行列车 76.7 万列、年均增长 21.3%，累计运送旅客突破 8.25 亿人次、年均增长 24.6%。充分带动了沿线经济社会高质量发展，为满足人民美好出行需求提供了可靠保障。

与普通铁路相比，高速铁路从技术上来看，具有以下特点。

（1）线路标准高。

线路平顺，曲线少，曲线半径大，道岔采用大号码可动心轨高速道岔，行车安全和舒适性高；采用无缝钢轨，时速 300 km 以上的高速铁路采用的是无砟轨道，通过整体式道床来保证平顺性。

（2）大量采用高架桥梁和隧道代替普通路基的高路堤和深路堑，来保证线路的稳定性和缩短距离。

（3）列车采用动车组。

替代传统列车机车牵引车辆的形式，使得列车的速度、舒适性大幅度提升。

（4）普遍采用电力牵引。

接触网的悬挂方式与普通铁路相比，稳定和耐久性更加适合高速动车组的运行要求。

（5）信号控制系统比普通铁路性能强大、可靠，从而使得列车运行密度大，车速快，安全性高。

高速铁路是用高新技术改造、更新传统铁路的一项创新工程体系，经过长期的发展，在世界运输体系的激烈竞争中越来越凸显出良好的政治、社会、经济、军事意义，推动了国民经济的发展和国土的开发。随着高速铁路技术的不断进步、路网的不断完善，其优势会愈加明显，在未来的社会生活中发挥更大的作用。

知识点三　高速铁路的发展趋势

一、中国高速铁路的发展趋势

自 2008 年京津城际铁路开通以来，中国高速铁路的建设进入了一个快速发展的阶段，并且在世界范围内引领高速铁路的发展潮流。为了适应我国社会经济快速发展对铁路发展的需要，2016 年 7 月，国家发展改革委、交通运输部、中国铁路总公司联合调整并发布了《中长期铁路网规划(2016—2025)》，规划了新时期铁路网发展的宏大蓝图。

（一）中长期铁路发展目标

1. 完善广覆盖的全国铁路网

连接 20 万人口以上城市、资源富集区、货物主要集散地、主要港口及口岸，基本覆盖县级以上行政区，形成便捷高效的现代铁路物流网络，构建全方位的开发开放通道，提供覆盖广泛的铁路运输公共服务。

2. 建成现代的高速铁路网

连接主要城市群，基本连接 省会城市和其他 50 万人口以上大中城市，形成以特大城市为中心，覆盖全国、以省会城市为支点，覆盖周边的高速铁路网。实现相邻大中城市间 1 ~ 4 h 交通圈，城市群内 0.5 ~ 2 h 交通圈。提供安全可靠、优质高效、舒适便捷的旅客运输服务。

3. 打造一体化的综合交通枢纽

与其他交通方式高效衔接，形成系统配套、一体便捷、站城融合的铁路枢纽，实现客运换乘“零距离”、物流衔接“无缝化”、运输服务“一体化”。

（二）高速铁路网发展目标

为满足快速增长的客运需求，优化拓展区域发展空间，在已建成的“四纵四横”高速铁路的基础上，增加客流支撑、标准适宜、发展需要的高速铁路，部分利用时速 200 km 的铁路，形成以“八纵八横”主通道为骨架、区域连接线衔接、城际铁路补充的高速铁路网，实现省会城市高速铁路通达、区际之间高效便捷相连。因地制宜、科学确定高速铁路建设标准。高速铁路主通道规划新增项目原则采用时速 250 km 及以上标准（地形地质及气候条件复杂困难地区可以适当降低），其中沿线人口城镇稠密、经济比较发达、贯通特大城市的铁路可采用时速 350 km 标准。区域铁路连接线原则采用时速 250 km 及以下标准。城际铁路原则采用时速 200 km 及以下标准。

1. 构筑“八纵八横”高速铁路主通道

（1）“八纵”通道。

沿海通道（大连—秦皇岛—天津—东营—潍坊—青岛—连云港—盐城—南通—上海—宁波—福州—厦门—深圳—湛江—北海），其中青岛至盐城段利用青连、连盐铁路，南通至上海段利用沪通铁路，连接东部沿海地区，贯通京津冀、辽中南、山东半岛、东陇海、长三角、海峡西岸、珠三角、北部湾等城市群。

京沪通道（北京—天津—济南—南京—上海—杭州），包括南京—杭州、蚌埠—合肥—杭州高速铁路，同时通过北京—天津—东营—潍坊—临沂—淮安—扬州—南通—上海高速铁路，连接华北、华东地区，贯通京津冀、长三角等城市群。

京港（台）通道（北京—衡水—菏泽—商丘—阜阳—合肥—安庆—黄梅—九江—南昌—赣州—深圳—香港九龙；另一支线为合肥—福州—台北），包括南昌—福州（莆田）铁路。连接华北、华中、华东、华南地区，贯通京津冀、长江中游、海峡西岸、珠三角等城市群。

京哈、京港澳通道（哈尔滨—长春—沈阳—北京—石家庄—郑州—武汉—长沙—广州—深圳—香港），包括广州—珠海—澳门高速铁路。连接东北、华北、华中、华南、港澳地区，贯通哈长、辽中南、京津冀、中原、长江中游、珠三角等城市群。

呼南通道（呼和浩特—大同—太原—长治—晋城—焦作—郑州—襄阳—常德—益阳—娄底—邵阳—永州—桂林—南宁），连接华北、中原、华中、华南地区，贯通呼包鄂榆、山西中部、中原、长江中游、北部湾等城市群；

京昆通道（北京—石家庄—太原—西安—成都、重庆—昆明），包括北京—张家口—大同—太原高速铁路。连接华北、西北、西南地区，贯通京津冀、太原、关中平原、成渝、滇中等城市群。

包海通道（包头—延安—西安—重庆—贵阳—南宁—湛江—海口—三

亚），包括银川—西安以及海南环岛高速铁路。连接西北、西南、华南地区，贯通呼包鄂、宁夏沿黄、关中平原、成渝、黔中、北部湾等城市群。

兰（西）广通道（兰州、西宁—临夏—合作—绵阳—广汉—成都—眉山—乐山—宜宾—毕节—贵阳—都匀—桂林市—贺州—佛山—广州）。连接西北、西南、华南地区，贯通兰西、成渝、黔中、珠三角等城市群。

（2）“八横”通道。

绥满通道（绥芬河—牡丹江—哈尔滨—齐齐哈尔—海拉尔—满洲里），连接黑龙江及蒙东地区。

京兰通道（北京—呼和浩特—银川—兰州），连接华北、西北地区，贯通京津冀、呼包鄂、宁夏沿黄、兰西等城市群。

青银通道（青岛—济南—石家庄—太原—银川），连接华东、华北、西北地区，贯通山东半岛、京津冀、太原、宁夏沿黄等城市群。

陆桥通道（连云港—徐州—郑州—西安—兰州—西宁—乌鲁木齐），连接华东、华中、西北地区，贯通东陇海、中原、关中平原、兰西、天山北坡等城市群。

沿江通道（上海—南京—合肥—武汉—重庆—成都），包括南京—安庆—九江—武汉—宜昌—重庆、万州—达州—遂宁—成都高速铁路（其中成都至遂宁段利用达成铁路），连接华东、华中、西南地区，贯通长三角、长江中游、成渝等。

沪昆通道（上海—杭州—南昌—长沙—贵阳—昆明），连接华东、华中、西南地区，贯通长三角、长江中游、黔中、滇中等城市群。

厦渝通道（厦门—龙岩—赣州—长沙—常德—张家界—黔江—重庆），其中厦门至赣州段利用龙厦铁路、赣龙铁路，常德至黔江段利用黔张常铁路。连接海峡西岸、中南、西南地区，贯通海峡西岸、长江中游、成渝等城市群。

广昆通道（广州—南宁—昆明），贯通珠三角、北部湾、滇中等城市群。

2. 拓展区域铁路连接线。

在“八纵八横”主通道的基础上，规划建设高速铁路区域连接线，进一步完善路网、扩大覆盖。

（1）东部地区。

北京—唐山、天津—承德、日照—临沂—菏泽—兰考、上海—湖州、南通—苏州—嘉兴、杭州—温州、合肥—新沂、龙岩—梅州—龙川、梅州—汕头、广州—汕尾等铁路。

（2）东北地区。

齐齐哈尔—乌兰浩特—白城—通辽、佳木斯—牡丹江—敦化—通化—沈阳、赤峰和通辽至京沈高铁连接线、朝阳—盘锦等铁路。

（3）中部地区。

郑州—阜阳、郑州—濮阳—聊城—济南、黄冈—安庆—黄山、巴东—宜昌、宣城—绩溪、南昌—景德镇—黄山、石门—张家界—吉首—怀化等铁路。

（4）西部地区。

玉屏—铜仁—吉首、绵阳—遂宁—内江—自贡、昭通—六盘水、兰州—张掖、贵港—玉林等铁路。

3. 发展城际客运铁路

在优先利用高速铁路、普速铁路开行城际列车服务城际功能的同时，规划建设支撑和引领新型城镇化发展、有效连接大中城市与中心城镇、服务通勤功能的城市群城际客运铁路。京津冀、长三角、珠三角、长江中游、成渝、中原、山东半岛等城市群，建成城际铁路网；海峡西岸、哈长、辽中南、关中、北部湾等城市群，建成城际铁路骨架网；滇中、黔中、天山北坡、宁夏沿黄、呼包鄂榆等城市群，建成城际铁路骨干通道。

根据《中长期铁路网规划》，到 2025 年，铁路网规模达到 17.5 万千米左右，其中普速铁路网规模达到 13.1 万千米左右，并规划实施既有线扩能改造 2 万千米左右。高速铁路 3.8 万千米左右，网络覆盖进一步扩大，路网结构更加优化，骨干作用更加显著，更好发挥铁路对经济社会发展的保障作用。到 2030 年，基本实现内外互联互通、区际多路畅通、省会高铁连通、地市快速通达、县域基本覆盖。

二、世界高速铁路发展趋势

经过 50 多年的发展，全世界高速铁路里程稳步增长。根据世界铁路联盟数据，截至 2017 年 4 月，全世界已投入运营和在建高速铁路总里程达 5.32 万千米，其中已投入运营的里程为 3.73 万千米，在建里程达 1.59 万千米。

分洲际看，亚洲、欧洲垄断现有高铁市场。根据世界铁路联盟数据，截至 2017 年 4 月，亚洲已投入运营和在建高速铁路总里程为 41 253 km，欧洲已投入运营和在建高速铁路总里程为 10 946 km，亚洲和欧洲占全球高铁运营和在建总里程的 98.07%。

分国家看，中国、日本已投入运营的高铁里程排名全球前两位。根据世界铁路联盟数据，截至 2017 年 4 月，中国、日本、西班牙、法国、德国、意大利、韩国已投入运营高速铁路里程排名全球前七位。

尽管全世界高速铁路已稳步发展超 50 年，但全世界未来对高速铁路的需求有增无减。伴随全球经济发展和复苏浪潮，高铁将进入新一轮的基建潮。高速铁路对于地区经济的拉动作用已被认同，并能促进地区之间的交往和平衡发展。可以说，发展高速铁路已是当今世界铁路发展的共同趋势。展望未来，全世界高速铁路远期规划里程超 5 万千米，“金砖国家”等新兴经济体的出现使得高速铁路市场发展空间较大。

高速铁路进一步的发展趋势，是连线成网。目前欧洲各国已经建成和正在修建的高速铁路，基本上都是各自独立的，今后将发展沟通成国内、国际间的高速铁路网，并与既有线相衔接；欧洲提出了“速度比小汽车快一倍，票价比飞机便宜一半”的目标，以充分发挥其优势。由于这将涉及欧洲共同体的十几个国家，因此在轨距、信号、供电、机车车辆等技术设备方面都制订了统一的标准，使欧洲的高速铁路网逐步形成一个综合型整体。届时欧洲将出现世界上最方便、最经济的地面高速运输系统，欧洲各大陆城市间都可通过高速铁路连接起来，并还将和亚洲高速铁路联网一起形成洲际的高速铁路网。

复习思考题

1. 高速铁路的定义是什么？其特点是什么？
2. 与普通铁路相比，高速铁路有哪些技术上的特点？
3. 目前世界上有哪些高速铁路模式？各有什么特点？
4. 我国高速铁路规划建设的“八纵八横”指的是哪些线路？
5. 我国铁路未来发展的目标是什么？
6. 简述世界高速铁路的发展趋势？

项目二　高速铁路线路

铁路线路是指为进行铁路运输在路基上铺设轨道，供机车车辆和列车运行的土工构筑物。铁路线路是铁路运输设备的重要技术设备之一。它是由路基、桥隧建筑物和轨道共同组成的一个整体工程结构。

根据线路意义及其在整个铁路网中的作用，铁路线路划分为以下三个等级。

Ⅰ级铁路：保证全国运输联系，具有重要政治、经济、国防意义和在铁路网中起骨干作用的铁路；

Ⅱ级铁路：具有一定的政治、经济、国防意义，在铁路网中起联络、辅助作用的铁路；

Ⅲ级铁路：为某一地区服务，具有地方意义的铁路。铁路线路总共分为六种：正线、站线、段管线、岔线、安全线及避难线。

高速铁路的线路和普通铁路的线路在作用和组成结构上基本相同。但由于高速列车需要高速度、高密度、高安全性和高舒适性地运行，对高速铁路线路提出了更高要求。与普速铁路相比，高速铁路线路具备以下特征：

（1）高平顺性。

高速铁路的轨道必须满足高平顺性的要求，高平顺性是高速铁路的控制性条件，也是高速铁路有别于中、低速铁路的主要特点之一。

（2）高稳定性。

稳定、沉降小且沉降均匀的平顺路基是高平顺性轨道的基础。

（3）高精度、小残变、少维修。

严格控制轨道铺设精度是实现轨道初始高平顺性的保证。

（4）宽大、独行的线路空间。

列车沿地面高速运行时，将带动列车周围的空气随之运动，形成一种特定的非定常流场，称为“列车扰流”，俗称“列车风”。列车风对地面工作人员和旅客形成安全威胁，对沿线建筑物也有破坏作用，甚至卷起杂物危及行车安全。所以，高速铁路需要有一个宽大的行车空间，一般通过增大两线间距离和加宽站台上的安全退避距离来解决。

（5）高标准的环境保护。

高速铁路作为现代化交通运输工具，必须注重其各种设施与周围环境的协调及环境保护工作。

（6）需要采取科学的轨道管理和安装严密的自然灾害及异物侵限监测系统，及时掌握铁路运营过程中轨道不平顺的量值及发展速度，并予以校正，使其恢复到小残变或初始高平顺状态，以保证高速列车运行的安全、平稳和舒适。

知识点一　高速铁路线路的平面和纵断面

高速铁路线路在空间的位置是通过线路中心线表示的。线路中心线在水平面上的投影，叫作高速铁路线路的平面。线路中心线在垂直面上的投影，叫高速铁路线路的纵断面。国内外铁路的长期运营实践证明，线路的平、纵断面对行车速度影响很大。线路平面主要技术标准包括最小曲线半径、缓和曲线、超高、欠超高、过超高等；线路纵断面主要技术标准包括坡度值和竖曲线等。由于列车运行速度的不断提高、大功率机车和动力分散式动车组的应用，以及对乘坐平稳舒适度的高标准高要求，高速铁路线路的平纵断面相对于普速铁路最显著的特点是欠超高越来越小、允许坡度值越来越大。而其他各平、纵断面参数值则要求线路平纵断面的变化尽可能平缓和舒适，保证线路高速度行车的安全稳定与高平顺性。

一、高速铁路线路平面

高速铁路线路平面由直线、圆曲线和缓和曲线组成。曲线一般能较好地适应地形变化，减少施工量，但同时也带来一定的问题，如降低行车速度、增加轮轨磨耗、影响旅客的舒适度等，所以，对高速铁路线路曲线提出了更高的技术要求。正线的线路平、纵断面设计应重视线路的平顺性，提高旅客乘坐舒适度。

线路的高平顺性，要求其空间线路曲线尽可能地平滑，即线路平纵断面的变化尽可能平缓，因为无论是平面曲线还是立面曲线，曲率变化快的地段轮轨间的相互作用力都会增加，线形也难于保持，往往是产生轨道不平顺的处所。同时，列车在曲线上运行，产生的离心加速度与列车速度的平方成正比，该比值直接影响列车运行的舒适、平稳和安全。因此，行车速度越高，平面曲线和竖曲线的半径增幅越大。因此，直线与曲线间过渡的缓和曲线要有足够的长度，使线形过渡平缓，以保证列车运行平稳和旅客乘坐的舒适，同时，夹直线和圆曲线要有足够的长度，以免列车通过平面直缓、缓圆、圆缓、缓直各变化点产生的冲击振动发生叠加，影响列车运行的平稳和舒适。

（一）最大超高

车辆在曲线上运行时，会产生离心力，这种离心力会将机车车辆推向外股轨道，加大外股钢轨的压力，不利于行车的稳定性和乘坐的舒适性。为了平衡所产生的离心力，必须把曲线外股钢轨抬高，称之为外轨超高（h）。计算曲线外轨的理论超高，一般都用下列公式：

$$h = 11.8\frac{v_{平}^2}{R}\ (\text{mm})$$

式中　$v_{平}$——通过曲线的各次列车的平均速度（km/h），设计新线时，$v_{平}=0.8v_{max}$；

R——曲线半径（m）。

可以看出，超高设置得是否合适，很大程度上取决于平均速度的选用是否恰当。最大超高的选择应保证在曲线上停车且又遇到大风时也不致使列车颠覆，并考虑不同速度列车所产生的未被平衡的横向加速度不致过大。国外各高速铁路中，日本东海道新干线实设最大超高为 200 mm，德国 ICE 线和法国 TGV 线为 180 mm。我国高速铁路考虑到满足不同条件的轨道结构，规定最大超高采用 170 mm。

（二）欠（过）超高

在一条线路上，外轨超高度是一个定值。对于速度较高的列车，由于外轨超高度不足（欠超高），会产生未被平衡的离心加速度；对于速度较低的列车，外轨超高度过大（过超高），又会产生多余的向心加速度。一般情况下，欠超高达到 13 mm，就会产生 0.01g 的离心加速度，而舒适度标准规定离心加速度值为 0.1g。同时，欠超高和过超高都会使钢轨承受列车的偏压，使内、外轨因过大偏载而引起严重的不均等磨耗，对行车安全、轨道稳定及旅客舒适度均会产生不利的影响。因此，为保证高速铁路线路所要求的高平顺性和高舒适度，必须对未被平的超高加以限制。

各国规定，欠超高的数值大致为 60～130 mm。法国最大采用 90 mm，个别采用 130 mm，日本东海道新干线最大采用 60 mm，个别采用 100 mm。我国客运专线采用欠超高允许值如表 2-1 所示。

表 2-1　我国客运专线铁路欠（过）超高最大允许值　　mm

舒适度条件	良好	较好	一般	较差
欠超高最大允许值	40	60	70	100
过超高最大允许值	40	60	70	100

（三）最小曲线半径

铁路线路在转向处应采用圆曲线相连，圆曲线的基本要素有：曲线半径（R）、曲线转向角（α）、曲线长度（L）、切线长度（T），如图 2-1 所示。

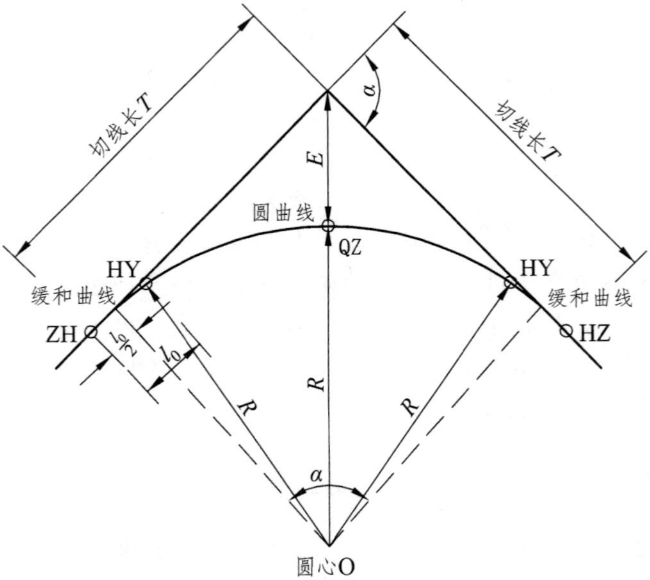

图 2-1　铁路线路曲线示意图

铁路线路的平面曲线半径应因地制宜，合理选用与设计速度匹配的平面曲线半径。优先选用常用曲线半径，慎用最小和最大曲线半径。必要时可采用最大与最小曲线半径间 100 m 整倍数的曲线半径。圆曲线半径的大小，反映了曲线弯曲度的大小。圆曲线半径越小，弯曲度越大，曲线附加阻力也就越大，运营条件就越差。为了保证线路的通过能力，并有一个良好的运营条件，对铁路线路的最小曲线半径做了具体的规定，如表 2-2 和 2-3 所示。

表 2-2　铁路区间线路最小曲线半径　　m

铁路等级	Ⅰ			Ⅱ	
设计行车速度/（km/h）	200	160	120	120	80
一般	3 500	2 000	1 200	1 200	600
困难	2 800	1 600	800	800	500

表 2-3　车站平面最小曲线半径　　m

设计行车速度/（km/h）	区段站	中间站、会让站、越行站	
		一般	困难
80	800	600	600
120		1 200	800
160	1 600	2 000	1 600
200	2 000	3 500	2 800

和普速铁路一样，高速铁路的曲线同样也包括圆曲线和缓和曲线。线路上设置曲线可以很好地适应地形的变化，减少工程量。但是车辆在运行时，曲线地段会增加轮轨的磨耗，影响列车的安全与稳定运行。高速铁路最小曲线半径的选定主要考虑行车速度、地形条件和机车牵引种类等因素，其中行车速度是选定最小曲线半径的主要依据。最小曲线半径的选择由下式确定：

$$R_{\min}=\frac{11.8\times v_{\max}^{2}}{h_m+h_Q}\ (\mathrm{m})$$

式中　$R_{\min}$——最小曲线半径（m）；

$v_{\max}$——列车最大速度（km/h）；

h_m——实设超高值（mm）；

h_Q——允许的欠超高值（mm）。

曲线半径的选用必须通过技术和经济两方面综合比较后确定。日本除东海道新干线外，其他高速线的最小曲线半径为 4 000 m。法国、德国高速铁路最小曲线半径都大于 4 000 m。

我国设计时速 350 km 的客运专线铁路取最小曲线半径为 7 000 m，在特殊困难条件下，经过技术经济比选后，最小曲线半径可采用 5 500 m。我国京沪高速铁路最小曲线半径不小于 7 000 m。若考虑满足各种不同速度列车的组合运行条件的舒适性，最小曲线半径采用 9 000 ~ 11 000 m 较好，最大曲线半径不宜大于 12 000 m。我国高速铁路区间线路最小曲线半径如表 2-4 所示。

表 2-4 高速铁路区间线路最小曲线半径

设计行车速度/（km/h）		最小曲线半径/m	
200	客运专线	一般	2 200
		困难	2 000
250	有砟轨道	一般	3 500
		困难	3 000
	无砟轨道	一般	3 200
		困难	2 800
300	有砟轨道	一般	5 000
		困难	4 500
	无砟轨道	一般	5 000
		困难	4 000
350	有砟轨道	一般	7 000
		困难	6 000
	无砟轨道	一般	7 000
		困难	5 500

（四）缓和曲线线型及长度

在直线与圆曲线之间设置的缓和曲线，其作用是列车由直线（或圆曲线）驶向圆曲线（或直线）时，使离心力逐渐产生或消失，并减缓外轮对外轨的冲击。因此，在设计高速铁路的缓和曲线时，应考虑以下内容：在缓和曲线始终点和缓和曲线范围内运行的列车应有较好的稳定性，以确保行车的安全和舒适；缓和曲线线型要力求简单，便于测设与养护；缓和曲线应尽量短些，以减少工程量和投资费用。

列车从直线经由缓和曲线进入圆曲线，在缓和曲线范围内，将曲率、超高由零过渡到圆曲线地段的规定值，这种过渡是逐渐递变的，它应满足行车安全和旅行舒适的要求。

缓和曲线的线型很多，较为常用的线型有三次抛物线型、三次抛物线余弦改善型、半波正弦曲线型等。缓和曲线的长度对行车的安全平顺性有直接的影响。太短，将不利于行车的安全平顺，但太长，又将给设置和养护带来困难。

一般缓和曲线的长度应考虑下列因素：外轨超高递增坡度不致使内轮轮缘脱轨；外轮升高速度不致影响旅客的舒适；未被平衡离心加速度的增长率不致影响旅客的舒适等。缓和曲线的长度应符合下列规定：缓和曲线的长度应根据设计速度、曲线半径和地形条件和表 2-5 合理选用，优先选用一般长度，困难条件下不宜小于最小长度，特殊困难条件下亦不应小于个别最小长度。

表 2-5　缓和曲线长度　　m

<table>
<tr><td colspan="2" rowspan="2">设计行车速度（km/h）</td><td colspan="3">350</td><td colspan="3">300</td><td colspan="3">250</td></tr>
<tr><td>（1）</td><td>（2）</td><td>（3）</td><td>（1）</td><td>（2）</td><td>（3）</td><td>（1）</td><td>（2）</td><td>（3）</td></tr>
<tr><td rowspan="22">曲线半径/m</td><td>12 000</td><td>370</td><td>330</td><td>300</td><td>220</td><td>200</td><td>180</td><td>140</td><td>130</td><td>120</td></tr>
<tr><td>11 000</td><td>410</td><td>370</td><td>330</td><td>240</td><td>210</td><td>190</td><td>160</td><td>140</td><td>130</td></tr>
<tr><td>10 000</td><td>470</td><td>420</td><td>380</td><td>270</td><td>240</td><td>220</td><td>170</td><td>150</td><td>140</td></tr>
<tr><td>9 000</td><td>530</td><td>470</td><td>430</td><td>300</td><td>270</td><td>250</td><td>190</td><td>170</td><td>150</td></tr>
<tr><td>8 000</td><td>590</td><td>530</td><td>470</td><td>340</td><td>300</td><td>270</td><td>210</td><td>190</td><td>170</td></tr>
<tr><td rowspan="2">7 000</td><td>670</td><td>590</td><td>540</td><td rowspan="2">390</td><td rowspan="2">350</td><td rowspan="2">310</td><td rowspan="2">240</td><td rowspan="2">220</td><td rowspan="2">190</td></tr>
<tr><td>680</td><td>610</td><td>550</td></tr>
<tr><td rowspan="2">6 000</td><td>670</td><td>590</td><td>540</td><td rowspan="2">450</td><td rowspan="2">410</td><td rowspan="2">370</td><td rowspan="2">280</td><td rowspan="2">250</td><td rowspan="2">230</td></tr>
<tr><td>680</td><td>610</td><td>550</td></tr>
<tr><td rowspan="2">5 500</td><td>670</td><td>590</td><td>540</td><td rowspan="2">490</td><td rowspan="2">440</td><td rowspan="2">390</td><td rowspan="2">310</td><td rowspan="2">280</td><td rowspan="2">250</td></tr>
<tr><td>680</td><td>610</td><td>550</td></tr>
<tr><td>5 000</td><td>—</td><td>—</td><td>—</td><td>540</td><td>480</td><td>430</td><td>340</td><td>300</td><td>270</td></tr>
<tr><td rowspan="2">4 500</td><td rowspan="2">—</td><td rowspan="2">—</td><td rowspan="2">—</td><td>570</td><td>510</td><td>460</td><td rowspan="2">380</td><td rowspan="2">340</td><td rowspan="2">310</td></tr>
<tr><td>585</td><td>520</td><td>470</td></tr>
<tr><td rowspan="2">4 000</td><td rowspan="2">—</td><td rowspan="2">—</td><td rowspan="2">—</td><td>570</td><td>510</td><td>460</td><td rowspan="2">420</td><td rowspan="2">380</td><td rowspan="2">340</td></tr>
<tr><td>585</td><td>520</td><td>470</td></tr>
<tr><td>3 500</td><td>—</td><td>—</td><td>—</td><td>—</td><td>—</td><td>—</td><td>480</td><td>430</td><td>380</td></tr>
<tr><td>3 200</td><td>—</td><td>—</td><td>—</td><td>—</td><td>—</td><td>—</td><td>480</td><td>430</td><td>380</td></tr>
<tr><td rowspan="2">3 000</td><td>—</td><td>—</td><td>—</td><td>—</td><td>—</td><td>—</td><td>480</td><td>430</td><td>380</td></tr>
<tr><td>—</td><td>—</td><td>—</td><td>—</td><td>—</td><td>—</td><td>490</td><td>440</td><td>400</td></tr>
<tr><td rowspan="2">2 800</td><td rowspan="2">—</td><td rowspan="2">—</td><td rowspan="2">—</td><td rowspan="2">—</td><td rowspan="2">—</td><td rowspan="2">—</td><td>480</td><td>430</td><td>380</td></tr>
<tr><td>490</td><td>440</td><td>400</td></tr>
</table>

注：表中（1）栏为舒适度优秀条件值；（2）栏为舒适度良好条件值；（3）栏为舒适度一般条件值。

（五）缓和曲线间的夹直线最小长度

列车通过同向曲线或反向曲线时，受力情况甚为复杂，除因外轨超高关系车辆绕线路纵轴转动外，还有缓和曲线始终点处的冲击以及未被平衡的横向加速度变化的影响等。为了使列车平稳地通过该地段，必须在同向曲线或反向曲线之间加入一段夹直线段。

简单计算夹直线的公式为：

$$L_{夹}=\frac{v_{max}}{2}\ (\mathrm{m})$$

v_{max} 为列车最大速度（km/h），相邻两曲线间的夹直线与两缓和曲线间的圆曲线最小长度应根据公式计算确定，并满足表 2-6 的规定。

表 2-6　圆曲线或夹直线最小长度

设计行车速度/（km/h）	350	300	250
圆曲线或夹直线最小长/m	280（210）	240（180）	200（150）

注：括号内为困难条件下采用的最小值。

为了便于运营，夹直线应尽量取长。特别是反向曲线的夹直线更应长些，因为列车通过反向曲线时，其曲线单位附加阻力和单个曲线相比增大，影响运行中列车的稳定与安全。

国外高速铁路的夹直线最小长度大约为（$0.4v_{max}\sim1.0v_{max}$）m。法国高速铁路规定的相邻曲线间的夹直线最小长度为（$0.5v_{max}$）m，德国高速铁路的夹直线最小长度按（$0.4v_{max}$）m 计算，日本高速铁路则规定：一般情况，缓和曲线间的夹直线应大于 100m，列车速度低于 110 km/h 时可大于 50 m。我国客运专线铁路考虑高舒适性，夹直线最小长度为（$0.8v_{max}$）m，困难条件下为（$0.6v_{max}$）m。

（六）线间距

线间距是指相邻两股线路中心线之间的最短距离。高速铁路线间距标准，主要受列车交会运行时气动力作用的控制。

在高速双线铁路上，当两列车相遇时，刚开始风压力使列车相互排斥，到接近列车尾部时又变为相互吸引，产生会车压力。不论是作用在相互排斥的方向或是相互吸引的方向，所产生的最大压力在数值方面是不相上下的。这个会车压力的最大值与列车的最大运行速度、列车外形尺寸、交会车列车侧壁间净距离等因素有关，其中，列车头部的流线程度影响最为显著。因此，为避免强大风压造成损害，许多国家根据其具体情况选择了适当的线间距。日本铁路规定线路中心距至少为 4.2 m（车辆限界宽度 3.4 m），在站内线路上，除考虑安全距离 0.8 m 外，人宽约 0.4 m，故站内线间距定为 4.6 m。法国认为在列车速度为 300 km/h 的情况下，4 m 线间距是可行的，但考虑未来发展和便于设置渡线，此值规定为 4.5 m，德国则规定为 4.8 m。我国铁路客运专线上不仅运行有时速 300 ~ 350 km 的高速列车，还有相当数量的跨线旅客列车，因此，我国客运专线线间距确定为：250 km<设计时速≤300 km 的采用 4.8 m，300 km<设计时速≤350 km 的采用 5 m。我国高速铁路线间距如表 2-7 所示。

表 2-7　高速铁路线间距

顺序	名称		线间最小距离/mm
1	区间双线	v≤120 km/h	4 000
		120 km/h<v≤160 km/h	4 200
		160 km/h<v≤200 km/h	4 400
		200 km/h<v≤2500 km/h	4 600
		250 km/h<v≤300 km/h	4 800
		300 km/h<v≤350 km/h	5 000
2	三线及四线区间的第二线与第三线		5 300
3	站内正线	v≤250 km/h	4 600
		250 km/h<v≤300 km/h	4 800
		300 km/h<v≤350 km/h	5 000
4	站内正线与相邻到发线		5 000
5	到发线与到发线		5 000
6	到发线与其他线路		5 000

二、高速铁路线路纵断面

为了适应地面的起伏，铁路线路除了平道以外，还修成不同的坡道。高速铁路线路的纵断面由平道、坡道及连接不同坡道的竖曲线组成。

（一）限制坡度

由于有了坡道，给列车运行带来了不良影响。列车在坡道上运行时，会受到一种由坡道引起的阻力，这一阻力被称为坡道附加阻力。机车车辆所受的重力，可以分解为垂直于坡道的分力和平行于坡道的分力。前一个分力由轨道的反作用力所抵消，后一个分力就是成为坡道附加阻力。由此可见，坡度越大，列车上坡时坡道阻力也就越大，列车的速度就越低。

在一个区段上，决定一台某类型机车所能牵引最大列车重量的坡度，称为限制坡度。限制坡度的确定主要取决于机车的牵引功率、牵引特征和制动特性。与传统铁路相比，由于高速铁路具有功率高、速度快的特点，运营时可以为机车爬坡提供强劲的动能，设计中允许采用较大的坡度值。

坡段的设计坡度应适应地形，合理选用。区间正线的最大坡度应根据地形条件和动车组功率，经牵引计算验证并技术经济比选分析后确定，我国客运专线的正线最大坡度一般不宜大于 20‰，特别困难条件下亦不应大于 30‰，且在 10 km 范围内的平均坡度不宜大于 15‰，特别困难的条件下，6 km 范围内的平均坡度亦不应大于 20‰。动车组走行线最大坡度不应大于 35‰。

（二）竖曲线

相邻坡段间应采用圆曲线形竖曲线连接。竖向离心力和竖向离心加速度对列车运行的安全性和舒适性有影响，因而，竖曲线半径决定于列车运行的安全性和旅客乘坐的舒适性要求。在铁路线路的纵断面上，相邻两坡段的变坡点处，坡度代数差用绝对值Δi 表示。

$$\Delta i = |i_1 - i_2|$$

由于列车在经过变坡点时会产生附加应力和附加加速度，其值与坡度代数差成正比。因此在设计纵断面时，相邻坡段的坡度代数差应尽量小，不得超过允许的最大值。若超过允许最大值，应设置竖曲线来连接两个相邻的坡段。

高速铁路线路的相邻坡度差大于 1‰，应设置竖曲线。竖曲线一般采用圆曲线型。竖曲线半径的大小，除应保证列车经过变坡点时车钩不脱钩、车轮不脱轨外，还应考虑在竖曲线上产生竖向离心加速度和离心力对旅客舒适度的影响。因此，在一定机车车辆构造条件下，竖曲线半径与行车速度有关，行车速度越高，竖曲线半径也应越大。

我国客运专线铁路需设置圆曲线型竖曲线，且竖曲线最小长度不宜小于25 m，竖曲线半径不得小于15 000 m，允许速度大于200 km/h的地段，竖曲线半径应不小于20 000 m。

我国高速铁路区间正线亦应采用圆曲线型竖曲线连接，最小竖曲线半径应根据所处区段远期设计速度通过表2-8选用，但最大竖曲线半径不大于40 000 m。当相邻坡段的坡度代数差大于3‰时，动车组走行线应采用圆曲线型竖曲线连接，竖曲线半径宜为10 000 m，困难地段为5 000 m。

表2-8 我国高速铁路竖曲线半径采用标准

最高行车速度/（km/h）	350	300	250	200
竖曲线半径/m	25 000	25 000	20 000	15 000

（三）最小夹坡段长度

为保证高速铁路列车运行的高舒适性，高速线路最小坡段长度除应满足两竖曲线不重叠外，同时还应考虑两竖曲线间有一定的夹坡段长度，以保证列车在前一个竖曲线终点产生的振动在夹坡段长度范围内完成衰减，不至于与下一个竖曲线起点产生的振动叠加。正线宜线设计为较长的坡段，困难条件下最小坡段长度不宜小于一般最小坡段长度、特殊困难条件下亦不应小于个别最小坡段长度。需要特别指出的是，为保证旅客良好的乘坐舒适性、特别是司机的视觉良好，纵断面不宜连续采用起伏的最小坡段长度。

知识点二　高速铁路路基

路基是轨道的基础，是一种土石结构，是线路的重要组成部分，主要分为填方路基、挖方路基和半填半挖路基。路基的形式如图2-2所示。路基的稳定性与坚固性直接关系着线路的质量、列车的正常运行及安全，高速铁路要保证列车的快速、安全、平稳运行，路基工程比普速铁路的技术标准更高。在高速铁路运营过程中，路基承受着轨道的结构重量和列车荷载，基床结构和各种过渡段结构所承受的动力作用和变形极其复杂，路基结构的变形会引起轨道的几何不平顺，特别是轨下基础是由散体材料组成的有砟轨道，影响高速铁路高速、安全舒适地运行。因此，为满足高速铁路的轨道平顺性条件，高速铁路路基结构采用优质填料分层夯实，具有足够的强度、刚度、稳定性和耐久性，牢固的基础和通畅的排水，经受住天寒地冻和雨水冲刷等恶劣气候的考验来保证铁路基础的长期稳定安全。

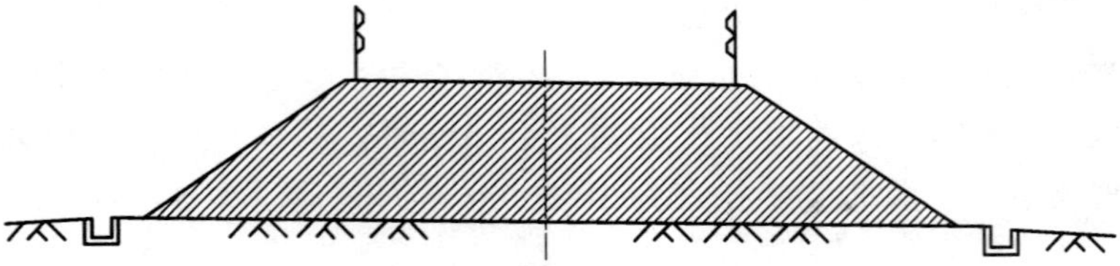

（a）填方路基

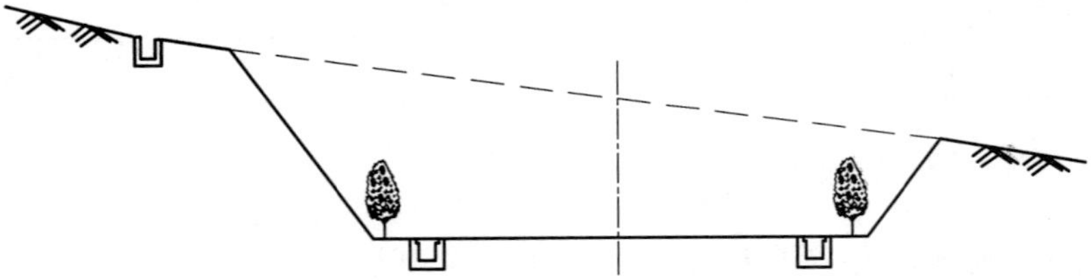

（b）挖方路基

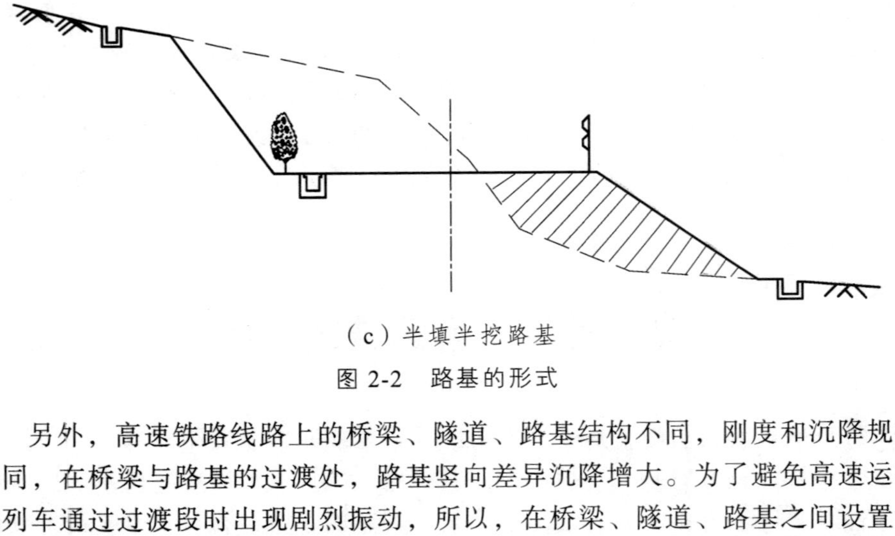

（c）半填半挖路基

图 2-2　路基的形式

另外，高速铁路线路上的桥梁、隧道、路基结构不同，刚度和沉降规律不同，在桥梁与路基的过渡处，路基竖向差异沉降增大。为了避免高速运行的列车通过过渡段时出现剧烈振动，所以，在桥梁、隧道、路基之间设置过渡措施，控制高速铁路的竖向差异沉降，尤其是无砟轨道路基差异沉降控制在 5 mm 内，路基在结构设计上，应满足少维修（或免维修）、耐久性的设计要求。严格控制路基的工后沉降，施工措施上必须提高路基结构的压实质量，对软土地基进行治理加固、对各种过渡段结构进行适当处理等，加强路基抵抗各种自然因素作用的能力。

一、高速铁路路基结构

高速铁路路基工程主要由路基本体工程、路基排水工程、路基防护与加固工程三部分组成。

1. 路基本体

在各种路基形式中，为了能按线路设计要求铺设轨道而构筑的部分，简称路基本体。路基本体是直接铺设轨道结构并承受列车荷载的部分，如路堤、路堑等。无砟轨道支承层底部范围内路基面可水平设置，支承层外侧路基面两侧设置小于 4%的横向排水坡。有砟轨道路基面形状应为三角形，由路基面中心向两侧设置不小于 4%的横向排水坡。曲线加宽时，路基面仍应保持三角形。

路基横断面宽度和布置形式要考虑路基稳定的需要、线间距、轨道结构形式、曲线超高设置、路肩宽度、通信信号和电力电缆布置、接触网立柱基础位置设置、声屏蔽基础等因素，并应综合考虑路基的防排水问题。路基面在无砟轨道正线曲线地段一般不加宽，当轨道结构和接触网支柱等设施的设置有特殊要求时，根据具体情况分析确定。

高速铁路路基基床由基床床层和底层组成。我国高速铁路路基基床表层厚度，无砟轨道为 0.4 m，有砟轨道为 0.7 m，基床底层厚度为 2.3 m。

2. 路基排水

为保持路基经常处于干燥、坚固和稳定的状态，路基上设有一套完整的排水设备。包括地面排水设施和地下排水设施。地面排水设施用以拦截地面径流，汇集路基范围内的雨水并使其畅通地流向排水沟，以防止地面水对路基的浸湿、冲刷而影响其良好状态。地面排水设备有纵向排水沟、侧沟、截水沟、天沟、跌水、急流槽、缓流井等。地下排水设施用以拦截、疏导地下水和降低地下水位，以改善地基土和路基边坡的工作条件，防止或避免地下水对地基和路基条件的有害影响，地下排水设备主要采用明沟、排水槽、暗沟、渗沟、渗井和渗管等排水设施。

3. 路基防护与加固

路基防护与加固属于路基的附属建筑物，是为确保路基基体的稳固性而采用的必要的、经济合理的附属工程措施。由岩土修筑的铁路路基，大面积地暴露在自然中，长期遭受各种自然因素的强烈作用，雨水冲刷和地下水侵入，使路基浸水和表层失稳，易造成和加剧路基的水毁病害。在近旁河流的冲击、淘蚀和侵蚀作用下，路基也会被损坏。因此，路基防护就显得非常重要。路基防护是保证路基强度和稳定性的重要措施之一，其防护的重点是路基边坡，必要时也包括路基表面，以及同路基稳定有直接关系的近旁河流与山坡。高速铁路常用的防护设备是坡面防护和冲刷防护。为防止路基边坡和坡脚受坡面雨水的冲刷、日晒雨淋引起土的干湿循环、气温变化引起土的冻融变化等因素影响边坡的稳固，通常采用坡面防护；为防止河水对边坡、坡脚或坡脚处地基不断的冲刷和淘刷，通常采用冲刷防护；防护位置和所采用的类型在通常根据水流运动规律及防护要求而定。特殊条件下的路基的防护类型更多，例如，在常年冻土地区，为防止线路的剧烈变化应采用各种保温措施，在泥石流地区，为防止泥石流对路基体的威胁，设置多种拦蓄和疏导工程，在风沙地区为防止路基体砂蚀和被掩埋，采用各种防砂、固砂设施等。

路基防护，贯彻绿色环保理念，大量实施植物种植，打造绿色通道，使沿线绿化与当地自然人文环境协调，使乘客视野相对开阔、悦目赏心。

路基加固设备是用以加固路基本体或地基的工程设施，是提高路基稳定的一种有效措施。在路基工程中，有防堤、挡土墙、支垛、抗滑桩及其他地基加固措施。

二、高速铁路路基填筑

高速铁路路基是通过填筑或开挖形成的土石结构，路基填筑前或开挖后首先要计算路基沉降和稳定是否满足要求，否则要进行地基处理，包括桩基、换填、强夯等措施。路基应选用最佳含水量的优质填料分层填筑碾压，每一层压实密度都要在检验合格后，再进行下一层施工，保证路基本身变形极小。高速铁路路基填筑材料对土石的质量、粒径组成、石子大小、形状、杂质含量等有特殊要求，需要经过严格的检测，路基填筑后要有很好的排水性能，保证路基不积水。路基的分层填筑碾压如图 2-3 所示。

图 2-3　路基分层填筑碾压示意图

列车高速运行产生的振动对路基表面影响最为显著，自上而下逐步减小，因此路基不同部位对填料的要求是不一样的，路基表层要求最高，表层以下的一定范围次之，再下层要求再相对减低。路基检测如图 2-4 所示。

图 2-4　路基检测示意图

我国规定，路基基床的表层厚度应为 0.7 m，底层厚度应为 2.3 m，总厚度为 3.0 m。其中，基床表层由 5 ~ 10 cm 混凝土和 65 ~ 60 cm 厚的级配砂砾石组成。路基基床填筑材料和压实标准如表 2-9 所示。

表 2-9 级配碎石基床表层的压实标准

轨道类型	填料	厚度	压实标准			
			地基系数 $K30$/（MPa/m）	动态变形模 E_{vd}/（MPa）	孔隙率 n	变形模量 E_{v2} /（MPa）
有砟轨道	级配碎石	0.6 ~ 0.65	≥190	≥55	<18%	—
无砟轨道	级配碎石	0.40	≥190	≥50	<18%	≥120

高速铁路基床底层要有足够的强调和稳定性，并且不会因含水量的增加而产生强度的大幅降低和翻浆冒泥等病害。因此，一般采用 A、B 组填料或改良土。无砟轨道还应增加变形模量的控制。基床底层压实标准如表 2-10 所示。

表 2-10　基床底层填料及压实标准

轨道类型	填料	厚度/m	压实标准	改良细粒土	砂类土及细砾土	碎石类及粗砾土
有砟轨道	A、B 组填料及改良土	2.3	地基系数 $K30$（MPa/m）	≥110	≥130	≥150
			压实系数 K	≥0.95	—	—
			孔隙率 n	—	<28%	<28%
			动态变形模 E_{vd}（MPa）	≥40	≥40	≥40

续表

轨道类型	填料	厚度/m	压实标准	改良细粒土	砂类土及细砾土	碎石类及粗砾土
无砟轨道	A、B组填料及改良土	2.3	地基系数 $K30$（MPa/m）	≥110	≥130	≥150
			压实系数 K	≥0.95	—	—
			孔隙率 n	—	<28%	<28%
			动态变形模 E_{vd}（MPa）	≥35	≥35	≥35
			变形模量 E_{v2}（MPa）	≥60	≥60	≥60

我国规定，基床以下路堤优选A、B组填料和C组块石、碎石、砾石类填料，若选C组细粒土填料时，应根据填料的性质进行改良后填筑。基床以下路堤填料及压实应符合表2-11所示。

表2-11 基床以下路堤填料及压实表

轨道类型	填料	压实标准	改良细粒土	砂类土及细砾土	碎石类及粗砾土
有砟轨道	A、B、C（不含细粒土、粉砂及易风化软质岩）组填料及改良土	地基系数 $K30$（MPa/m）	≥90	≥110	≥130
		压实系数 K	≥0.90	—	—
		孔隙率 n	—	<31%	<31%
无砟轨道	A、B、C（不含细粒土、粉砂及易风化软质岩）组填料及改良土	地基系数 $K30$（MPa/m）	≥90	≥110	≥130
		压实系数 K	≥0.92	—	—
		孔隙率 n	—	<31%	<31%
		变形模量 E_{v2}（MPa）	≥45	≥45	≥45

三、高速铁路路基沉降控制

高速铁路列车运行速度可以达到或超过飞机起飞时的速度，路基作为高速铁路列车运行的基础，如果路基不平顺就会引起轨道不平顺，使列车产生剧烈的振动和颠簸，影响列车高速、平稳、安全运行。填筑后的路基会下沉，竣工铺轨后会继续发生沉降，路基在竣工铺轨后发生的沉降成路基的工后沉降。

路基工后沉降量的大小对高速铁路行车的安全性，稳定性，舒适性，线路的养护维修量及轨道结构部件的使用寿命有重要的影响，路基沉降主要有：在列车荷载作用下发生的变形；路基本体在自重作用下的压密沉降；支承路基的地基引起的压密沉降三部分，在路基填料的材质与施工质量有保证的前提下，前两部分的数值是有限的，因此控制路基沉降主要是控制地基的工后沉降，特别是针对不良的地基，如饱和软弱黏性土质的地基，变形数量大，完成时间长。如果不采取有效的处理措施，下沉量可达几十厘米到几米，变形过程长达几十年。工程实践说明，绝对消除工后沉降是很困难的，一般在地基设计和养护中，将工后沉降控制在一定的可以允许的范围内，使其对高速铁路的正常运行影响不大。因此，严格控制路基变形和工后沉降显得十分重要，也是保证路基施工质量的重要环节。

控制路基工后沉降标准，主要依据高速铁路行车线路的要求以及线路的维修能力与前期建设投资、后期养护费用的经济比较来确定。一方面既要保证列车的高速，安全，舒适运行，另一方面也不因维修量过多而导致工程费用的增加。

（一）有砟轨道路基工后沉降控制标准

根据日本、德国等高速铁路的经验，考虑到地基与路桥过渡段的工后沉降标准的不同，我国有砟轨道路基工后沉降的沉降标准见表 2-12。

表 2-12　有砟轨道路基工后沉降控制标准

标准或速度		一般地段工后沉降 /cm	路桥过渡段工后沉降/cm	沉降速率 /（cm/a）
新建时速 200 km 客货共线铁路路基暂行规定		15	8	4
新建时速 200～250 km 客运专线铁路路基暂行规定	200 km	15	8	4
	250 km	10	5	3
新建时速 300～350 km 客运专线铁路路基暂行规定		5	3	2

（二）无砟轨道路基工后沉降控制标准

无砟轨道基础出现变形，会直接影响轨面的平顺性。由于无砟轨道整治和修养较为困难，需要投入大量的资金，因此对无砟轨道路基工后沉降控制较有砟轨道更为严格。

我国规定，无砟轨道的工后沉降一般不应超过扣件允许的沉降调高量

15 mm；沉降比较均匀、长度大于 20 m 的路基，允许的最大工后沉降量为 30 mm，并且调整轨面高程后的竖曲线半径应能满足下列要求：

$$R_{sh} \geqslant 0.4v_{sj}^2$$

式中 R_{sh}——轨面圆顺的竖曲线半径（m）；

v_{sj}——设计最高速度（km/h）。

无砟轨道路基的工后沉降量必须控制在扣件调整量和线路竖曲线圆顺要求的范围内。对于路桥、路隧过渡段沉降造成的折角，德国高速铁路无砟轨道技术标准中规定不大于 1/500，日本新干线板式轨道线路规定不大于 1/1 000。我国首次在路基上铺设无砟轨道，对铺轨工程完成后由于过渡段沉降而造成的折角，采用不大于 1/1 000 进行控制。在轨道结构中采用特殊的过渡措施可以承受 5 mm 的差异沉降，铺轨工程完成后路桥或路隧交界处的差异沉降也小于 5 mm。

（三）高速铁路过渡段的处理

路基与桥台、路基与横向结构物、路堤与路堑、有砟轨道与无砟轨道等线路分界处由于两端结构物的强度、刚度、变形、材料等方面的差异较大，轨道基础竖向刚度会出现突变，引起轨道不平顺。为保证高速铁路的高平顺性，应设置刚度均匀变化的过渡段。

路基与桥梁的连接在高速铁路上出现得最为广泛，由于路基与桥梁的刚度相差巨大，必将引起轨道刚度的变化。同时，路基与桥台的沉降也不均匀，在桥路过渡点极易产生变形差，导致轨面弯折。当列车高速通过时，导致车辆和线路的相互作用加强，加速线路的劣化程度，降低基础设备的服务质量，增加线路的养护维修费用，严重时甚至威胁行车的安全。我国既有线提速后的轨道检测试表明：许多线路桥头都存在严重的轨道动态不平顺，甚至有跳车现象。在路桥间设置一定长度的过渡段，可使轨道刚度逐渐变化，并最大限度地减小路桥之间的变形差，实现路基与桥梁的平稳连接过渡。

我国高速铁路对路桥过渡段的主要处理措施有：桥头设搭板和枕梁、粗粒级配料填筑、加筋土路基结构、桥头桥面结构的改进，我国秦沈客运专线采用级配碎石填筑的过渡方式。有砟轨道与无砟轨道之间的过渡段的主要处理措施有：调整轨枕长度和间距、改变扣件刚度、改变轨道结构类型、延长无砟轨道基础、改变道砟的胶结方式等。

四、高速铁路软土路基的处理

路基整体的工后沉降易于控制并完全有把握满足要求，其主要难点是路基以下的软土路基。我国软土绝大部分分布于东部沿海地区，主要集中在滨海平原、河口三角洲、湖盆地周围，多为河、海、湖的沉积层，多处于饱和的正常压密固结状态，土的类别多为淤泥、淤泥质黏土、淤泥质亚黏土，在南方少数地区也有淤泥质混砂层存在。含水量高孔隙比大、低干密度、高压缩性、低透水性、中等灵敏度是软土的主要特点。软土地基在工程上主要表现出压缩大，排水固结缓慢，地基稳定性差，几乎没有承载力等特性，使软土地基上的路基在建成后不仅沉降量大，而且沉降需延续很长时间，给运营后的高速行车带来困难，甚至根本无法高速行车。

为了满足设计上的要求必须对天然软土地基进行加固。通常针对软土、松软土不同的沉积特点和埋深等工程力学特性，我国路基施工通常采用的十几种软土地基加固方法，对于提高软土地基承载能力，减少路基的沉降量，并在尽可能短的时间内完成绝大部分沉降量，使工后沉降量满足要求等方面都十分有效。

我国高速铁路线路多铺设无砟轨道，针对土质路基上的无砟轨道，采用桩网结构地基和桩板结构地基处理技术解决软土地基工后沉降问题。无砟轨道软土地基路基建设中采用刚性桩，在桩顶设置钢筋混凝土板或一张由碎石和土工织物组成的柔性网，下部土体设竖向水泥粉煤灰碎石桩（简称 CFG 桩），CFG 桩如图 2-5 所示。网、桩、土构成一个整体共同承担上部荷载的人工地基。路基填筑完成后再在其上堆载预压，让原本需要很长时间才能完成的沉降现象在短时间内发生。通过对沉降量进行观测和评价，沉降趋于收敛后再铺设轨道的方式既保证了软土地基必要的承载力，后期又不会出现显著沉降。高速铁路路基桩板结构如图 2-6 所示。

图 2-5　水泥粉煤灰碎石柱（CFG 柱）

图 2-6　高速铁路路基桩板结构

五、高速铁路溶洞路基处理

岩溶是一种自然现象，广泛分布在西南、华东、中南地区。高速铁路路基下的溶洞，会对路基的稳定性造成一定的影响。

当溶洞较大或串状时，采用板凳式桩板结构进行处理，板凳式桩板结构由下部钢筋混凝土桩基和上部的钢筋混凝土板组成，通过承台板将上部荷载传到桩体，桩体把荷载传递到稳固底层。板凳式桩板结构如图 2-7 所示。采用板凳式桩板结构处理溶洞路基，可避免溶洞顶板塌陷和变形，保证路基根基稳定。当溶洞较小时，采用岩溶注浆的加固措施，即向溶洞中注入浆液填充。岩溶注浆的加固如图 2-8 所示。

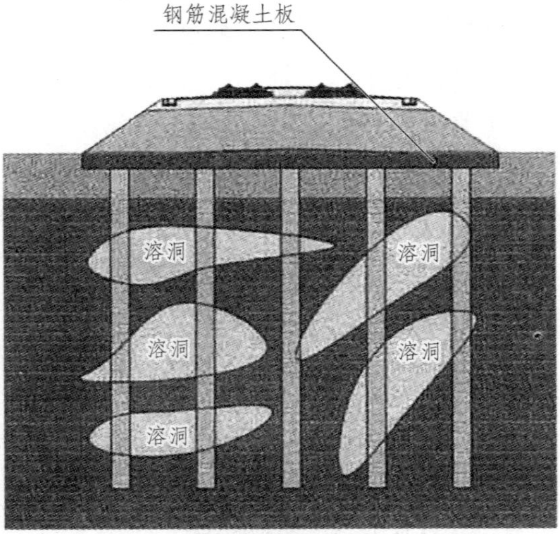

图 2-7　板凳式桩板结构示意图

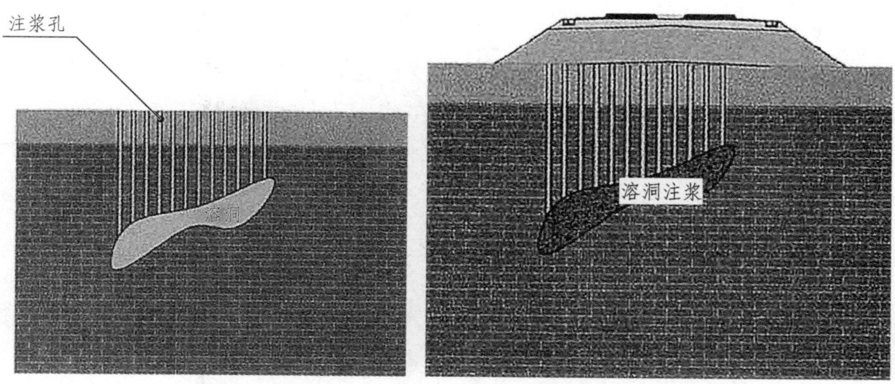

图 2-8　岩溶注浆加固示意图

六、寒冷地区高速铁路路基的处理

我国东北地区冬季寒冷，水凝结成冰后路基体积会膨胀，冰融化后路基体积会收缩，冻融循环后土体强度会降低，在寒冷地区修筑高速铁路需要解决路基的冻胀问题。哈大高速铁路便成功实现在 – 40 °C 的气候条件下穿越高纬度寒冷地区。预防路基冻胀的主要措施有：选择防冻的填筑材料，提高路基本体的防冻能力；做好路基表面防水和路基底部排水，防止路基积水出现冻融现象。路堤防冻结构如图 2-9 所示。

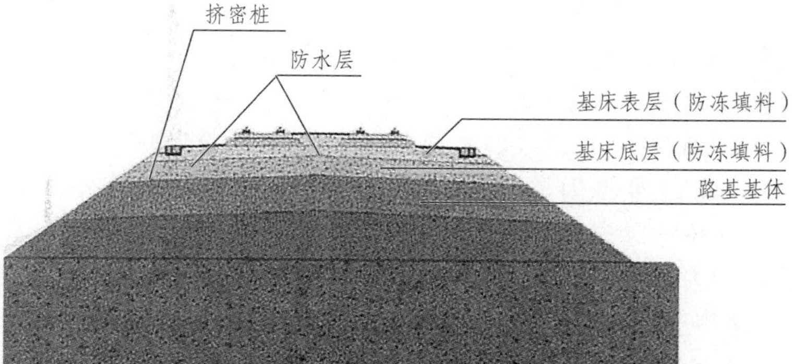

图 2-9　路堤防冻结构示意图

七、湿陷性黄土高速铁路路基处理

黄土广泛分布于我国西北、华北、华中等地区，干燥时路基刚性大，遇水后发软，土结构迅速被破坏，局部显著下沉，处理的关键是压缩土体之间空隙和防水。强夯法或挤密桩法等可以挤压土体结构，减少土体空隙，消除湿陷，基础底面封闭可防止水的渗入，在我国湿陷性黄土高速铁路路基中该法被普遍采用。

八、风沙地区高速铁路路基处理

我国新疆、甘肃等戈壁地区具有干燥少雨、起风速度快、风速高、沙尘量大等特点。兰新高速铁路所经过的“百里风区”“三十里风区”等举世闻名，风力强劲，最大风速可达 60 m/s，破坏力极强，严重影响高速列车的运行安全。按照高速铁路沿线地形、风速、风向、频率等指标进行设计，在路肩两侧采取工程与植物相结合的防风治沙结构体系；在大风区的路基迎风一侧设置钢筋混凝土挡风墙和挡风隧道等措施，保证高速铁路路基稳定和高速列车安全运行。

知识点三　高速铁路桥隧建筑物

一、高速铁路桥梁

桥梁是铁路线路跨越河流、低地、深谷、公路及另一条铁路时而修建的建筑物。我国已建成的高速铁路桥梁所占比例较高，一般达到 50%，有的线路上桥梁甚至达到 90%。而以往的普通铁路桥梁所占的比例一般是 5% ~ 6%，通常不超过 10%。主要原因是：解决铁路与道路交叉问题，高速铁路一律采用全立交；修建桥梁少占地，节约土地资源；高速铁路桥梁基桩较长，便于有效控制沉降；为了避免路桥频繁交替过渡，当桥间路堤段较短时，连续修建桥梁，也使得桥梁长度增加，京沪高速铁路丹阳昆山特大桥长度达 164.7 km，为世界第一长桥。

高速铁路桥梁除了满足一般的铁路桥梁的要求外，还要满足一些特殊的要求。这是由于列车在高速度行车条件下桥梁结构的动力响应会加剧，对列车的安全性、旅客乘坐的舒适度、荷载的冲击、材料的疲劳、列车的运行噪声、结构的耐久性产生不利的影响，因此，高速铁路的桥梁与一般铁路桥梁相比较，必须具有足够的强度和刚度，必须保证可靠的稳定性和保持桥上轨道的高平顺状态，使高速线路的桥梁结构能够承受较大的动力作用，具备良好的动力特性。另一方面，国内外大量的桥梁使用经验说明，结构的耐久性对桥梁的安全使用和经济性起着决定性的作用。

高速铁路桥梁作为轨道的下部结构，为确保高速运行条件下的安全性、平稳性和乘车舒适性，要求必须具有高平顺性、高稳定性和高可靠性等特点，其桥梁结构应具有良好的刚度和整体性，要重视改善结构耐久性，外形构造简洁合理，力求标准化，便于施工和控制建造质量，减少维修量。同时，应强调结构与环境的协调，减小运营噪声，重视生态环境保护。

（一）桥梁的构造

桥梁主体工程由桥跨结构、桥台、桥墩和基础构成。

桥跨结构通常又称梁部，其功能主要是承载桥上线路、连接两端桥台。桥台的主要功能为支承台后压力和梁部传来的各种力，连接梁部与桥头路堤并承载台上线路。桥墩的主要功能为支承梁部传来的各种力并限制梁部位移。基础的主要功能是将桥梁墩台传来的各种力分散传至地基，保证桥梁墩台的稳定。桥梁结构如图 2-10 所示。

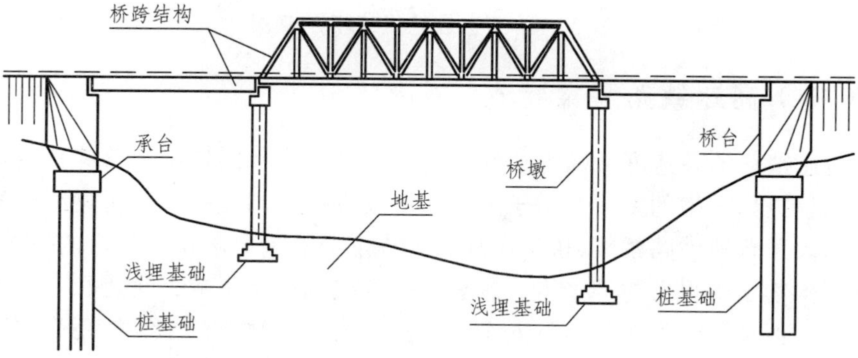

图 2-10　桥梁结构示意图

（二）高速铁路桥梁类型

高速铁路桥梁按照结构及受力特点不同，可分为梁式桥、拱形桥、刚构桥、斜拉桥以及各种组合结构桥梁。

按照建设桥梁材料不同，可分为混凝土桥、钢桥以及钢与混凝土的各种组（复）合材料的桥。由于钢材具有较高的单位承载能力，在较大跨度的桥梁中采用钢梁。由于预应力混凝土梁性能优越、施工简便、节能环保，在高速铁路建设中被大量采用。高速铁路拱式桥如图 2-11 所示。

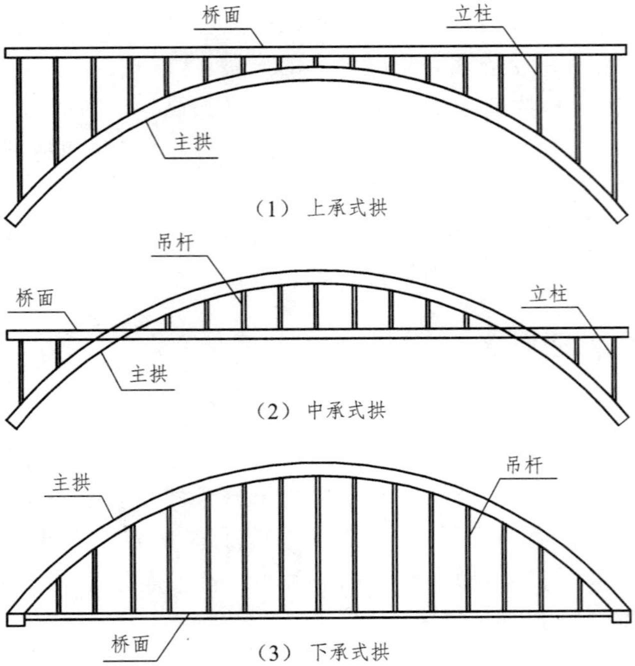

图 2-11　高速铁路拱式桥示意图

（三）高速铁路桥梁特点

高速铁路的高速度、高舒适性、高安全性、高密度连续运营等特点对其土建工程提出严格的要求，由于速度大幅度提高，高速列车对桥梁结构的动力作用大于普速铁路桥梁，桥梁出现较大挠度会直接影响桥上轨道的平顺性，造成结构物承受很大的冲击力，旅客舒适度受到严重影响，轨道状态不能保持稳定，甚至影响列车的运行安全。此外，为保证轨道的平顺性还必须限制桥梁的预应力徐变上拱和不均匀温差引起的结构变形，这些都对高速铁路桥梁结构的刚度和整体性提出了严格的要求。在高速运行的环境、技术要求以及我国特有的国情条件下，高速铁路桥梁设计、建造和检测等方面具有与国外高速铁路以及我国普速铁路不同的要求和特点。高速铁路桥梁的特点如下。

1. 桥梁所占比例大、高架长桥多

在高速铁路建设中，综合考虑建筑物与地基变形、控制工后沉降、少占良田、环境保护以及维修养护等多种因素，通过桥梁与路基工程的技术经济比较，加大桥梁比例，修建高架桥。例如，京沪高速铁路桥梁占线路总长的86.5%，京津城际铁路桥梁占线路总长的86.6%，武广客运专线桥梁占线路总

长的 42.14%，哈大客运专线桥梁占线路总长的 74.3%。

2. 大量采用简支箱梁结构形式

根据我国高速铁路建设规模、工期要求和技术特点，通过深入的技术比较，确定以 32 m 简支箱梁作为标准跨度，整孔预制架设施工。预制结构分为有砟轨道整孔箱梁和无砟轨道整孔箱梁，预应力体系分为先张法和后张法两种。

3. 以中小跨度为主

由于高速铁路对线路、桥梁、隧道等土建工程的刚度要求严格，因此，高速铁路桥梁跨度不宜过大，应以中小跨度为主。京沪高速铁路线上桥梁绝大多数为中小跨度，常用桥式为等跨布置的双线整孔简支梁，跨度有 24 m、32 m、40 m 三种，以 32 m 梁居多，其中 20 m 以下跨度的桥梁由 4 ~ 5 片 T 梁组成。

4. 刚度大、整体性好

列车高速行驶要求高速铁路桥梁必须具有足够大的刚度和良好的整体性，以防止桥梁出现较大挠度和振幅。同时，必须限制桥梁的预应力徐变上拱和不均匀温差引起的结构变形，以保证轨道的高平顺性。

5. 纵向刚度大

高速铁路要求依次铺设跨区间无缝线路，而桥上无缝线路钢轨的受力状态不同于路基，结构的温度变化、列车制动、桥梁挠曲会使桥梁在纵向产生一定的位移，引起桥上钢轨产生附加应力。过大的附加应力会造成桥上无缝线路失稳，影响行车安全。因此，墩台基础要有足够的纵向刚度，以尽量减少钢轨附加应力和梁轨间的相对位移。高速铁路无砟轨道桥梁均匀沉降不得超过 20 mm，相邻墩台沉降量差不得超过 5 mm。

6. 重视改善结构耐久性，便于检查、维修

高速铁路是极其重要的交通运输设施，任何时候的中断行车都会造成巨大的经济损失和社会影响。为此，桥梁结构物应尽量做到少维修或免维修，这就需要在设计时将改善结构物的耐久性作为主要设计原则，统一考虑合理的结构布局和构造细节，并在施工中严格控制、保证质量。一些国家规定高速铁路桥梁在结构耐久性方面要求的设计基准期，一般以 50 年不需维修为目标；在日常检查、养护前提下，期待能达到 100 年的耐用期。

另一方面，由于高速铁路运营繁忙、列车速度高，造成桥梁维修、养护

难度大、费用高，因此，桥梁结构构造应便于日常检查与维修。

7. 强调结构与环境的协调

高速铁路作为重要的现代交通运输设施，应强调结构与环境的协调，重视生态环境保护。桥梁造型要与周围环境相一致并注重结构外观和色彩，在居民点附近的桥梁要有降噪措施，避免桥面污水损害生态环境等。

（四）具有代表性的我国高速铁路桥梁

长江、黄河是中华民族的母亲河，武汉长江大桥和南京长江大桥曾经是我国铁路建设史上里程碑式的标志性工程。高速铁路又是如何跨越长江、黄河的呢？这里介绍几座跨越长江、黄河的高速铁路桥梁。

1. 南京大胜关长江大桥

南京大胜关长江大桥是世界上首座 6 线铁路大桥，是京沪高速铁路的控制性工程。钢材总量相当于武汉长江大桥的 4 倍，一个桥墩承台面积有 7 个篮球场大。桥梁每米载重 35 t，相当于 35 车道的公路桥。大桥上最高设计速度为 300 km/h。南京大胜关长江大桥如图 2-12 所示。

图 2-12　南京大胜关长江大桥示意图

2. 武汉天兴洲公铁两用长江大桥

武汉天兴洲公铁两用长江大桥是世界上最大的公铁两用桥，是继武汉长江大桥之后的武汉第二座公铁两用桥。桥梁跨度大，斜拉桥主跨 504 m，为世界同类桥梁跨度之首。荷载重，4 线铁路和 6 道公路的共铁两用大桥，可同时承载 2 万吨荷载。桥面宽，下层 4 线铁路，宽 30 m；上层公路 6 车道，宽 27 m。武汉天兴洲公铁两用长江大桥如图 2-13 所示。

图 2-13　武汉天兴洲公铁两用长江大桥示意图

3. 郑州黄河公铁两用桥

郑州黄河公铁两用桥是郑州至新乡 G107 复现工程及京广高铁跨越黄河的共用特大桥梁，桥梁全长 9.177 km，是目前世界上最长的公铁两用桥。大桥公路、铁路采用上下层布置，上层为设计速度 100 km/h 的双向 6 车道国道公路，下层为设计速度 350 km/h 的高速铁路。郑州黄河公铁两用桥截面如图 2-14 所示。

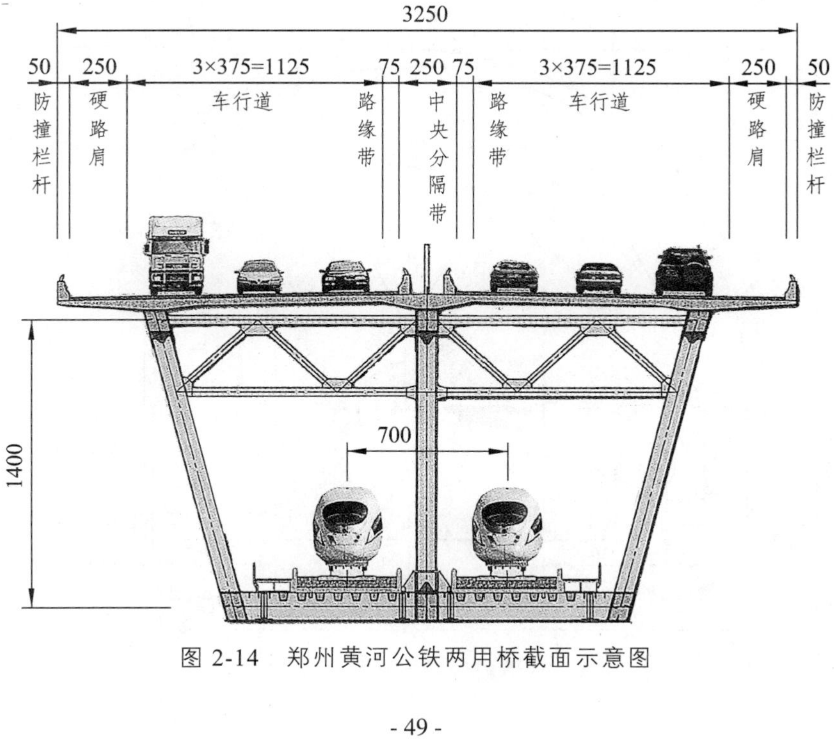

图 2-14　郑州黄河公铁两用桥截面示意图

二、高速铁路隧道

隧道是修建在地面、地下或水下并铺设轨道供列车通行的建筑物，是高速铁路基础设施的又一重要组成部分。随着高速铁路行车速度的不断提高，线路最小曲线半径变大，使得高速铁路在选线设计中出现大量的隧道工程。根据隧道所在的位置可分为山岭隧道、水下隧道和城市隧道三大类。高速铁路较普通铁路隧道的横断面大，受力比较复杂，且列车运行速度较高，隧道维修有一定的时间限制，对隧道衬砌的安全性、耐久性和防水性能要求提高。另外，由于高速列车行驶速度快，空气动力学效应强，宽大的断面使得隧道施工难度成倍增加，同时也要求隧道结构强度足够高以保证行车的安全性。

（一）隧道构成

隧道由主体建筑物和附属建筑物两大部分构成。主体建筑物是为了保持隧道的稳定，保证隧道的正常使用而修建的，主要由洞身衬砌和洞口组成，也包括必要的加筑明洞。附属建筑物是指为了保证隧道正常使用，方便养护、维修作业，以及满足供电、通信等方面需要的各种辅助设施，如隧道防排水设施、避车洞、电缆槽、运营通风设备等。隧道内部结构图如图 2-15 所示。

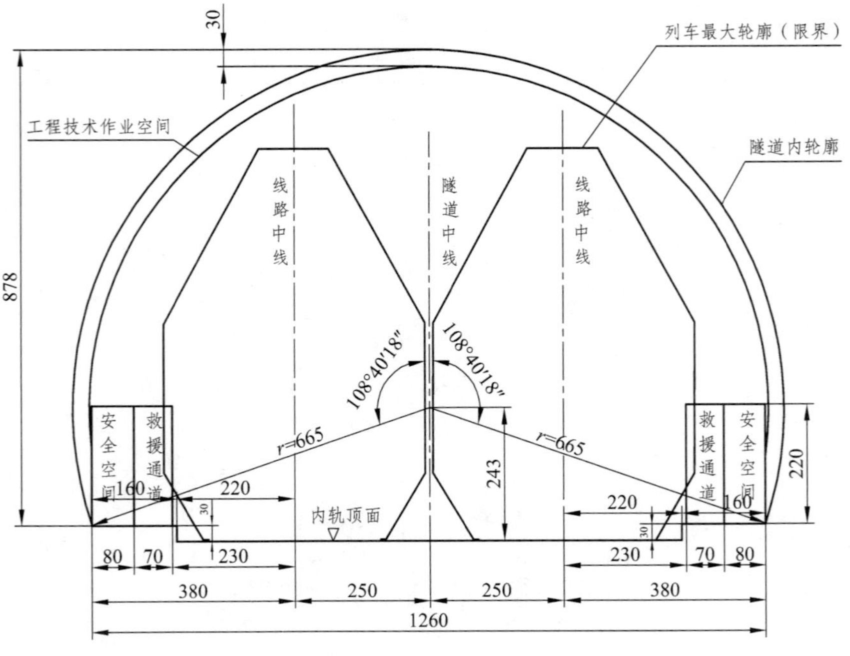

图 2-15　隧道内部结构示意图（单位 cm）

（二）高速铁路隧道特点

1. 高速铁路隧道数量多、长度长

高速铁路要求高平顺度，如果“随山就势”，就会造成大量小半径曲线线路，影响行车速度，因此，高速铁路需要截弯取直，修建使线路顺直的隧道。不仅是遇到崇山峻岭需要以隧道形式通过，当穿越较大的河流时，通过科学论证也可以利用水下隧道代替跨河桥梁，如广深港高速铁路上的狮子洋隧道，是国内第一条过江铁路隧道。

2. 空气动力效应明显

在高速运行的条件下，列车进入隧道时会产生压力波，该压力波以声速向前推进，到隧道口处反射回来，又遇到列车，即使在窗户密闭的条件下，也会使乘客因压力变化而感到不适。另外，列车进入隧道时形成的压力波，在隧道内传播，到达出口时向外放射脉冲状的压力波，在隧道出口产生微气压波，发出轰鸣声，会影响附近居民的正常生活。

3. 断面面积大

高速铁路隧道断面面积比普速铁路隧道大。由于隧道是一个半封闭空间，高速列车进入隧道时会产生压力波，在隧道中列车交会时的表面压力波会剧烈变动，最大可达 10 000 Pa。增加隧道断面可以减低会车压力波，满足旅客舒适度要求，还可以减小列车和隧道壁受力。高速铁路隧道高度相当于 3 层楼，其净空断面达到 100 m^2 左右。隧道断面借鉴石拱桥的设计原理，选择抗压效果最好的圆形断面，保证隧道在围岩中的结构受力最为合理并节省工程造价。隧道底部与上部形成一个封闭的环形结构，底部空间采用混凝土回填，为无砟轨道的高精度铺设提供了坚实的基础。

（三）高速铁路隧道主要技术标准

高速铁路隧道工程必须考虑列车进入隧道引发的空气动力学效应对行车、旅客乘坐舒适度、车辆结构强度和环境等方面的不利影响。高速铁路隧道结构设计不仅要满足空气动力学特性的要求，还要从构造和防灾上满足高速铁路隧道建筑衔接和配置的各功能空间的要求。

1. 加大隧道净空有效面积

克服空气动力学效应采取的一个有效手段是加大有效净空面积，从结构受力等方面对断面进行优化。隧道横断面由隧道建筑限界、轨道数量、线间距、应预留的空间（如安全空间、避难和救援空间、线路上部建筑维修空间等）、空气动力学影响所需的空间和设备安装空间构成。

隧道的横断面是由堵塞比决定的，即列车的横断面面积与隧道的横断面面积比值（β）。β值越小，压力瞬变现象越缓解。确定了列车的类型与速度后，可根据列车的断面面积来确定隧道的断面面积。

我国高速铁路净空有效面积标准如表 2-13 所示。单线隧道轨顶面以上净空横断面面积不宜小于 70 m^2，双线隧道轨顶面以上净空横断面面积不宜小于 100 m^2。

表 2-13　我国高速铁路隧道净空有效面积标准　　m^2

序号	类别	单线	双线
1	200 km/h 客运专线兼顾货物运输	52（53.6）	80（85）
2	250 km/h 高速铁路	58（60）	92
3	300～350 km/h 高速铁路	70	100

建筑限界一般应符合动态的标准建筑限界和扩大标准建筑限界。线间距与列车速度和车辆形式等有关，一般情况下都应大于 4.0 m。我国京沪高速铁路的线间距，在列车速度为 350 km/h 的条件下采用 5.0 m。德国在列车速度为 250 km/h 时，规定线间距为 4.7 m。位于曲线上的隧道，原则上不考虑曲线加宽。

2. 单洞双线和双洞单线方案选择

高速铁路隧道形式采用单洞双线隧道方案和双洞单线隧道方案两种方案，双洞单线隧道救援通道如图 2-16 所示，单洞双线隧道救援通道如图 2-17 所示。根据高速铁路隧道的特点，单洞双线隧道方案的堵塞比较小，在满足洞内会车最不利条件的前提下，可有效地提高乘车舒适度；而双洞单线隧道方案更有利于满足防灾救援要求，当一座隧道出现重大事故时，另一座可正常运营，且可利用其进行救援和旅客的疏散。我国高速铁路工程建设中，一般按照长度小于或等于 10 km 的客运专线隧道，多采用单洞双线方案；长度大于 10 km 而小于或等于 20 km 的隧道，如果客车速度目标值为 200 km/h 及以上并且为客货共线时则较宜采用双洞单线方案，如果是客运专线可根据辅助坑道的设置情况进行技术比较，选用合适的方案；当隧道长度大于 20 km 时，则较宜采用双洞单线方案。

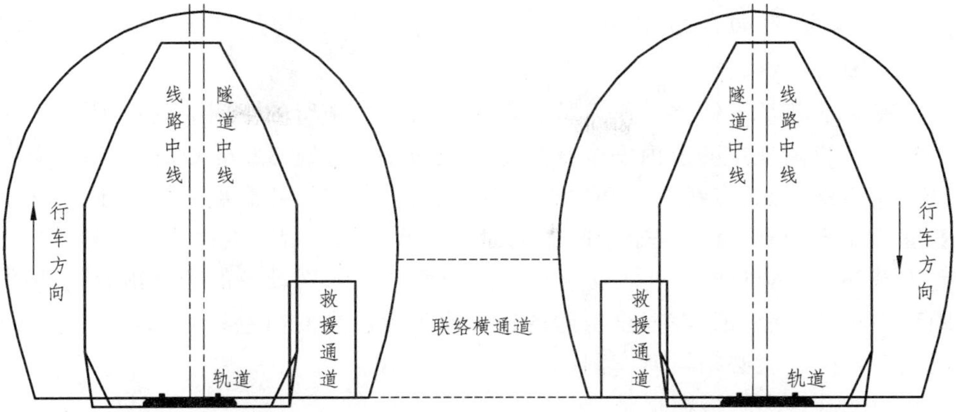

图 2-16　双洞单线隧道救援通道示意图

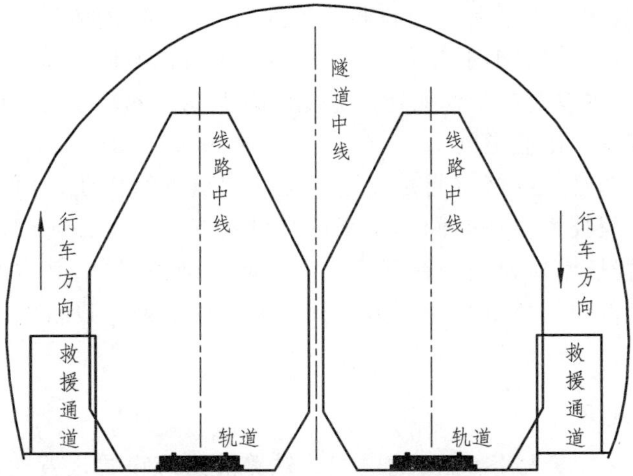

图 2-17　单洞双线隧道救援通道示意图

3. 隧道的衬砌

高速铁路隧道的横断面面积较大，受力比较复杂，且列车运行速度较高，隧道维修时间有一定的限制，因此，隧道的衬砌应具有良好的耐久性与防水性。我国规定：暗挖隧道应采用复合式衬砌，明挖隧道采用整体式衬砌，一般不采用喷锚衬砌。

4. 轴助洞室的设置

隧道内不设置供养护维修人员待避的专用洞室，但应考虑设置存放维修工具和其他业务部门需要的综合洞室。我国规定：高速铁路隧道综合洞室沿隧道两侧交错布置，每侧间距 500 m 左右。

5. 隧道内的预留空间

（1）安全空间。

安全空间是为铁路工作人员和养护维修人员预留的空间。内设把手、保护栏等。我国规定隧道内安全空间应在距线路中心线 3.0 m 以外，单线隧道设在电缆槽一侧，多线隧道必须设在两侧。安全空间尺寸高度不应小于 2.2 m，宽度不应小于 0.8 m；安全空间的地面应不低于轨面规定的高度，必须平整，允许有 3%的横向排水坡。安全空间的地面与接触网设备的带电部分之间的距离不小于 3.95 m，在安全空间的边界应带有反光的白色线条标志。如果不设安全空间，就必须设避车洞。

（2）避难和救援通道。

避难和救援通道的空间是隧道中在线路两侧设置一个贯通的避难和救援通道，该通道直通到隧道外用于自救或外部救援。救援通应设在安全空间的一侧，距线路中心线不应小于 2.3 m。救援通道走行面不低于轨面高度，宽度不应小于 1.5 m，在装设专业设施处，宽度可减少 0.25 m，净高不应小于 2.2 m。

（3）工程技术作业空间。

线路和上部建筑维修空间是为进行上部建筑维修作业，而留出的一定的维修空间。工程技术作业空间预留来进行设备安装或加强衬砌以及安装降噪声护墙板。工程技术作业空间在安全空间和救援通道以外，其宽度应为 0.3 m。架设接触网设备空间是电气化铁道上预留架设接触网等设备的空间，与既有线标准相同。

6. 运营通风

一般规定，长度大于 8 km 的电气化铁路隧道应设置运营通风设备。高速铁路隧道设置运营通风时，应考虑到防灾通风，有利于控制灾害范围和采取救援。结合我国高速铁路隧道的特殊情况，运营通风设置原则为：长度大于 10 km 的特长隧道，设置运营通风和防灾通风；小于或等于 10 km 的而大于 6 km 的隧道，结合辅助坑道的设置，当辅助坑道用作紧急疏散通道时，则在紧急出口处考虑防灾疏散通风设备，其他情况就不考虑运营通风。运营通风一般采用纵向射流诱导式通风，应用远程和本地双重控制。

7. 照明设备

隧道内的照明设置要考虑到维修养护、满足紧急情况下人员疏散及救援人员的通行要求，同时也考虑列车进入隧道后的亮度和对旅客舒适度的要求。我国高速铁路隧道要求：行车速度 300 km 以下，长度大于 500 m 的，应设置固定式电力照明设备；时速大于或等于 300 km 的隧道，长度大于 100 m 时应设置固定式电力照明，长度大于 500 m 时应增设应急照明设备，且应急照明灯具间隔不大于 50 m，在供电中断后能连续工作 2 h 以上。

（四）高速铁路隧道施工

由于隧道工程深埋于地下，隧道结构各个部位均与其周边以外的地层密贴，在修建过程中会遇到硬质岩石、软弱泥岩、黄土、风积沙等各种各样的围岩，施工过程中对围岩进行精准把脉，掌握其特性，采取合适的措施以保证工程顺利进行。

针对复杂程度不同的地层条件，隧道工程师研制出了各种有针对性的施工方法，主要分为两类，一类是隧道掘进机法或盾构法，其原理是通过刀具切割岩体全断面达到整体向前推进的目的。隧道掘进机如图 2-18 示。另一类是采用炸药爆破开挖施工的“钻爆法”，即先分部开挖，再将各开挖部分连起来，该方法包括台阶法、弧形导坑法、中隔壁法等。台阶法、弧形导坑法、中隔壁法如图 2-19 示。在施工中采用多功能钻机、机械喷锚手、三臂凿岩台车等先进的大型机械设备，具体采用哪种施工方法，应根据地质条件进行比选后确定。三臂凿岩台车如图 2-20 示。

图 2-18　道掘进机示意图

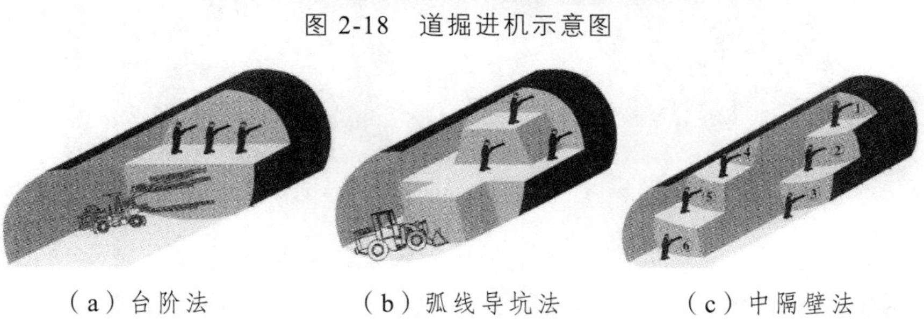

（a）台阶法　　（b）弧线导坑法　　（c）中隔壁法

图 2-19　“钻爆法”开挖的几种施工方法示意图

图 2-20　三臂凿岩台车示意图

隧道地质复杂，在施工中容易大股涌水，水压力通常很大，类似河流溃坝决堤，若伴随大量的松散沙石泥块等碎屑，就可能形成涌水突泥，破坏力极强，危害巨大，是严重的地质灾害之一。遇到这种地质情况则需要根据超前地质预报、钻探等综合手段，获取围岩的准确信息，采取“注浆封堵、加固底层”“释放压力”等措施进行应对，防止涌水突泥情况的发生。

当隧道工程遇到溶洞时，要想方设法排除障碍、清除陷阱、打通道路。在施工中需对岩溶水进行疏排或封堵，对溶腔进行加固，如果在岩溶中遇到大的暗河，则需在隧道内修“隧中桥”了。溶洞中架桥如图 2-21 示。

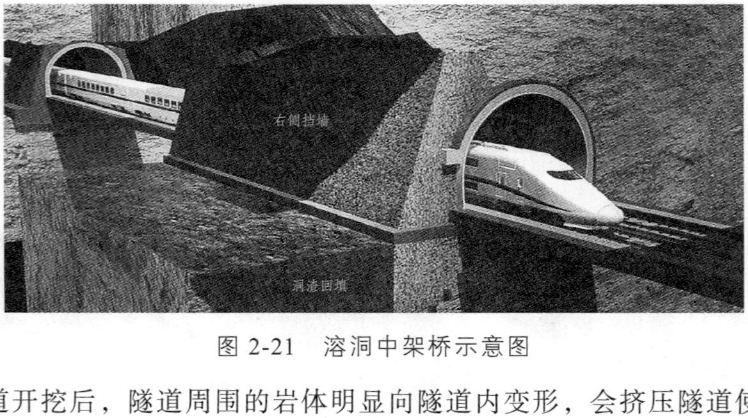

图 2-21　溶洞中架桥示意图

隧道开挖后，隧道周围的岩体明显向隧道内变形，会挤压隧道使得净空面积缩小，满足不了设计所需要的空间要求，严重时会使已经做好的支护结构被挤压破坏甚至被压垮，这对隧道工程的正常施工影响很大，如果处理不好，隧道工程的实施将会前功尽弃。针对这种围岩要精确排查，找准造成大变形的真正原因，从两个方面采取措施：一是预留合适的变形空间，允许隧道变形，待膨胀力衰减后再进行支护；二是设置足够强度的支护满足工程受力要求。

（五）具有代表性的我国高速铁路隧道

1. 太行山隧道

石太高速铁路太行山隧道全长 27.848 km，最大埋深 445 m，为双洞单线隧道，两线间距离为 35 m，是目前我国最长的高速铁路山岭隧道。隧道设置了运营通风和发生火灾时的防灾通风设施。

2. 狮子洋隧道

广深港高速铁路狮子洋隧道全长为 10.49 km，其中盾构施工段长 9.34 km，盾构内径 9.8 m，穿越珠江口狮子洋河段，水深流急。隧道水压高、地层渗透性大。设计采用洋底“地中对接、洞内解体”的盾构施工方法为国内首创，狮子洋隧道也是我国第一座过江高速铁路隧道。狮子洋隧道如图 2-22 所示。

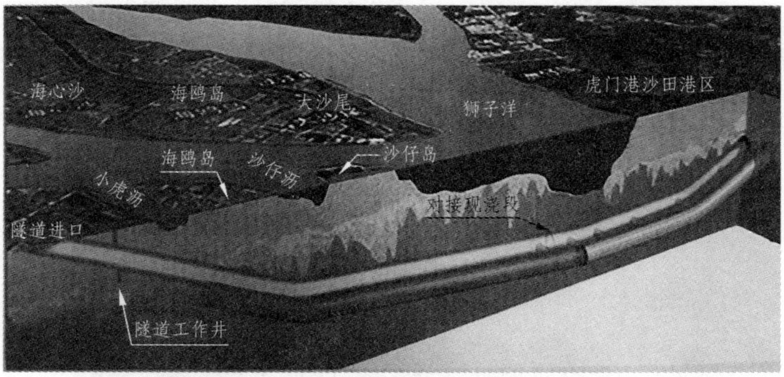

图 2-22　狮子洋隧道示意图

3. 大瑶山隧道群

京广高速铁路大瑶山隧道群由三座隧道毗连的单洞双线隧道组成，全长 24.706 km，最大埋深 695 m，隧道穿越了碳酸盐岩、碎屑岩和浅变质岩地层，隧道岩溶发育，通过了充水溶洞、富水构造等施工中极易发生涌水突泥的地段。隧道群设置了洞口疏散定点及消防设施。

4. 雪峰山隧道群

沪昆高速铁路雪峰山隧道群由三座毗连的单洞双线隧道组成，全

28.721 km，最大埋深 750 m。隧道通过了变质岩与侵入岩地层，其中炭质板岩内超大断面隧道施工变形控制困难。隧道洞口山高坡陡，桥梁进入隧道，采用了高速铁路独有的隧桥串接洞门结构。隧道群采用隧道口和桥梁结合的紧急救援站，满足隧道群的防灾疏散、救援需要。

5. 祁连山隧道

兰新高速铁路祁连山隧道全长 9 490 m，地处高原严寒地区，区域平均海拔 3 500 ~ 4 300 m。由于高原空气稀薄、氧气含量低、气候寒冷，施工环境非常恶劣。隧道所处区域构造强烈、地层岩性复杂，其中穿越两条富水断层，被形象地比喻为“碎屑流”。设计施工中采用“超前排水、周边帷幕”设施顺利通过“碎屑流”地层，并通过加强通风系统设置、增加洞内空气含氧量来改善作业环境，提高功效。

6. 石家庄城市隧道

石家庄六线隧道自北向南穿越石家庄市主城区，是一条六线并行（局部七线）、普速与高速并存的庞大地下工程。隧道包含京石高速铁路正线(双线)、改建京广线正线（双线）、石青客运专线正线（双线）、石太联络线（单线），隧道正线全长 4 980 m。隧道结构断面最大宽度 50 m，结构高度约 13 m，隧道最大埋深约 22 m，针对隧道结构断面型式多样的特点，采用了明挖、盖挖、暗挖多种施工方法。石家庄城市隧道如图 2-23 所示。

图 2-23　石家庄城市隧道示意图

知识点四　高速铁路轨道

高速铁路轨道结构和普速铁路轨道结构基本一致，均由钢轨、轨枕、扣件、道床、道岔等部件组成（见图 2-28、图 2-29）。由于列车对轨道结构的作用力与速度密切相关，所以要求高速铁路轨道结构应具备足够的强度和稳定性，用以满足高速度、高舒适性、高安全性等要求。轨道结构分为有砟轨道和无砟轨道两种类型，普速铁路以有砟轨道为主，道床采用碎石材料，高速铁路以无砟轨道为主，道床采用钢筋混凝土材料。

一、高速铁路对轨道的要求

（一）稳定的轨道结构

高速铁路对轨道结构的设备和材质都有一定程度的加强，轨道各部件的静力强度不对轨道整体结构承载能力起控制作用。但是，高速铁路轨道在不稳定重复荷载的作用下，其承载能力却不一定能满足高速行车的要求，它的破坏形式主要表现为在列车荷载反复作用下，轨道各部件的疲劳折损、轨道整体结构残余变形积累超限等。因此，对高速铁路的轨道结构，必须保证最高程度的稳定。

（二）平顺的运行表面

轨道的不平顺从结构上大致可分为 3 种类型，即结构不平顺、附加不平顺和动态不平顺。结构不平顺是指由于轨道结构及部件固有的不平顺，如钢轨表面由于轧制工艺造成的钢轨垂向弯曲、焊缝凸凹不平、轨道铺设和整道时形成的不平顺;附加不平顺是指在运行过程中由于各种原因形成的不平顺，如钢轨表面不均匀磨耗、钢轨踏面剥离掉块、有砟轨道因道砟飞溅在轨面碾压形成的轨面伤损、钢轨弹性垫层破损等；动态不平顺是指在列车运行中产生的不平顺。

为保证列车高速运行的需要，要求轨道必须提供平顺的运行表面。

（三）良好的轨道弹性

高速铁路轨道结构能否具有良好的弹性十分重要。轨道具有良好的弹性，不仅可以使轨道具有较强的抗振动与抗冲击能力,而且有利于减少噪声干扰，因此，轨道结构具有良好的弹性是各国高速铁路追求的目标。轨道结构弹性良好包括两方面的含义：一是为高速行车引起的振动起到“吸振”作用的足够的弹性；二是沿轨道纵向弹性的均匀性。有砟轨道的弹性主要由散粒道砟道床和轨下垫层提供。无砟轨道的弹性主要由混凝土基床与轨道板之间的乳化沥青、水泥砂浆和轨下垫层提供。

（四）可靠的轨道部件

高速铁路轨道结构是极为重要的工程结构，要求其具有极高的安全可靠性，对组成轨道结构的各部件的性能和质量也有更高的要求。

（五）便利的养护维修

高速列车运行时，不允许出现任何超过技术标准的偏差，一旦出现必须在第一时间迅速处理。因此，在研究和配置轨道结构及部件的同时，要考虑到养护维修的方便。

二、高速铁路轨道组成

（一）钢轨

钢轨是直接承受车轮压力并引导车轮运行方向的，一般要求具有较高的强度和足够的韧性，在车辆荷载和其他荷载的作用下，不会发生损伤和破坏。钢轨具有良好的韧性，能适应较高的动力作用，获得较长的疲劳寿命。对于高速铁路而言，要求钢轨提供的轮轨踏面平顺性要比普速铁路高得多。为保证高速铁路的高平顺性，线路的下部基础和轨道结构各部件都要为钢轨的正常工作提供良好的条件。同时钢轨本身质量要求也高，主要体现在钢质纯净度、钢轨的内在和表面质量、几何尺寸精度和外观平直度上。高速铁路钢轨断面的选择实质上是合理分配金属材料在轨头、轨腰、轨底的比例，主要考虑钢轨的强度、稳定性、耐磨性和轮轨关系。

为使钢轨具有足够的刚度，可适当增加钢轨高度，以保证钢轨具有较大的水平惯性矩。同时为使钢轨具有足够的稳定性，在设计轨底宽度时应尽可能宽一些。为达到最佳匹配，高速铁路通常将钢轨断面轨高与底宽之比控制在 1.2 ~ 1.4，我国 CHN60 钢轨断面轨高与底宽之比为 1.17。

（二）轨枕

轨枕在轨道结构中承担来自钢轨的压力，并将作用力传至道床，同时，有效地保持轨距、方向等轨道形位。目前，世界高速铁路有砟轨道广泛采用钢筋混凝土轨枕。这是因为钢筋混凝土轨枕纵横向阻力大，能够提供足够的稳定性，满足高速铁路稳定性的要求；混凝土轨枕材源较多，能够保证尺寸一致，使轨道的弹性均匀，可以满足高速度、大运量的要求；混凝土轨枕不受气候腐朽、虫蛀及火灾的影响，坚固耐用，使用寿命长；此外，对提高无缝线路的横向稳定性和轨道强度，也是十分有利的。

混凝土轨枕的主要缺点是重量大，弹性较差，所以要求道床质量高，铺设厚度大，并在钢轨底增设缓冲垫层。

在高速铁路上，为保持轨道的良好几何状态，确保旅客的舒适度和减少只能在夜间进行的维修工作，应采用较重型的轨道设备，即预应力混凝土轨枕。

世界各国高速铁路有砟轨道的技术发展表明，整体式和双块式混凝土轨枕形式可以满足高速铁路在承载力、耐久性和稳定性等方面提出的要求。日本根据不同的列车运行速度和使用经验，设计了 3T、3H、4H 等多种整体式轨枕结构，而法国则主要采用双块式钢筋混凝土轨枕。我国高速铁路采用整体式混凝土枕，主要采用长度为 2 600 mm 的Ⅲ型混凝土枕。

（三）道床

高速铁路对道床要求十分严格，要求道床道砟具有良好的抗磨、抗冲击、抗压碎性能。道砟磨损和粉化是高速铁路道床失效的主要原因。减小宽级配道砟中的小颗粉成分，有利于延缓道床中粉末的积聚，延长道床的使用寿命，并减少养护工作量。法国、德国和西班牙等国采用欧洲标准中的窄级配，我国高速铁路则采用特级道砟。

为了保证路基坚固稳定，不发生翻浆冒泥现象，要求所用碎石应是颗粒尽量大小均匀且粒度为 25 ~ 55 mm 的硬砾石，且其压实度也要达到规定标准，以保证排水通畅。

高速铁路线路的道床应有足够的厚度，以减少路基面所受的压力和振动，保证路基顶面不发生永久性变形。因此，许多国家高速铁路采用双层道床：枕下道砟厚度为 35 cm，垫层道砟厚度为 20 cm。为了使道床的水能够迅速下渗，防止翻浆，在垫层底部要加设用塑料和沥青等材料制作的各种形式的封闭层。

为增加轨道弹性、减小列车的冲击、隔离振动、降低噪声，在高速铁路桥上也铺设了有砟道床，但是桥上有砟轨道道床经常出现道砟粉化严重，导致道床脏污、弹性失效，影响排水性能

等现象，在列车速度达到 200 km/h 以上时，桥上有轨道道砟会出现趋于液体流动的现象，道砟的液化会导致轨道不稳定和严重变形，威胁高速行车的安全。根据国内外的经验，我国高速铁路桥上道床厚度采用 35 cm 标准，

同时，为了防止道砟粉化，采用道砟下铺设砟下胶垫或采用弹性轨枕等措施。

（四）扣件

扣件是钢轨与轨枕之间的连接设备。应用在有砟轨道上的扣件，将钢轨和轨枕连接成轨排，抵抗列车荷载；应用在无砟轨道上的扣件，几乎成为影响轨道弹性和调整能力的最主要的设备，是轨道设计与施工的一项关键技术。

在技术上，要求扣件具有足够的扣压力、较大的弹性及很强的保持轨距的能力，还应具备结构简单，维修少，寿命长和良好的减振降噪、绝缘性能，另外，高速铁路高平顺性的特点要求扣件各零部件除了本身具有高精度外，其组装精度也必须满足高速行车的需要。值得关注的是，无砟轨道上采用耐久性混凝土和沥青材料代替道砟材料以后，轨道弹性和调整轨道几何形态的功能必须由扣件完成，因此，应用在无砟轨道上的扣件则需要强调扣件弹性的合理、稳定和均衡，具有足够的调高能力和绝缘能力，同时也要考虑无砟轨道施工的方便性。

根据高速铁路不同的轨道结构对扣件的要求，扣件的类型可以分为：有砟轨道采用的无螺栓弹条扣件、有螺栓弹条扣件、无砟轨道采用的扣件、桥上有砟轨道采用的小阻力扣件和隧道内无砟轨道采用的小阻力扣件等。

日本是世界上最早运营高速铁路的国家，1964 年修建的东海道新干线有砟轨道采用了 102 型扣件。随着新干线越来越广泛地采用板式轨道，日本研制了多种新型的钢轨扣件，在隧道内直线地段采用金属少、价格低、调整量小的直结 4K 型扣件，其他地段采用铁垫板分开式直结 8K 型扣件。德国高速铁路采用带挡肩的 Vossloh 扣件，无砟轨道上广泛采用 Vossloh300 型无砟轨道扣件，这种扣件能较好地保持轨距与绝缘性能，轨下垫板的刚度较大，对提高行车平稳性有利。英国的 Pandrol 扣件在世界近 70 个国家与地区使用，新研制的 Pandrol Fast 型扣件，结构简单，受力合理，安装和拆卸方便。

我国高速铁路有砟轨道采用无螺栓式的弹条Ⅲ型扣件，弹条Ⅲ型扣件如图 2-24 所示，由弹条、预埋铁座、绝缘轨距块和橡胶垫板组成。其扣压力大、联结牢固、弹性好，能保持钢轨处于正确位置和稳定状态，延长轨道各部件的使用寿命。取消挡肩，避免了轨距扩大，减小线路养护工作量，非常适用于铁路高速化后的大型养路机械作业。另外取消了螺栓联结的方式，无须进行涂油作业，减小了扣件的养护工作量，装卸简便，在性能上能够满足高速铁路的要求。WJ-1 型、WJ-2 型和 WJ – 7 型等新型扣件适合于我国无砟轨道。

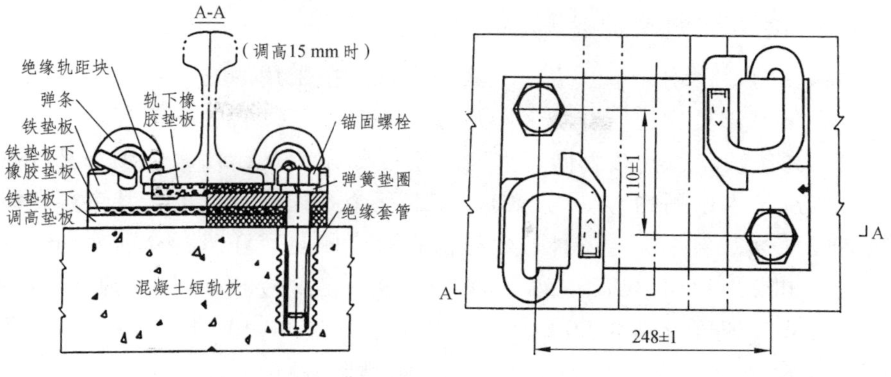

图 2-24　弹条 Ⅲ 型扣件

（五）道岔

道岔是一种使机车车辆从一股道转入另一股道的线路连接设备。普通铁路通常在车站、编组站大量铺设。有了道岔，可以充分发挥线路的通过能力，当然，由于道岔具有数量多、构造复杂、使用寿命短、限制列车速度、行车安全性低、养护维修投入大等特点，也是轨道的薄弱环节之一。

道岔的种类一般有：单开道岔、双开、三开道岔以及复式交分道岔等。

高速铁路道岔与普速铁路道岔相比，对安全性和舒适性方面的要求更高。各国铁路根据高速运行时机车和车辆与道岔相互作用的特点，通过对高速铁路道岔的平纵断面、结构、制造工艺、道岔范围内的轨下基础及养护维修均进行了大量的研究，设计和制造出一系列适用于不同运行条件的高速铁路道岔。高速铁路道岔如图 2-25 所示。

图 2-25　高速铁路道岔示意图

1. 高速铁路道岔的种类

高速铁路道岔均为单开道岔，其种类可以按采用的技术系列、容许通过速度、轨下基础类型进行分类。

（1）高速铁路道岔按直向容许通过速度分为 250 km/h 和 350 km/h 两种。

（2）从技术系列的客专线、CN、CZ 三个系列进行分类，其中客专线系列有 18 号、42 号、62 号三种号码道岔，对应侧向容许速度分别为 80 km/h、160 km/h 和 220 km/h；CN 系列有 18 号、39 号、42 号和 50 号四种号码道岔，对应侧向容许速度分别为 80 km/h、160 km/h、160 km/h 和 220 km/h；CZ 系列有 18 号和 41 号两种号码道岔，对应侧向容许速度分别为 80 km/h 和 160 km/h。

（3）按轨下基础类型可分为有砟道岔和无砟道岔。

有砟道岔轨下基础和普速铁路道岔相同，采用碎石道床结构。

无砟道岔的轨下基础结构形式分为轨枕埋入式和道岔板式两种。轨枕埋入式的轨下基础结构自下而上由混凝土支撑层、现浇混凝土道床、预制混凝土岔枕组成。板式道岔的轨下基础结构自下而上由混凝土底座、自流平混凝土填充层和预制道岔板构成。轨枕埋入式道岔和板式道岔的上部结构完全相同。

2. 高速铁路道岔构造

高速铁路道岔主要由转辙器、辙叉和导曲线三个部分组成。尖轨和心轨使用矮型特种断面钢轨（60D40 钢轨或 Zu160 钢轨）制造，客专线系列的高速铁路道岔翼轨使用特种断面轧制翼轨制造，心轨为拼装结构，扣件系统采用硫化设计；CZ 系列的高速铁路道岔翼轨采用锰钢铸造结构，心轨采用拼装结构；CN 系列的高速铁路道岔翼轨采用 60 kg/m 钢轨制造，心轨前端为合金钢整体锻造结构，扣件系统垫板采用硫化设计。

（1）转辙器部分。

转辙器部分主要有转辙机、外锁闭及安装装置、密贴检查器、曲尖轨与直基本轨组件和直尖轨与曲基本轨组件等部分组成。基本轨通常采用与区间线路钢轨材质及断面相同的类型，尖轨的平面形式多采用曲线型尖轨，以获得较好的侧向运行平顺性和较高的过岔速度。

（2）辙叉部分。

高速道岔的辙叉按其平面形式分为直线型和曲线型两种，世界多数国家铁路采用直线型辙叉，只有德国、奥地利等少数国家的铁路采用曲线型辙叉。

图 2-26 固定型辙叉

图 2-27 可动型辙叉

辙叉按结构形式可分为固定型辙叉和可动型辙叉两种，固定型辙叉如图 2-26 所示，可动型辙叉如图 2-27 所示。早期的高速道岔几乎都采用固定式辙叉，到了 20 世纪 60、70 年代，除法国等少数国家高速铁路道岔仍坚持采用固定式辙叉外，世界各国达成共识：在列车过岔速度等于或大于 160 km/h 的线路上，采用可动型辙叉的高速道岔。目前，可动心轨式辙叉已在日本、德国、俄罗斯、瑞士、法国、英国等国的高速铁路上得到大力发展，我国提速道岔也采用可动心轨式辙叉。可动心轨辙叉主体结构采用长翼轨、钢轨拼装式可动心轨辙叉结构。采用长翼轨使心轨与翼轨成为整体，便于温度力的传递，心轨受到的温度力通过跟端固定装置传至翼轨，使心轨的伸缩得到有效控制。

3. 高速铁路道岔关键技术

高速铁路道岔的特点是具有高安全性、高平顺性、高稳定性和较高的容许通过速度，保证列车平稳、舒适运行，因此高速铁路道岔均采用 18 号以上的单开道岔、可动心轨辙叉，适用跨区间无缝线路。

（1）平面线形设计。

通过直线与圆曲线、圆曲线与缓和曲线的合理匹配，科学确定高速铁路道岔的平面线形，保证高速铁路道岔平面线形的最优化和列车侧向过岔的舒适性。在 18 号道岔的平面设计上采用大半径单圆曲线的平面线形，其他大号码道岔，则采用圆曲线与缓和曲线的组合平面线形，以保证曲线间的圆顺连接。

（2）尖轨、心轨纵坡设计。

尖轨与基本轨、心轨与翼轨间的降低值，对列车通过道岔时的速度有重要影响，高速铁路道岔在设计中采取了缩短轮载过渡段长度和合理设置尖轨、心轨顶面降低值的方式，保证列车通过道岔时轮载的平稳过渡。

（3）轨道刚度设计。

岔区的轨道刚度对列车运行时的舒适性具有重要影响，高速铁路道岔在设计中根据具体的运营条件设置了合理的扣件系统刚度，并根据道岔的结构特点在岔区范围内进行了轨道整体刚度的均匀化设计，保证了道岔区轨道刚度的一致性。

（4）扣件精调设计。

高速铁路道岔的扣件设计充分考虑了轨道精确调整的要求，一是在垫板上部通过采用扣件系统进行轨距调整；二是在垫板下设置偏心调距块（或在铁垫板外侧设置月牙轨距挡块）进行轨距调整；三是通过轨下调高垫板进行高低调整。通过上述设计可实现道岔区轨道几何尺寸的全面调整。

（5）无缝结构设计。

高速铁路道岔选择了牢靠的扣件系统，设计了限位器、间隔铁等坚实的纵向力传递结构，同时采用了大位移伸缩的转换与锁闭装置，能够很好地传递和抵御温度力，满足跨区间无缝线路铺设的需要。

三、高速铁路的铺设与技术标准

（一）高速铁路无砟轨道

高速铁路的轨道结构分为有砟轨道和无砟轨道两种类型。有砟轨道如图 2-28 所示，无砟轨道如图 2-29 所示。有砟轨道是铁路的一种传统的轨道结构，在国内外已获得广泛应用。有砟轨道具有结构形式简单、造价低、建设周期短、线路的弹性和减振性能较好，噪音较小，轨道超过和几何形态调整简单，被破坏后修复时间短、自动化及机械化维修效率高等优点。但随着行车速度的提高，有砟轨道的缺点也逐渐显现。例如轨道的横向抗力较小，容易产生不均匀下沉，桥上道床稳定性较差，在空气动力作用下会使道砟飞散，轨道结构被破坏后增加维修工作量等。

高速铁路采用有砟轨道时的要求比普速铁路严格得多，如为减小枕下作用荷载和增加轨道横向阻力，而增大轨枕底部与道床表面接触面积，形成了重型轨枕和宽轨枕结构形式，为增加轨枕纵向支撑的连续性，采用宽轨枕、框架轨枕和纵向轨枕；为提高轨枕弹性，在轨下、枕下和道砟下应用弹性垫层等。

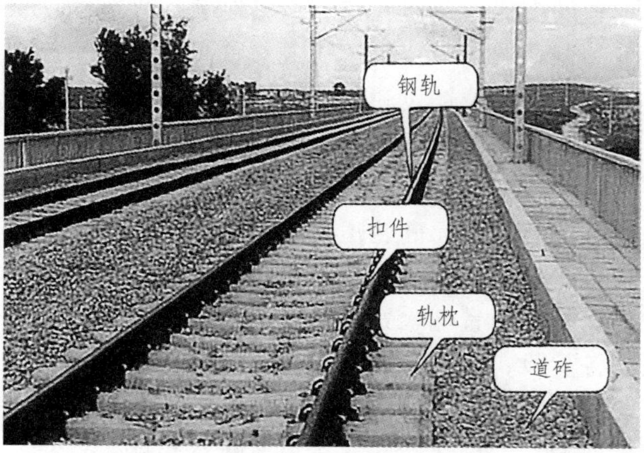

图 2-28　有砟轨道示意图

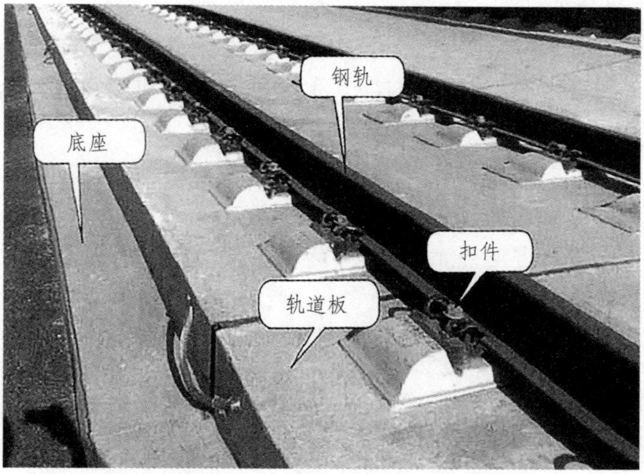

图 2-29　无砟轨道示意图

目前，世界高速铁路轨道结构的发展趋势是完善有砟轨道结构和运用无砟轨道结构。

无砟轨道结构与有砟轨道结构的根本区别在于塑性变形小。耐久性好的混凝土或沥青材料代替了有砟轨道结构中容易磨耗、粉化和破碎的道砟材料。无砟轨道能够长久保持钢轨的形状和位置，在较长的服务期内不需要大规模维修，同时还具有轨道结构耐久性好、整洁美观的特点。

无砟轨道直接承载高速列车运行，为确保高速列车安全运行以及旅客乘坐舒适，无砟轨道建设过程非常精细、严谨、科学。首先，需要保证路基、桥梁、隧道等下部基础坚实稳固，同时布设一张精密的控制测量网以保证结构平面和高程位置的准确定位。在工厂内预制轨道板或轨枕，严格控制各部件尺寸的精确度和制造质量。待轨道板或轨枕预制件运至施工现场后，现场浇筑混凝土底座、精确定位铺设轨道板、通过灌注特殊配置的自密实混凝土或乳化沥青水泥砂浆（简称 CA 砂浆）形成无砟轨道结构，最后用扣件将钢轨固定轨道板上，形成平顺、稳定、安全、耐久的高速铁路无砟轨道。我国常用的无砟轨道结构有板式无砟轨道和双块式无砟轨道。

值得一提的是，高速铁路无砟轨道的轨道板应用了产品回溯技术，在轨道板预制时，每块板都内置埋入式电子标签，将轨道板进行登记管理，从制造、铺设到运营各阶段，用手持设备扫描埋入式电子标签，便可对轨道板的主要原材料以及生产制造期间的全过程（各工序的工艺参数和时间、成品质量等）进行质量回溯，为高速铁路安全运营保驾护航。

1. 无砟轨道的优点

（1）消除了由于散粒体道砟的破碎、粉化、道床的变形而导致轨道几何形态恶化和日益增加的轨道维修工作量。对于无法利用行车间隔时间进行轨道维修作业的高速铁路具有特别重要的意义。

（2）整体化轨下基础给轨道提供了更为强大的纵、横向阻力，提高了轨道的稳定性，对于采用跨区间无缝线路的高速铁路具有现实意义。

（3）在刚性整体混凝土底座上，安装橡胶垫板，橡胶靴套或现场浇注的 CA 砂浆垫层等弹性元件提供的轨道弹性，比在土路基上的碎石道床提供的轨道弹性更均匀，有利于提高高速列车的运行平稳性和乘车舒适性。

2. 无砟轨道的缺点

（1）散粒体碎石道床可通过起、拨、捣作业，方便地对轨道几何形态的变化进行整治和修理。而无砟整体道床，只能利用扣件的有限调节量调整轨道几何尺寸的变化，因此，无砟轨道结构建成之后的永久变形受到严格的限制。

（2）无砟轨道为刚性基础，其轨道整体弹性差。列车运行时其环境振动、噪声及轨道振动强烈。要取得与有砟轨道相当的整体弹性，必须增大弹性元件的投入。

（3）无砟轨道的基础一旦出现变形或破坏，其整治和修复相对困难，资金和人力的投入也更大，所以对基础的坚实性和稳固性要求极高。

（4）无砟轨道的工程费用比有砟轨道高。在无砟轨道的施工工艺比较成熟、施工机械比较完善的国家，其工程费用通常比有砟轨道的工程费用高15%～25%；在无砟轨道的施工技术及施工机具正处于发展和逐步完善的国家，其工程投资之比约为2∶1。

3. 无砟轨道类型

我国无砟轨道的主要结构形式有 CRTSⅠ、CRTSⅡ型板式无砟轨道，CRTSⅠ、CRTSⅡ型双块式无砟轨道和轨枕埋入式无砟轨道。

（1）CRTSⅠ、CRTSⅡ型板式无砟轨道。

CRTSⅠ型板式无砟轨道由钢轨、扣件、充填式垫板、轨道板、乳化沥青水泥砂浆调整层、混凝凸形挡台、混凝土底座及其周围填充树脂等部分组成。CRTSⅠ型板式无砟轨道如图2-30所示。

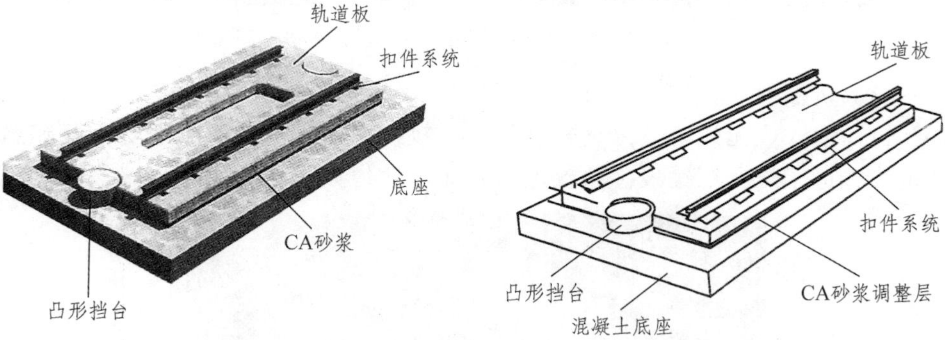

图2-30　CRTSⅠ型板式无砟轨道示意图

CRTSⅡ型板式无砟轨道由钢轨、扣件、轨道板、道床板、乳化沥青水泥青砂浆充填层、支承层等部分组成。CRTSⅡ型板式无砟轨道如图2-31所示。

图2-31　CRTSⅡ型板式无砟轨道示意图

（2）CRTSⅠ、CRTSⅡ型双块式无砟轨道。

CRTSⅠ、CRTSⅡ型双块式无砟轨道由钢轨、弹性扣件、带有桁架钢筋的双块式轨枕、现浇混凝土道床板、支承层或底座等组成。CRTSⅠ、CRTSⅡ型双块式无砟轨道如图 2-32 所示。

图 2-32　CRTSⅠ、CRTSⅡ型双块式无砟轨道示意图

（3）轨枕埋入式无砟轨道。

轨枕埋入式无砟轨道由钢轨、扣件、轨枕、道床板及混凝土支承层等部分组成，适于道岔区铺设。轨枕埋入式无砟轨道如图 2-33 所示。

图 2-33　轨枕埋入式无砟轨道示意图

（二）高速铁路轨道的铺设

为了保证旅客乘坐高速列车的舒适性和安全性，轨道设计和施工要求精确平顺，误差需控制在毫米级，为满足严格的精度要求，须采用精密控制测量技术，依据轨道设计的绝对坐标和高程对轨道进行精确定位。精密控制测量技术主要有卫星定位技术、测量机器人自动测量技术及电子水准精密测量技术等，通过这些技术建立高精度的轨道控制网，作为轨道板铺设和轨道精调的基准。

无砟轨道板精调是对轨道板进行高精度的三维坐标定位测量，将轨道板调整到所设计的坐标位置，是无砟轨道施工质量的关键环节，其主要依据轨道控制网，通过测量机器人、精调装备、测控计算机及其他组件共同实现轨道板的精确定位。轨道板精调设备如图 2-34 所示。

图 2-34 轨道板精调设备示意图

为了使列车平稳运行，轨道铺设的精度是关键。因此，需将钢轨严格按照设计要求铺设到所涉及的位置，水平面内两根钢轨间距与标准距离偏差不得超过 1 mm，垂直面内钢轨的顶面偏差 5 m 范围内不得超过 2 mm，150 m 范围内不得超过 10 mm。无砟轨道定位如图 2-35 所示。

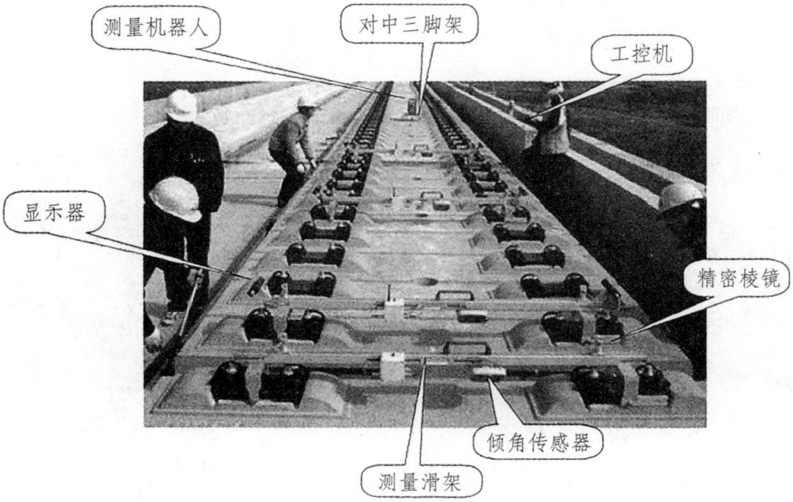

图 2-35 无砟轨道定位示意图

轨道的精调是在轨道控制网的基础上，使用轨道测量小车配合高精度的全站型电子测距仪，通过绝对测量和相对测量相结合的方法，将轨道调整到设计位置。钢轨精调设备如图 2-36 所示。

图 2-36　钢轨精调设备示意图

（三）高速铁路无缝线路的铺设

普速铁路线路主要采用标准长度为 25 m 的钢轨，相邻钢轨间通过接头夹板连接，并留有几毫米到几十毫米的轨缝。无缝线路是把钢轨焊接成没有缝隙的长轨条。施工时，将钢厂生产的 100 m 定尺长钢轨焊接成 500 m，然后将 500 m 长钢轨运到现场焊接成 2 000 m 长，形成一个管理单位，最后再将相邻 2 000 m 长的钢轨焊联起来，形成无缝线路。无缝线路的焊接如图 2-37 所示，无缝线路的铺轨如图 2-38 所示。

图 2-37　无缝线路焊接示意图

图 2-38　无缝线路的铺轨示意图

与普速线路相比，列车走行在没有缝隙的钢轨顶面，提高了行进的平顺性，减少了对轨道部件的损伤，大幅度降低了现场工作人员的养护维修工作量，显著提高了经济效益。据有关部门统计，无缝线路至少能节省 15%的日常维修费用，延长 25%的钢轨使用寿命。同时旅客在乘坐列车的过程中，也不再受噪音的影响。

线路上铺设的钢轨存在热胀冷缩的现象。普速线路设置轨缝主要是为了释放在温度升降时钢轨的伸缩位移，避免在轨道中产生温度力。如果轨道中的温度变化 50 °C，没有轨缝的钢轨将承受高达约 1 000 N 的力。如此巨大的力如不加以防范，足以使钢轨产生巨大的变形，影响列车运行安全。无缝线路通过采用强大的线路阻力锁定轨道，从而限制钢轨的自由伸缩。同时，通过合理确定锁定温度，采用高标准的扣件。轨枕和道床等轨道部件对钢轨进行约束，采用高强度钢轨承受温度力，施工中采取合理的工艺，运营过程中开展定期的巡检等手段，确保无缝线路的使用安全。

知识点五　高速铁路轨道技术检测与管理

由于列车不间断地运行以及自然和人为的作用，往往使高速铁路线路发生各种变形或损坏。为了确保列车能按规定的最高速度安全、平稳、不间断地运行，以及延长线路各部分的使用寿命，必须对线路进行必要的养护维修和监测，保证线路设备经常处于完好的状态。

一、线路的检测

（一）轨道维修管理遵循的原则

高速铁路轨道不平顺的维修管理工作，应坚持预防为主、管小防大的原则。在轨道不平顺发生、发展变化的各个阶段，应层层把关设防，采取相应的监控、养修管理措施，确保高速铁路列车运行的平稳安全和维修管理的经济性。因此，高速铁路的养护，不得放弃对轨道不平顺发展初期的监控管理，不能等到平顺状态已恶化到需紧急修补时才进行整修。在运营过程中，必须安排时间足够的夜间大天窗、白天小天窗，确保高质量地进行高速线路的养修作业。

（二）线路的检测

高速铁路轨道设备由于列车荷载的反复作用，钢轨会变成凹凸不平的状态，称为轨道变形。为了保证机车车辆安全平稳地运行，须经常对轨道状态进行检查和测量，并对变形进行修整。

列车运行过程中，轨道必须给轮缘提供连续平顺滚动的接触表面。因此要求轨道具有一定的几何形位，必须经常对轨道的高低、水平、轨距以及三角坑等进行检查和测量，并对其进行修整。

对钢轨除正常磨耗、锈蚀等一般性检查外，还要用钢轨擦伤检查车和超声波探伤机进行周密检查。发现钢轨、道岔及叉心的磨耗或损伤的测量值超过容许值时，应及时进行修补或更换。

（三）高速铁路轨道检查设备

高速铁路综合检测列车是进行铁路基础设施综合检测的重要技术装备，为高速铁路的运营安全评估和指导设备管理部门养护维修提供了重要的技术支撑。高速铁路轨道检查车能够准确检测出高速线路的各种垂直、横向和复合不平顺，以及轨道不平顺引起车体垂向和横向振动加速度，并能实时处理检测数据，分析评定轨道的平顺状态，诊断平顺性的恶化程度。当发现可能危及行车安全的严重不平顺时，应能立即通过无线通信设备，将需要降速和紧急整修的地段和有关数据，向行车管理部门报告。

高速铁路综合检测列车属于特种用途检测列车，符合动车组有关技术条件，主要用于评测高速铁路质量是否达标。一般由 8 辆动车组成，分别由通信信号检测车（1 号车）、会议车、接触网检测车、数据综合处理车、轨道检测车、生活车、办公车、通信信号检测车（8 号车）组成。高速铁路综合检测列车在运行过程中，可以对高速铁路的通信信号、列控系统、牵引供电系统、轨道几何状态、环境监控等进行综合检测评估并出具报告，为制定线路养护维修计划和开展高速铁路轮轨关系、弓网关系等基础性研究提供科学数据。因此，高速铁路综合检测列车是高速铁路的“体检列车”。

二、线路的维修养护与管理

世界各国对高速铁路的维修管理十分重视，也很严格。具体管理办法归纳如下：

1. 高速铁路轨道不平顺的安全管理

当某处轨道不平顺比较严重，若不处置，可能危及行车安全时，必须进行紧急补修或限速管理。

（1）紧急补修和限速管理的标准。

对于紧急补修和限速管理的标准，各国大多依据轨道不平顺幅值对行车安全的影响和运营经验，制订紧急补修和限速管理标准。我国研究制订了轨道不平顺安全监控管理标准的理论和方法，较科学地根据各种轨道不平顺的幅值、波长、波数和周期性等特征参数，对脱轨系数、减载率、侧向力和车体振动加速度等的影响，以最不利波长的幅值为控制值，制订了我国干线轨道不平顺的紧急补修和限速管理值。

（2）紧急补修和限速管理的实施。

轨道检查车检出的轨道不平顺超过紧急补修标准的部位时，应要求养路工区在限定的时间内紧急补修，使其达到日常保养的标准范围以内。超过限速管理标准的应立即通知行车指挥部门，发出限速慢行命令，同时，由工务部门施行紧急补修。日本、法国等铁路还通过 1 周或 10 天定期监测客车车体垂直和水平振动加速度方法，实施轨道不平顺的紧急补修和限速管理（称为车辆振动监测管理）。

2. 轨道不平顺的预防性计划维修管理

为了限制需要紧急补修的处所和避免出现限速地段，保证列车能经常平稳舒适地运行，延长设备使用寿命，经济合理地进行维修工作，对轨道实行预防性计划维修管理是非常有必要的。所谓预防性计划维修，即在轨道平顺状态已呈现不良但尚未恶化之前，有计划地安排大型养路机械进行成段综合维修，使轨道的平顺状态达到作业验收标准。各国制定轨道不平顺预防性计划维修标准的主要依据是列车平稳和舒适性要求、减少紧急补修工作量、工务部门的维修能力和经验维修周期等技术指标。

3. 轨道不平顺的日常养护管理

高速铁路只有经常保持高平顺的优良状态，才能保证乘车平稳舒适，减少轨道和车辆零部件的伤损，延长轮轨系统的维修周期，使高速铁路获得较好的综合技术经济效益。因此，在两次预防性计划维修之间，或计划维修和大修之间，还应根据高速铁路轨道检测车等做出的检测记录，充分利用天窗时间，对轨道进行局部养护，消除那些变化较快、超过日常保养目标值和舒适度管理目标的少数局部轨道不平顺。国外多数国家的保养目标值，即是使轨道经常保持优良状态的控制标准值，也常称为优良目标管理值。舒适度目标值是为了防止引起高速车辆超过规定的舒适性指标而设立的管理目标值。实行优良目标管理，管小防大，对于延长维修周期，经常保持高平顺状态来说效果良好。

复习思考题

1. 高速铁路线路的主要参数有哪些？
2. 如何确定高速铁路线路纵断面的限制坡度、竖曲线和最小坡段长度？
3. 高速铁路路基有什么特点？各种特殊路基如何处理？
4. 高速铁路对轨道有什么技术要求？
5. 简述高速铁路道岔的特点。
6. 简述有砟轨道和无砟轨道的优缺点.
7. 什么是无缝线路？为什么要采用无缝钢轨？如何铺设？
8. 高速铁路路基是怎样建成的？
9. 高速铁路桥梁有哪些技术特点？
10. 高速铁路隧道有哪些技术特点？
11. 简述高速铁路路基基床设备的检测原理。

项目三　高速铁路动车组

铁路运输是以列车作为运载方式运行的。传统的列车是指在铁路轨道上行驶的车辆，通常由多节车厢编成的车列和机车两部分所组成。铁路列车按所承载的对象，可分为运货的货车和载客的客车。

高速铁路动车组是以运送旅客为目的、由动车和拖车或全部由动车长期固定的连挂在一起组成的车组，车组中带有动力的车辆称为动车（用 M 表示，后同），不带动力的车辆称为拖车（用 T 表示，后同），列车两端都带有司机室，可在线路上往复运行。如图 3-1 所示。

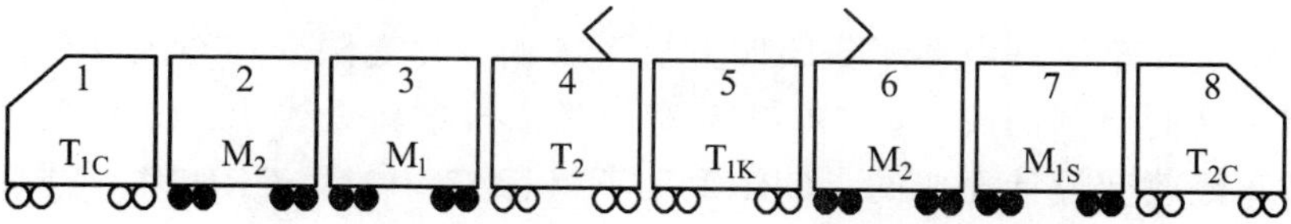

图 3-1　CRH2 型动车组编组内各种配置

T—拖车；M—动车；C—驾驶室车；K—带酒吧车；S—一等车

知识点一　高铁客车基本知识

一、客车种类

我国高速铁路使用的客车主要有 CRH（和谐号）和 CR（复兴号）两个系列的动车组。

（一）CRH 系列

1. CRH1 动车组

CRH1 动车组是由青岛四方-庞巴迪-鲍尔铁路运输设备有限公司生产出来的，是以庞巴迪公司为瑞典国家铁路和地方铁路开发的“Regina”动车组为原型车经改变设计而成的。

CRH1 动车组为动力分散型，8 辆编组，5 动 3 拖，3 个牵引单元，运营速度为 200 km/h，最高速度为 250 km/h，牵引功率为 5 500 kW，车体采用不锈钢材料。如图 3-2 所示。

图 3-2 CRH1 型动车组

2. CRH2 动车组

CRH2 动车组是由中车集团四方机车车辆股份有限公司与国外合作伙伴川崎重工共同研制而成的。CRH2 动车组是以日本新干线 E2-1000 型动车组为原型车经改变设计而成的。CRH2 动车组有 CRH2A、CRH2C、CRH380A（L）3 种车型，运营速度分别为 200 km/h、300 km/h、380 km/h。

（1）CRH2A 动车组。

CRH2A 动车组为动力分散型、交流传动的电力动车组，采用铝合金空心型材质车体；8 辆编组，4 动 4 拖，2 个牵引单元，运营速度为 200 km/h，最高速度为 250 km/h，牵引功率为 4800 kW。如图 3-3 所示。

图 3-3 CRH2A 型动车组

（2）CRH2C 动车组。

CRH2C 动车组设计以 CRH2A 动车组为基础，基于同一技术平台，结合中国铁路的运用特点、通过技术升级，实现速度 300 km/h 动车组的设计和生产，如图 3-4 所示。

图 3-4　CRH2C 型动车组

CRH2C 动车组为动力分散型，8 辆编组，6 动 2 拖，运营速度为 275 km/h，最高速度为 350 km/h，牵引功率为 7 200 kW；采用大型中空薄壁铝合金焊接结构，使用 DSA350 型高速受电弓，以及在受电弓两旁加装挡板。

（3）CRH380A 动车组。

CRH380A 型电力动车组，或称 CRH2-380 型，是中华人民共和国铁路总公司为营运新建的高速城际铁路及客运专线所使用的动车组，由中国南车四方机车车辆股份有限公司在 CRH2C（CRH2-300）型动车组基础上自主研发的 CRH 系列高速动车组。这款动车组不仅搭载了现代科技与中国文化完全融合的新车头型，而且在列车总成、车体、转向架等关键技术研究和装备研制方面取得了实质性的突破。

CRH380A 动车组为 8 辆编组，6 动 2 拖的编组方式，运营速度为 350 km/h，最高速度为 400 km/h，牵引功率为 9 600 kW，使用 SS400+型高速受电弓。列车设有二等座车/观光车（ZEG）1 辆（1 车）、一等座车（ZY）2 辆（3 车、4 车，其中 3 车带有一等包厢）、二等座车（ZE）4 辆（2、6、7、8 车）和二等座车管车（ZEC）1 辆：其中观光座采用 2 + 2 方式布置，一等包厢采用 3+0 方式布置，一等座采用 2+2 方式布置，二等座为 2+3 方式布置。除了带酒吧的二等座车厢外，其他车厢的所有座位均能旋转。如图 3-5 所示。

图 3-5　CRH380A 型动车组

CRH2-380B 为 16 辆编组，14 动 2 拖的编组方式，牵引功率为 20 440 kW，7 个动力单元，56 台牵引电机，使用 DSA350 型高速受电弓，在受电弓的两侧是立体围护整流罩，列车设有 1 辆商务车（SW）、2 辆二等座车/观光车（ZEG）、4 辆一等座车（ZY）、8 辆二等座车 ZE 和 1 辆餐车（CA）；其中商务包厢采用 2+0 方式布置，商务座采用 1+2 方式布置，一等包厢采用 3+0 方式布置，观光座采用 2+2 方式布置，一等座采用 2+2 方式布置，二等座采用 2+3 方式布置，除了餐车座椅外，其他车厢所有座位均能旋转。

3. CRH3 动车组

CRH3 动车组是由唐山机车车辆工厂与国外合作伙伴西门子共同研制而成。CRH3 动车组是唐山工厂以西门子 Velar-E 型动车组为原型车经改变设计而成的。如图 3-6 所示。

图 3-6　CRH3 型动车组

Velar-E 型动车组设计速度为 350 km/h，运营速度为 350 km/h，代表西门子最先进的动车组技术，可满足中国铁路高速客运需要。

（1）CRH3 动车组。

CRH3 动车组为动力分散型、交流传动的电力动车组，采用铝合金空心型材车体，8 辆编组，分为 2 个牵引单元，4 动 4 拖，运营速度为 300 km/h，最高速度为 350 km/h，牵引功率为 8 800 kW。两端为带司机室的控制车，列车正常运行时由前端司机室操纵。

（2）CRH380B 动车组。

CRH380B 动车组为新一代高速动车组，它以 CRHB3 动车组产品技术平台为基础，采用 16 辆编组，8 动 8 拖，牵引功率为 18 400 kW，持续运营时速 380 km/h 最高运行时速 468 km/h，最高试验时速 487.3 km/h。如图 3-7 所示。

图 3-7 CRH380B 型动车组

4. CRH5 动车组

CRHS 动车组由长春轨道客车股份有限公司与国外合作伙伴阿尔斯通公司提供。长客动车组是以阿尔斯通公司为芬兰国铁 VR 提供的 SM3 动车组为原型车经变化设计而成的。

CRH5 动车组为动力分散型、交流传动的电力动车组，采用铝合金空心型材车体，8 辆编组，5 动 3 拖，分为 2 个牵引单元，运营速度为 200 km/h，最高速度为 250 km/h，牵引功率为 5 500 kW。两端为带司机室控制车，列车正常运行时由前端司机室操纵。如图 3-8 所示。

图 3-8 CRH5 型动车组

5. CRH6 动车组

CRH6 动车组是由中国南车南京浦镇车辆公司联合广东省成立的广东轨道交通车辆修造基地生产的国内最新型城际动车组，由浦镇公司派出技术及管理人员赴江门进行大规模批量生产，首列车由南京制造。CRH6 型车是城际轨道交通的核心技术装备，满足载客量大、快速乘降、快启快停的运营要求，关键技术及零部件与和谐号动车组完全一致。

CRH6 型动车组采用 3 辆、4 辆、6 辆、8 辆、16 辆、20 辆编组、编组长度 201.4 m。根据运输距离、站点和乘客群的不同，CRH6 型动车组分为两大类型，运营速度分别为 200 km/h 和 160 km/h 两个等级。200 km/h 的 CRH6A 型动车组最高运营速度为 250 km/h、试验速度为 270 km/h，以“大站停”的模式运营；160 km/h 的 CRH6F 型动车组最高运营速度为 200 km/h、试验速度为 220 km/h，以“站站停”的模式运营。

（1）CRHG6A 动车组（200 km/h）。

CRH6A 型车定员载客量 557 人（坐席），超员载客量 1 488 人（按每平方米站立 4 人计算；座位采用 2 + 2 方式布置、可调节座椅，局部设茶桌，端部设可翻转座椅；非端部的车厢座椅编排与欧洲铁路车辆及大部分国铁车厢的软座编排相同，全部座椅采用面向车厢中心的编排方式；另外 1、3、5、7 号车厢设置卫生间，列车采用真空集便器。值得一提的是，CRH6A-4002 和 CRH6A-4502 型车中间车厢为 3 门车厢，而其他的 CRH6A 型车均为两门车厢。如图 3-9 所示。

图 3-9　CRH6A 型动车组

（2）CRH6F 动车组（160 km/h）。

CRH6F 型车定员载客量达 1 502 人（包括坐席及站席，按每平方米站立

4 人计算)，超员载客量达 1 998 人（包括坐席及站席，按平方米站立 6 人计算）列车座位同样采用 2 + 2 方式布置，但座椅不可调节或翻转；列车在 3、6 号车设卫生间。与 CRH6A 不同，车门采用宽阔的对开塞拉门，每节车辆侧设有 3 个塞拉门（头尾车辆有 2 个、其中一个为驾驶室门）。该车牵引制动性能比 CRH6A 更优、载客量更大，更适合较短站间距的城际线路和“站站停”的运营模式。如图 3-10 所示。

图 3-10　CRH6F 型动车组

（3）CRH6S 动车组（140 km/h）。

CRH6S 型车定员载客量达 765 人（包括坐席及站席，按每平方米站立 4 人计算），超员载客量达 1 322 人，为地铁式座椅；列车在 5 号车厢设残疾人乘坐空间，列车不设洗手间。如图 3-11 所示。

图 3-11　CRH6S 型动车组

（二）CR 复兴号

CR 列车，是中国标准动车组的中文命名，由中国铁路总公司牵头组织研制、具有完全自主知识产权、达到世界先进水平的动车组列车。四方生产的“红神龙”命名为 CR400AF，长客生产的“金凤凰”被命名为 CR400BF。三个级别为 CR400/300/200，数字表示最高速度，而持续速度分别对应 350 km/h、250 km/h 和 160 km/h，适应于高速铁路（高铁）、快速铁路（快铁）、城际铁路（城铁）。在 350 km/h 速度下，复兴号与和谐号 CRH380 相比，总能耗下降了 10%。复兴号速度从 300 km/h 提高到 35 km/h，能耗大概增加 20% ~ 30%。如图 3-12 所示。

图 3-12　CR 型动车组

二、客车主要技术差异

时速在 200 km 以上动车组分别由青岛四方、唐山机车车辆厂、长春轨道客车股份和青岛四方庞巴迪铁路运输设备有限公司（简称 BST）制造生产，其总体技术条件基本一致，但在个别之地方存在一定差异。主要表现在以下四个方面：

速度：四方股份动车组的速度可以提升至 300 km/h；唐山厂动车组速度为 350 km/h；长客股份动车组的最高速度可以达到 250 km/h；BST 的动车组速度约为 200 ~ 220 km/h。

适应站台高度：CRH2 型和 CRH3 型动车组没有设置脚蹬，只能适应于 1 100 ~ 1 250 mm 高度的站台；其他两种动车组可以适应 500 ~ 1 250 mm 高度的站台。

适应环境温度：四方股份动车组运用的最低环境温度为 – 20 °C，不适合在东北高寒地区使用，其他两种动车组可以在最低 – 40 °C 的环境下使用。

地面检修电源：CRH2 型动车组地面检修用电源是单相 400 V，在现有条件下需要进行转换。

动车组在既有线上使用时，配属给担当的铁路局；动车组在客运专线使用时，配属给担当的客运专线公司。

（一）CRH1 型动车组

适用于短途运输，速度等级为 200 ~ 220 km/h，动车组主要用于城际间的短途运输，配属应根据使用情况确定。

（二）CRH2 型动车组

适用于短途与中长途运输，速度等级为 200 km/h 以上，现在已提升至 300 km/h 以上。主要配置于郑州、济南、上海、南昌铁路局和广铁集团公司范围内，主要用于京广线、京沪线和杭州—宁波—深圳间的沿海客运专线，辐射陇海线。

（三）CRH5 型动车组

适用于短途与中长途运输，速度等级为 200 km/h，最高可提升至 250 km/h。主要配置于北京、沈阳和哈尔滨铁路局范围内，用于京哈线，部分也开行至济南和郑州、武昌方向的列车。

三、客车编号规则

（一）动车组的型号和车号构成

动车组的型号和车号构成，如图 3-13 所示。

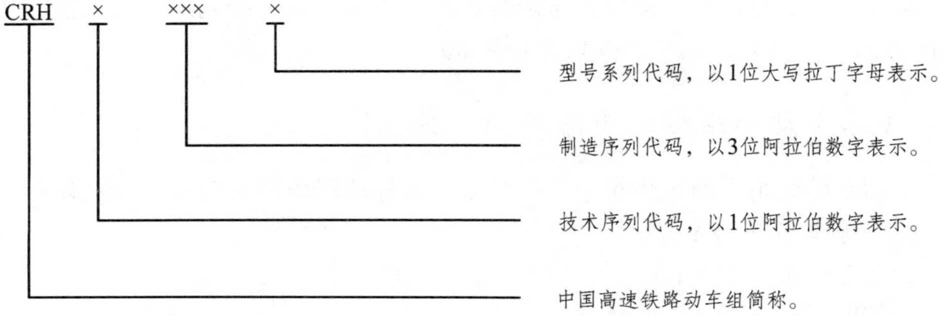

图 3-13　动车组的型号和车号构成

各型动车组型号和车号的技术序列代码分配如下：

BSP 动车组——1；

四方动车组——2；

唐山动车组——3；

长客动车组——4。

各型号动车组型号和车号的制造序列代码：不同的技术序列动车组单独编排，顺序由 001—999 依次培训。

各型号动车组型号和车号的型号序列代码：按动车组的速度等级、车种确定不同的型号系列代码。对已有的动车组做如下规定。

A——运营速度 200 km/h、8 辆编组、车座；

B——运营速度 275 km/h、8 辆编组、车座；

C——运营速度 300 km/h、8 辆编组、车座。

（二）动车组中车辆的车种和编号构成

动车组中车辆的车种和编号构成，如图 3-14 所示。

图 3-14　动车组中车辆的车种和编号构成

动车组编组顺位代码以两位阿拉伯数字表示，位置排列编号自首位起从 01 开始顺序排列，尾车的排列编号为 00。

（三）动车组编组中的车辆车种代码

动车组编组中的车辆车中代码是车种名称的汉语拼音缩写。分别为：

一等座车——ZY；

二等座车——ZE；

软卧车——RW；

硬卧车——YW；

餐车——CA；

二等座车/餐车——ZEC；
餐车卧车合造车——CW。

（四）动车组编号示例

动车组编号示例如下。

示例 1：动车组的型号和车号，如图 3-15 所示。

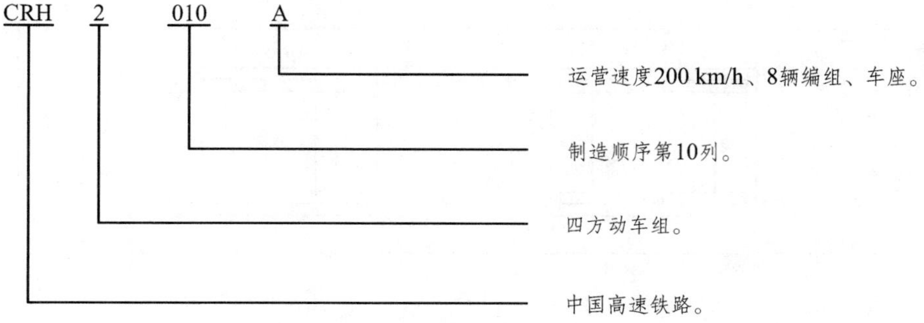

图 3-15　动车组编号示例

示例 2：动车组中车辆的车种和编号，如图 3-16 所示。

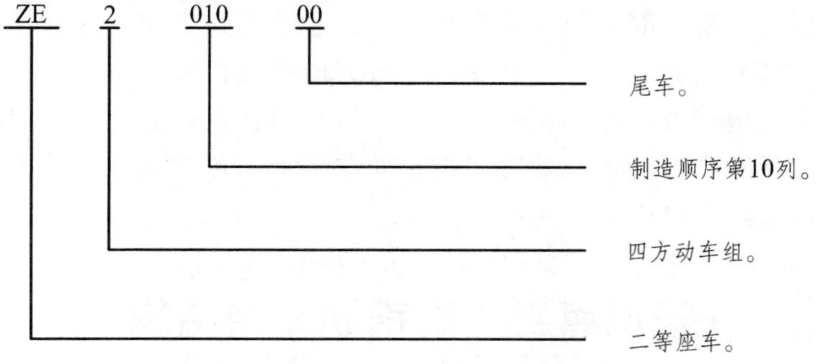

图 3-16　动车组中车辆编号示例

四、动车组方向标识和行车标志

（一）动车组方向标识

由于动车组一般为对称设置，所以为了叙述方便，规定了列车运行方向和列车方位。列车运行方向规定如下：当在 Mc1 车驾驶室驾驶列车向前行驶时，视为列车正向行驶，如图 3-17（a）所示。当在 Mc2 车驾驶室驾驶列车向前行驶时，视为列车反向行驶，如图 3-17（b）所示。

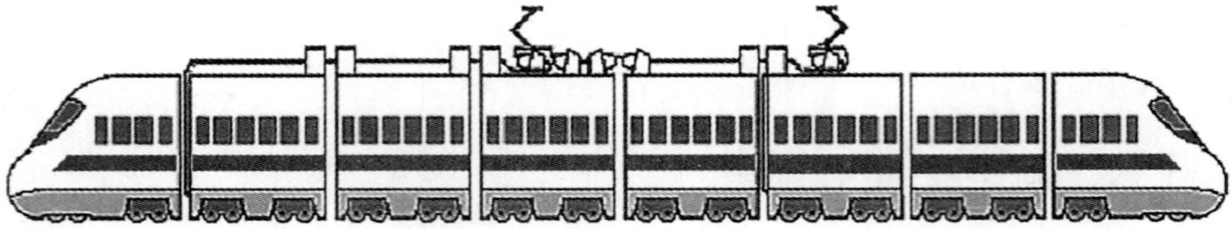

（a）

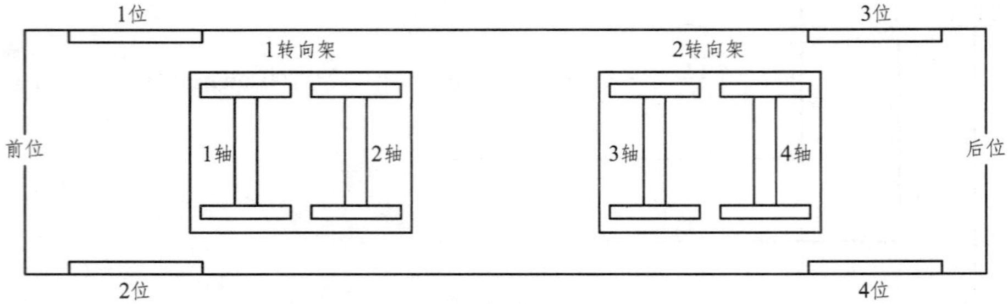

（b）

图 3-17 动车组方位规定

（二）动车组行车标志

动车组头部及尾部分别显示列车标志，显示方式昼间与夜间相同，昼间可不显示。其显示方式如下：动车组运行方向首端司机室头灯向前显示白色灯光，动车组运行方向尾部司机室头灯向后显示红色灯光；当动车组无动力回送或被推行时，运行方向首端司机室向前显示白色灯光，运行方向尾部司机室向后显示红色灯光，不用挂边灯。

知识点二　高铁动车组结构

一、车体结构

车体是旅客乘坐的部分，又是安装与连接车辆其他组成部分的基础。近代的车体以钢结构或轻金属材料为主，采用薄壁筒形结构。车体要为乘客提供良好的乘车环境，需要有较好的隔热、保暖、隔音减噪、通风采光等功能。车体包括侧墙、端墙、车顶、车底架、地板等部分。

（一）侧墙（车体结构）

侧墙使用大型中空框架结构的挤压型材料，省略了车内的侧柱。

型材间的相互焊接采用沿车体长度方向的连续焊接；在侧墙和车顶及侧墙和边梁的结合处，车内侧采用点固焊接，车外侧则采用连续焊接。

侧墙高度中间部位、行李架部位及侧天花板部的一体化挤压型材上预设了用于内装饰材安装的 T 形沟槽。

侧开门门框部位，为确保侧拉门的开拉空间，外板使用了整体成型的带肋挤压型材，侧墙板使用 30 mm 厚双层中空挤压型材。如图 3-18 所示。

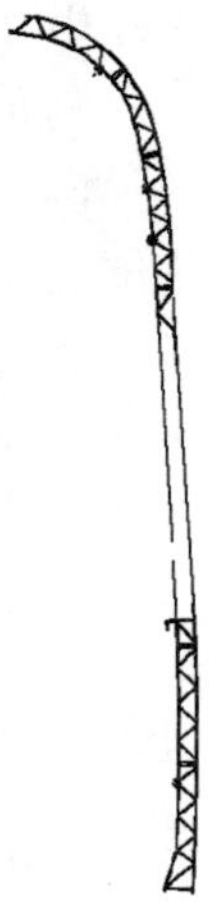

图 3-18 侧墙结构断面图

（二）端墙

端墙由双层中空框架结构的铝型材焊接成的端墙板、铝型材拼焊而成的端门框和铝型材锤弯拼焊构成的端角柱焊接而成，在外风挡安装区域采用板梁结构。端墙和车顶、端墙和墙以及端墙和底架缓冲梁之间的连接采用车内侧断焊，车外侧气密焊接方式。端墙分可拆卸端和不可拆卸端两种形式，可拆卸端墙由设置搬运卫生间开口的固定端和结构盖板组成，结构盖板采用板梁和中空型材连接结构，整体卫生间搬入后，结构盖板和与固定端间采用螺栓连接并作气密处理。如图 3-19 所示。

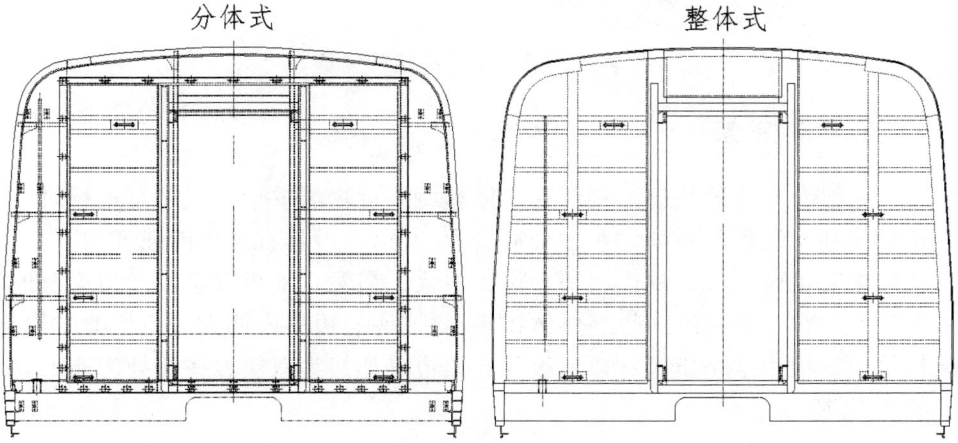

图 3-19 端墙结构

（三）车顶

车顶由大型中空挤压型材构成，省略了纵向梁。

型材相互间的焊接采用沿车体长度方向的连续焊接；在与侧墙的结合部位，车内侧采用点固焊接，车外侧采用连续焊接。

1 号车和 0 号车车顶上设置有无线电信号天线以及防护无线电天线；在 7 号车前位上，设有电视、FM 天线。如图 3-20 所示。

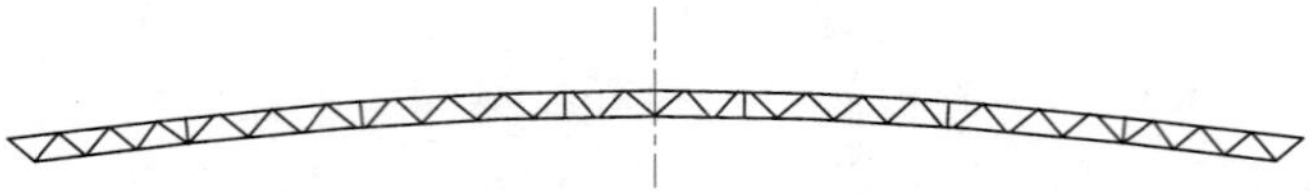

图 3-20　车顶结构断面

（四）车头

车头部车体的横向骨架（*t*6 mm 铝板）为环状结构，以纵向骨架连接，外板为铝合金板（*t*2.5 mm）拼接的焊接结构。如图 3-21 所示。

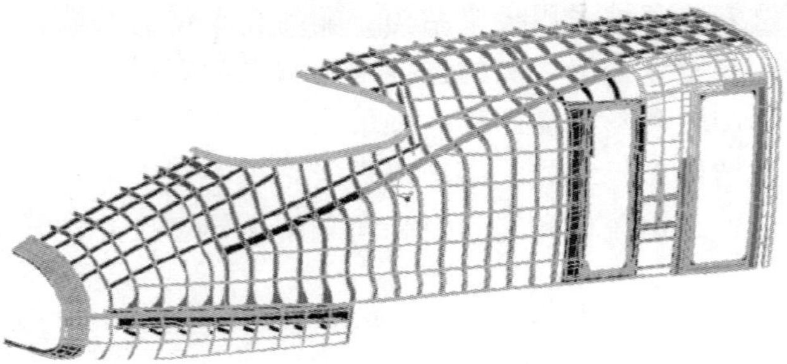

图 3-21　司机室头部结构骨架

（五）车底架

车底架是车体的基础，它承受车体和所装货物的重量，在列车运行时，它还承受列车运行的纵向力和各种冲击力，所以必须具有足够的强度和刚度。车底架主要由牵引梁、枕梁，缓冲梁，边梁，横梁，地板等组成，边梁及地板由长大铝合金型材纵向焊缝整体拼接而成。底架边梁内筋为三角桁架结构。地板采用双层中空挤压型材，地板与底架边梁连接为双层，搭接处为箱形。如图 3-22 所示。

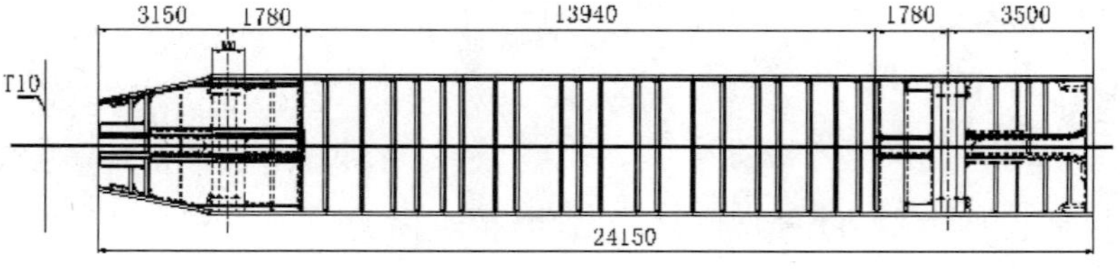

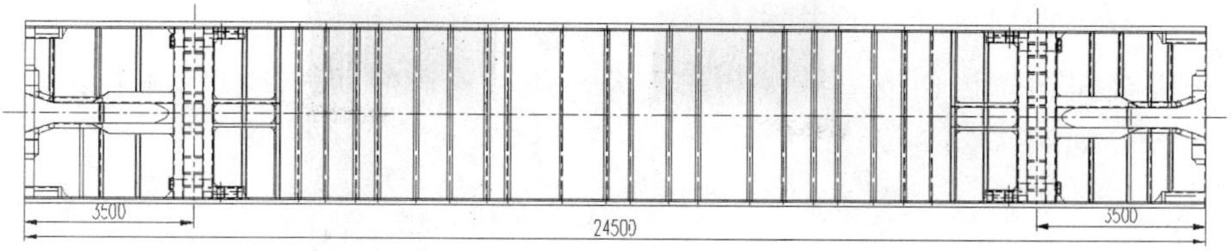

图 3-22　车体底架图

（六）车体材料

车体使用的材料为 JSH4000（铝及铝合金板材及条材）或 JSH400（铝及铝合金挤压型材）或同等材料，为不可燃性材料。

二、高铁客车转向架

支撑客车车体并使之在轨道上运行的装置称为转向架，亦称走行部，它是高速客车的关键部件。可以说，提高旅客列车速度的过程也是高速客车转向架技术发展的过程。

（一）转向架的主要组成

高速客车转向架一般由下列基本部分组成。

1. 构架

它是转向架的骨架，是安装各种零部件的载体，承受、传递垂向力和水平力。如图 3-23 所示。

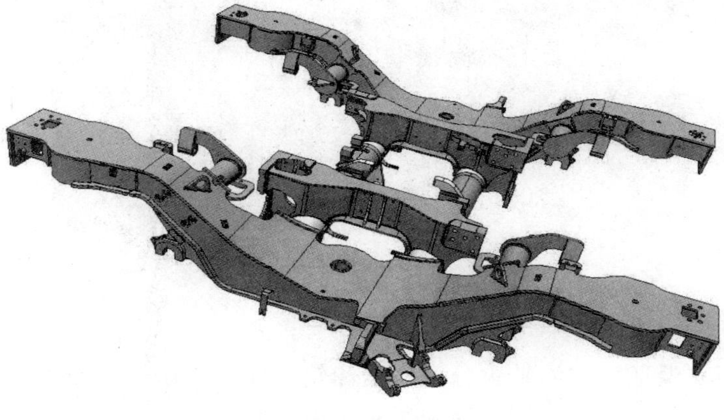

图 3-23　转向架构架

2. 轮对

直接向钢轨传递列车重量和作用力。通过轮对的回转实现列车在钢轨上的运行。如图 3-24 所示。

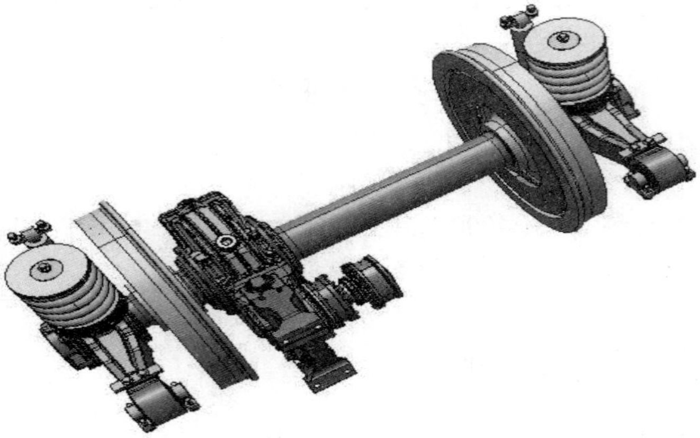

图 3-24 轮对

3. 轴箱及定位装置

它是联系构架和轮对的活动“关节”，它除了保证轮对能自由回转外，还能通过其定位装置使轮对适应线路条件，相对于构架进行前后、左右运动。如图 3-25 所示。

图 3-25 轴箱

4. 弹性悬挂装置

它是用来保证一定的轴重分配、缓和轮轨冲击作用、保证车辆运行平稳性等动力学性能的重要装置。该装置一般由弹簧、减振器及弹性定位元件组成。设在轮对和构架之间的弹簧悬挂装置被称为轴箱弹簧装置或者一系悬挂装置；设在构架与车体之间的弹簧悬挂装置称为中央悬挂装置或者二系悬挂装置。如图 3-26 所示。

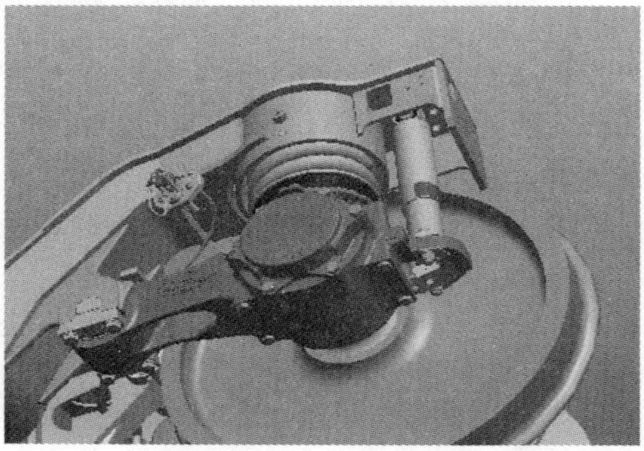

图 3-26 弹性悬挂装置

5. 牵引装置

它是车体与转向架之间的连接装置，用以传递车体与转向架之间的牵引力和制动力。同时保证车体与转向架之间的回转运动。如图 3-27 所示。

图 3-27 牵引装置

6. 基础制动装置

它的主要作用是将由制动缸传来的力，经杠杆系统放大后传递给闸瓦（片），通过车轮踏面或制动盘，将列车运行的动能耗散掉，对列车实施制动或调速。

（二）转向架的主要结构特点

1. 高速列车转向架分类

高速列车采用动车组的牵引形式时，有动力分散和动力集中两种牵引方式。当采用动力分散牵引方式时，拖车下面为非动力转向架，动力车下面为动力转向架。将牵引动力分散到各个动力车上，克服了传统机车牵引功率受限制的缺点，可以提高牵引的总功率、实现高速运行。

高速列车转向架分为动力转向架和非动力转向架两类，如图 3-28 所示。动力转向架又有单动力轴转向架和双动力轴转向架之分。

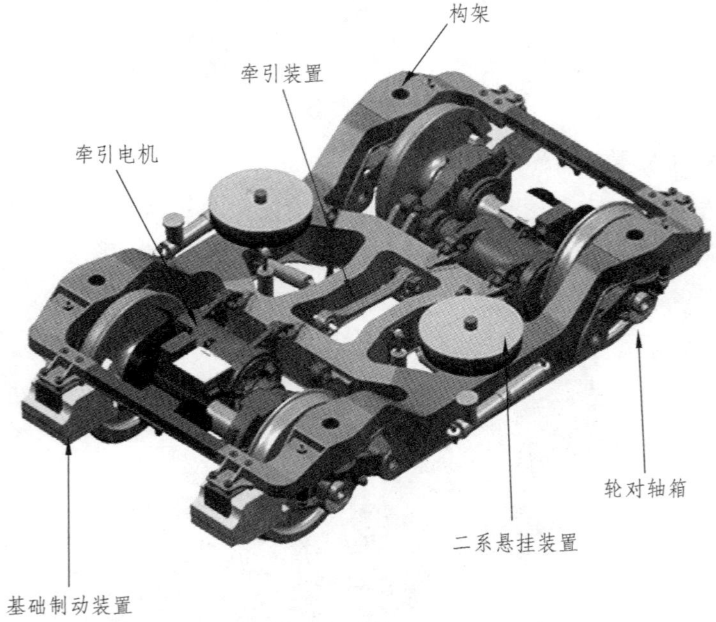

图 3-28　动力转向架

2. 动力转向架与非动力转向架的结构特点

高速动力转向架和非动力转向架，其主要部分基本采用一致的结构形式，如：

（1）均为无摇枕转向架；

（2）轮对为空心车轴，整体轧制车轮、磨耗型车轮踏面；

（3）一系悬挂采用钢弹簧+液压式减振器+轴箱定位装置；

（4）二系悬挂主要采用空气弹簧；

（5）牵引装置主要采用拉杆方式。

除此之外，动力转向架还要有：

（1）牵引电机。

安装方式采用架悬或体悬或半架半体，其中体悬式可降低簧下质量。

（2）驱动装置（齿轮减速装置和联轴节）。

齿轮减速装置通过轴承安装在车轴上，牵引电机与齿轮减速装置通过联轴节来传递驱动力。

三、高铁客车连接装置

车端两边连接车辆的设备称为车钩缓冲装置，包括车钩和缓冲器。通过它使机车与车辆或车辆之间实现连挂，并且传递和缓和列车在运行时产生的牵引力及制动力。它是保证列车运行安全，提高旅客舒适度的重要部件。此外，车辆连接装置还包括两车间的风挡电气和风管连接等装置。

（一）牵引缓冲装置

目前、高速列车普遍采用密接式车钩缓冲装置，两车钩连接面的纵向间隙小于 2 mm，上下、左右偏移也很小，这为提高列车的运行平稳性和电气线路、风管路的自动对接提供了保证。

1. 密接式车钩

密接式车钩缓冲装置的组成如图 3-29 所示，其连挂与分解原理如图 3-30 所示。

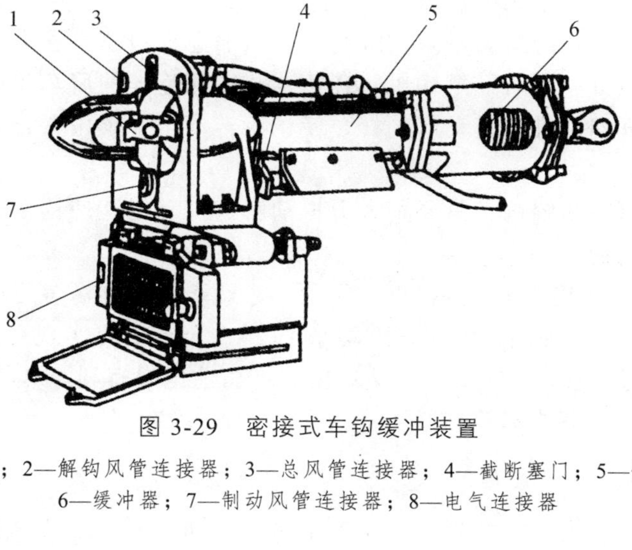

图 3-29　密接式车钩缓冲装置

1—钩舌；2—解钩风管连接器；3—总风管连接器；4—截断塞门；5—钩身；6—缓冲器；7—制动风管连接器；8—电气连接器

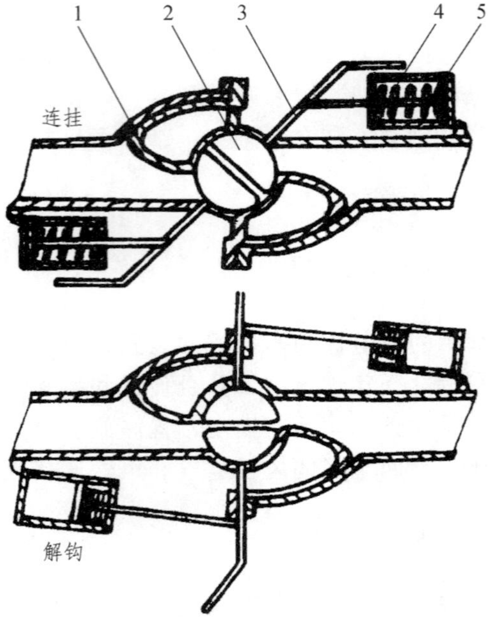

图 3-30　密接式车钩作用原理

1—钩头；2—钩舌；3—解钩杆；4—弹簧；5—解钩风缸

车辆连挂时，凸锥插进对方的凹锥孔中，这时凸锥的内侧面在前进中压迫对方的钩舌转动，使解钩风缸的弹簧受压，钩舌沿逆时针方向旋转 40°；当两钩连接面相接触后，凸锥的内侧面不再压迫对方的钩舌，此时由于弹簧的作用，使钩舌处于锁闭位置。

两钩分解时，需由司机操纵解钩阀，压缩空气由总风管进入前车（或后车）的解钩风缸，同时经解钩风管连接器送入相连挂的后车（或前车）解钩风缸，活塞杆向前推并带动解钩杆，使钩舌转动至开锁位置，此时两钩即可解开。

如果采用手动解钩，只要用人力推动解钩杆，也能使钩舌转动至开锁位置，实现两钩的分解。

这类车钩的优点是：体积小、质量小，两车钩连挂后各方向的相对移动量都很小，上下、左右、纵向间隙均小于 2 ~ 5 mm），可实现真正的“密接”；同时，对提高风管、电气接头自动对接的可靠性也很有利。缺点是强度较低，机加工量大，因而成本较高。

2. 缓冲器

缓冲器主要用来缓和列车在运行中由于起动、制动以及调车作业时车辆相互碰撞而引起的纵向冲击和振动，具有耗散车辆之间冲击和振动的功能，从而减轻对车体结构的破坏作用，提高列车运行的平稳性。

缓冲器一般借助于压缩弹性元件来缓和冲击作用力，同时在弹性元件变形过程中利用摩擦和阻尼吸收冲击能量。目前在高速客车上广泛使用的主要是橡胶缓冲器、液压缓冲器、气-液缓冲器及黏弹性胶泥缓冲器等。

（二）风挡

两辆客车车体之间的风挡是连接两车的通道，是旅客来往于各车厢间和乘务人员工作及服务的必经之路。它必须保证安全，并具有良好的纵向伸缩性和垂向、横向的柔性，以适应车辆运行中振动与安全通过曲线和道岔的需要。对于高速列车而言，要求车辆连接处平整光滑，以减少列车运行的空气阻力；为了适应车外气压波的急剧和保证车内的舒适性；由于车辆之间始终有多自由度的相对运动，使得风挡始终处于变形之中，因此要求风挡装置具有较高的抗弯曲性能；风挡所用的非金属材料阻燃性要好；在紧急情况下风挡还应能自动分解开。

1. 滑动风挡

滑动风挡是把车钩缓冲装置全部包容在内的双波纹结构。此种结构有点类似于铁风挡，风挡的外端连接面为滑动面，滑动面的宽度应确保车辆间发生横向位移时不产生错位缝隙。渡板固定在车的端墙上，可翻起。

2. 双包折棚风挡

双包折棚风挡具有良好的密封性能、耐压强度和隔声性能。风挡周边封闭，在运行中通道内净宽可保持在 1 100 mm 左右。渡板采用铰接栅搭板，可防止在曲线运行时出现缝隙。在车端外形轮廓处设有弹性护板，缩小了车辆端墙之间的间隙，外观上避免了两车间的内凹，减小了运行空气阻力，且保证车辆在曲线线路上运行灵活。

四、制动装置

制动是将运行中列车的动能转化为其他形式的能量，使列车速度降低，以实现调速或停车的过程。为了实行制动而在列车上安装的一整套相关设施，称为制动装置。我国机车车辆上安装的制动装置主要有：空气制动机或电空制动机、基础制动装置和手制动机。空气制动机又叫作自动制动机，是利用压缩空气产生制动力，一般作为列车制动用。

（一）空气制动机

1. 空气制动机的组成

空气制动机的部件，一部分装在机车上，另一部分装在车辆上，如图 3-31 所示。装在机车车辆装置上的有空气压缩机、总风缸、制动阀等。由空气压缩机产生的压缩空气储存在总风缸内。列车中车辆的制动与缓解作用，由机车司机操纵制动阀来实现。每辆车上的制动设备包括制动风管、分配阀或控制阀、副风缸、制动缸、折角塞门、截断塞门等。

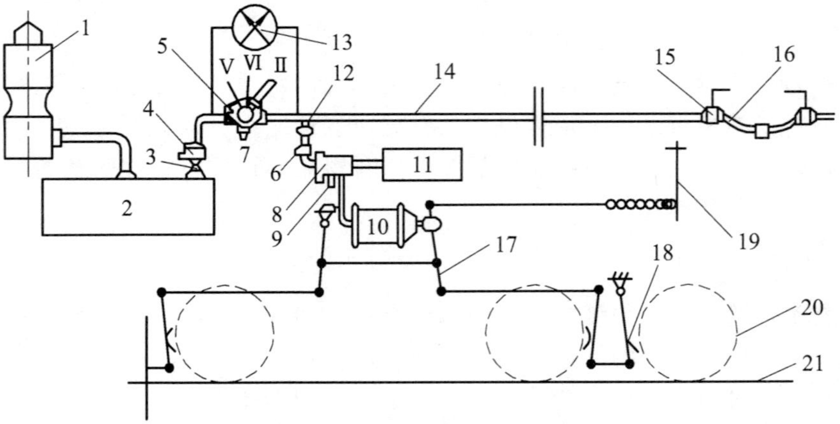

图 3-31　空气制动机结构示意图

1—空气压缩机；2—总风缸；3—总风缸管；4—给风阀；5—自动制动阀；6—远心集尘器；7—制动阀排气口；8—三通阀（分配阀或控制阀）；9—三通阀（分配阀或控制阀）排气口；10—制动缸；11—副风缸；12—截断塞门；13—双针压力表；14—制动管；15—折角塞门；16—制动软管连接器；17—基础制动装置；18—闸瓦；19—手制动机；20—车轮；21—钢轨

（1）制动风管。

制动风管由制动主管、制动支管和制动软管组成。制动主管是安装在车底架下面的钢管，它贯通全车，是传送压缩空气的管路，司机通过机车上自动制动阀（大阀）操纵此管中的空气压力变化，从而控制全列车各制动机产生应有的动作。它的两端装有折角塞门，塞门上装有制动软管，并用软管连接器与邻车的软管相连。制动软管能在列车通过曲线或各车辆间距变化时保证压缩空气的畅通。制动支管安装在每节车的下部，用 T 形接头连接于制动主管，是从制动主管引向本车制动部件的通路。截断塞门安装在制动支管上，用以开通或遮断制动支管的空气通路。它平时总在开放位置，只有当车辆上所装的货物按规定应停止制动机的作用或当制动机发生故障时，才将它关闭，以便停止该辆车的制动作用。通常把关闭了截断塞门、停止制动机作用的车辆叫作“关门车”。

（2）远心集尘器。

安装在制动支管上截断塞门与三通阀之间，用于清除制动主管压缩空气带来的沙土、水分、锈垢等不洁物质，保证压缩空气的清洁。

（3）三通阀（分配阀或控制阀）。

三通阀是车辆制动机中最重要的部件。它连接制动支管、副风缸和制动缸，用来控制压缩空气的通路，使制动机起制动或缓解作用。

（4）副风缸。

副风缸是储存压缩空气的地方。制动时，利用三通阀的作用将压缩空气送入制动缸起制动作用。缓解时能从制动主管补充压缩空气。由人力拉动副风缸上的缓解阀，排出压缩空气也能使车辆缓解。

（5）制动缸。

制动缸由缸体、活塞及活塞杆、缓解弹簧等组成。当压缩空气进入制动缸后，推动制动缸活塞，将空气的压力转变为机械推力，然后通过制动杠杆使闸瓦紧抱车轮而起制动作用。当控制阀或分配阀排出制动缸内的压缩空气时，制动缸在缓解弹簧的作用下，恢复缓解位，基础制动装置在制动梁和闸瓦托吊的自重作用下，使闸瓦离开车轮而实现缓解作用。

（6）降压风缸和空重车调整装置。

在大型车辆上，如果不论空重状态都施加同样大小的制动力，对空车来说制动压力太大，容易损坏车辆。用空重车调整装置来控制降压风缸与制动缸的通路，可以达到调整制动力的目的。

在装有空重车调整装置的制动机上，如果将空重车转换手把放在空车位置时，空重车转换塞门被打开，使制动缸与降压风缸连通。在这种情况下进行制动时，副风缸的压缩空气在进入制动缸的同时，也进入降压风缸中，由于容积的扩大，降低了进入制动缸内的空气压力因而产生较小的制动力；当转换手把放在重车位时，降压风缸与制动缸不通，制动时副风缸中的压缩空气经三通阀直接进入制动缸从而产生较大的制动力。《铁路技术管理规程》规定，当一辆车的总重达到 40 t 以上时，应调整到重车位，40 t 以下时按空车位对待。新型车辆设有自动调整装置，可根据车重自行调整制动力大小，不需人为调整。

（7）缓解阀和紧急制动阀。

当机车和车辆连挂在一起时，可以由司机操纵制动阀对列车进行制动或缓解。但是，当货物列车到达解体站后，机车摘下入段，而车列中的制动机仍处于制动状态。在这种情况下，就不可能用向制动主管充气的办法来使制动机缓解，而只能用降低副风缸的压力达到缓解目的。因此，在货车的副风缸上都装有缓解阀。使用时，拉动缓解阀，使副风缸的压缩空气经缓解阀排出，副风缸内的空气压力低于列车主管的空气压力，三通阀主活塞就动作，滑阀随即移动，使制动缸内的空气排出，闸瓦离开车轮而缓解。

2. 电空制动机

电空制动机是电控空气制动的简称，是在空气制动机的基础上加装电磁阀等电气控制部件而形成的。其特点是制动作用的操纵用“电”来控制，但制动作用原动力还是压力空气。而且，在制动机的电控因故失灵时，它仍可实行“气控”（压缩空气控制），临时变成空气制动机。

（二）高速列车制动的方式

制动的实质就是将列车动能转变成其他形式的能量或转移走，具体讲就是让制动装置产生与列车运行方向相反的外力，使列车产生较大的减速度，尽快减速或停车。

高速列车制动与常速列车的原理相同，但由于高速列车的速度很高，动能很大，要在规定的时间和距离内将这些动能消耗掉或吸收，用常速列车的单一制动方式是无法达到的，因此，高速列车的制动必须采用综合方式，即多种制动协调使用，才能取得较好的效果。

根据列车动能消耗的方式不同，制动方式可分为摩擦制动和动力制动。

1. 摩擦制动

通过机械摩擦来消耗列车动能的制动方式，称为摩擦制动。其优点是制动力与列车速度无关，无论列车是在高速还是低速时都有制动能力，特别是在低速时能对列车施行制动直至停车。可以说摩擦制动始终是列车最基本的制动方式。摩擦制动的缺点是制动力有限，这是受热能散发的限制而直接影响制动功率增大的缘故。

摩擦制动包括闸瓦制动、盘形制动和磁轨制动等。

（1）闸瓦制动。

闸瓦制动是以闸瓦压紧车轮，通过车轮和瓦之间的机械摩擦产生制动作用的一种制动方式。在常速、中低速时使用，高速列车上必须配合其他制动起到低速制动和停车制动的作用。

（2）盘形制动。

盘形制动是在车轴或车轮辐板侧面安装制动盘，制动时用制动夹钳使两个以合成材料或粉末冶金材料制成的闸片紧压制动盘侧面，通过摩擦产生制动力，将列车动能转变成热能消散于大气中，如图 3-32 所示。盘形制动属于黏着制动，制动力由车轮来传递，其大小受轮轨黏着力的限制。因此，盘形制动在高速列车的动力车上也只能起辅助制动的作用。

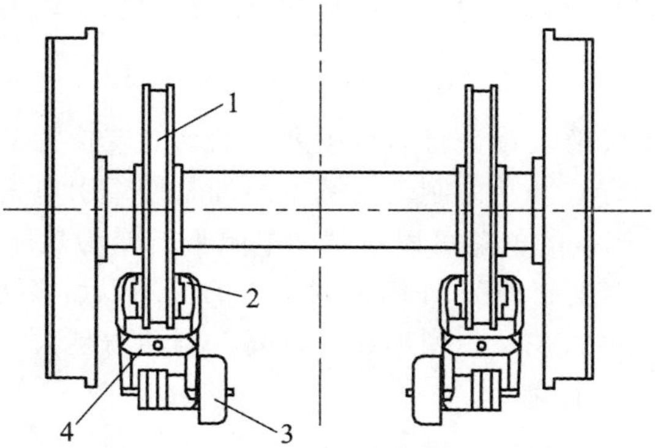

图 3-32　盘型制动装置

1—制动盘；2—闸片；3—转向架构架侧梁；4—杠杆

（3）磁轨制动。

磁轨制动的原理是：在转向架构架两个侧梁下面同侧的两个车轮之间各安装一个电磁铁，制动时利用电磁吸力紧压钢轨，通过电磁铁上的磨耗板与钢轨之间的滑动摩擦产生制动力，如图 3-33 所示。

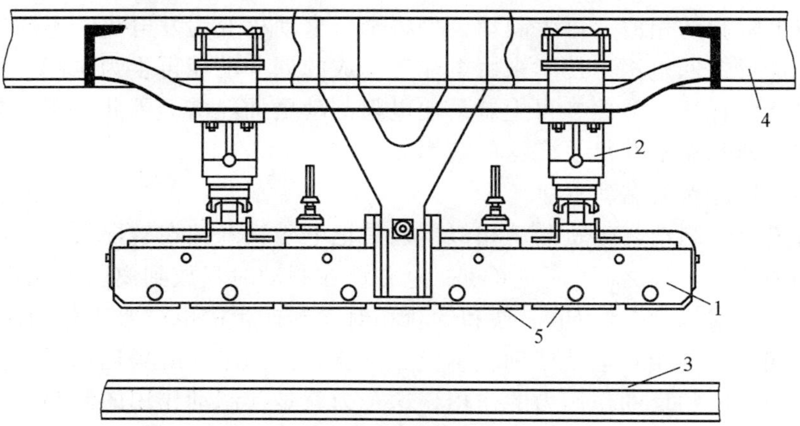

图 3-33　轨道电磁制动

1—电磁铁；2—升降风缸；3—钢轨；4—转向架构架侧梁；5—磨耗板

制动时，升降风缸下降，将电磁铁放下落到钢轨上，同时给电磁铁上的励磁线圈通电，产生强大的磁场，使磨耗板吸附在钢轨上，磨耗板与钢轨之间产生与车辆运行方向相反的摩擦力。

缓解时，停止向励磁线圈供电，同时升降风缸上升，电磁铁收回离开轨道。磁轨制动的优点是：制动力不受轮轨黏着力的限制；制动时不会发生轴重转移现象；可以缩短制动距离。缺点是：装置重量大使轴重增大；钢轨发热，磨损加剧。故一般只作为辅助制动的方式在紧急制动时使用。

2. 动力制动

利用某种能量转换装置，将运行中列车的动能转换为其他形式的能量，并予以消耗的制动方式。动力制动的基本原理是使牵引电机作为发电机工作而产生制动力，所产生的电能可以在制动电阻上转变为热能发散（电阻制动）或反馈至供电网（再生制动），在高速列车中的应用以后者为多。其特点是制动力与列车速度有很大关系，列车速度越高，制动力越大，随着列车速度的降低，制动力也随之下降。

动力制动包括电阻制动、再生制动、轨道涡流制动，以及旋转涡流盘形制动等。

（1）电阻制动。

电阻制动是在制动时将原来驱动轮对的自励牵引电动机变为他励发电机，将列车的动能转变为电能，并将其消耗在制动电阻上转变为热能散发，从而产生制动作用的一种制动方式。

（2）再生制动。

与电阻制动相似，再生制动也是将牵引电动机变为发电机。不同的是，它将电能反馈回电网，使本来由电能转变成的列车动能再生为电能，而不是变成热能消耗掉。显然，再生制动比电阻制动更加经济。因此，再生制动在各国的高速列车上获得了广泛的应用。

（3）轨道涡流制动。

轨道涡流制动与磁轨制动相似，也是把电磁铁悬挂在转向架构架侧梁下面同侧的两个车轮之间。不同的是，电磁铁在制动时只放到离轨面几毫米处，而不与钢轨接触。它利用电磁铁和钢轨相对运动产生的电磁吸力作为制动力。电磁铁和钢轨的相对运动使钢轨感应出涡流，当涡流在磁场运动时，受到一个与运动方向相反的作用力的作用，这个力就是起制动作用的制动力。

（4）旋转涡流盘形制动。

旋转涡流盘形制动是在车轴或车轮上装有金属盘，在盘的一侧或两侧沿着圆周方向设置电磁铁。制动时金属盘在电磁铁形成的磁场中旋转，盘的表面感应出涡流并产生电磁吸力，从而产生制动作用。旋转涡流盘形制动的能量转换过程与轨道涡流制动类似。

知识点三　高铁动车组运用与检修

铁路车辆在运用过程中，零部件会逐渐磨耗、腐蚀和损伤，为使车辆经常处于质量良好的状态，确保行车安全并延长车辆使用寿命，必须对铁路车辆进行各种验查和修理工作，国际上通行两种检修制度：一种是计划预防修理制度，即首先摸清车辆主要零部件的损伤规律，然后确定其使用期限，再在此基础上确定合理的检修循环结构和检修周期，使车辆零部件在运用中产生的损伤尚未达到极观时，就能加以修复。另一种是按车辆技术状态修理的制度。即在设备工作寿期内，将运行设备按照规定的状态值来监察其运行参数，只要设备运行参数在规定的状态限界值以内，就一律不检修。当运行参数超出规定的状态限界值时，就按照规定工艺进行检修，使其恢复到规定的状态值后继续使用。设备达到有效使用寿命期，则予以更新。这种修理制度在保证设备安全的前提下，充分发挥运输设备的内在潜力，力图将检修工作量减小到最低限度。这就是先进的状态修，也是中国铁路车辆将逐步实施的检修制度。

目前我国铁路车辆的检修制度是以计划预防为主，状态修为辅的检修制度，即在计划预防的前提下，逐步扩大实施状态修和主要零部件的专业化集中修，计划防性检修按修理内容分为定期检修和日常维修两类。

一、定期检修制度

定期修理制度又称计划预防修理制度，是每当车辆运用一定期限（或公里数）后，进行一定内容的修理工作，这样能有计划地使车辆恢复运用性能，保证良好的技术状态，并避免在下一次定期修理前出现重大的故障。车辆实行定期检修，并逐步实施状态修、换件修和主要零部件的专业化集中修。根据车辆影响安全的各主要零部件磨耗特性曲线，如在零件达到最大允许磨耗程度之时进行修复，可以重新开始正常的工作。由于各种车辆运程、零件安装位置与承受荷的差异，出现最大允许磨耗的时间也不相同，因而车辆修理分为以下几种修程。

客车定期检修修程为厂修、段修和轴修三种。货车定期检修修程为厂修、段修、辅修、轴检四种。

厂修：对车辆进行全面检查和彻底修理，并进行必要的现代化技术改造，目的在于恢复车辆的基本技术性能，使修理后接近新造车辆水平。主要部件的技术质量应能保证在一个段修期内正常运用。厂修一般在车辆修理工厂进行，必要时可以在有条件的车辆段进行。

段修：对车辆进行全面检查、重点分析。着重分解检查车辆的走行部、车钩缓冲装置和制动装置等部件。消除故障隐患，修复损坏、磨耗的零部件；按规定更换磨损过限的零部件，防止故障扩大。目的是保持车辆的基本性能，延长车辆的使用寿命，保证车辆安全运行。主要零部件的技术质量应能保证一个段修期。段修在车辆段进行。一般货车的每次段修时间为 1 d，客车为 6 d。

辅修：主要对车辆的制动装置和轴箱油装置进行检修，同时对其他部件进行辅助性修理，以保证这些部件在运用中保持良好的状态。客车的辅修般在客车整备所车库停留时间内进行，工作内容主要是对制动装置和轴箱进行检查、修理工作，以保证列车在运行中的安全；货车的辅修在检修所（线）进行。

轴检：按辅修的要求，对车辆的轴箱油润装置和其他部分进行检修。摘车轴检在站修线进行，不摘车轴检在列车中进行。两种轴检均应保证在下次辅修到期前不发生轴箱油润装置故障。对象：带滑动轴承的货车。

二、高速动车组的定期检修

（一）不同类型动车组检修期限

1. CRH1 型动车组

一级检修周期：运行里程 4 000 km 或 48 h。

二级检修周期：15d。

三级检修周期：120 万千米。

四级检修周期：240 万千米。

五级检修同期：480 万千米。

2. CRH2 型动车组

一级检修周期：运行里程 4 000 km 或 48 h。

二级检修周期：3 万千米或 30 天。

三级检修周期：45 万千米或 1 年。
四级检修周期：90 万千米或 3 年。
五级检修周期：180 万千米或 6 年。

3. CRH3 型动车组

一级检修刷期：运行里程 4000 km 或 48 h。
二级检修周期：暂定 2 万千米。
三级检修周期：120 万千米。
四级检修刷期：240 万千米。
五级检修周期：480 万千米。

4. CRH5 型动车组

一级检修周期：运行里程 4 000 km 或 48 h。
二级检修周期：6 万千米。
三级检修周期：120 万千米。
四级检修刷期：240 万千米。
五级检修周期：480 万千米。

（二）检修内容

1. 其中一级检修为例行或日常检查，在动车段或运用检修所完成

（1）下层工作面。

通过目测检查车轮缺损、踏面剥离、探伤检查；检查轴箱及轴箱定位装置；检查基础制动装置配件是否脱落或损坏，各部分螺栓和连接件开口销是否折损或丢失；检查车辆之间的联结状态；施行列车制动机试验；对转向架、制动、车钩、动力传动部分等部位进行全面检查，重点修理。

（2）中层工作面。

进行车厢内部清扫工作（包括玻璃擦洗、垃圾清理、则所排污等），同时留意车厢内是否有部件破损（如扶手、座椅、门、窗等），以及防火、保检查，同时进行日常食品及水的补充。

2. 二级检修为重点检查，在动车段或运用检修所完成

（1）下层工作面。

首先进行一级检修中的外观检查；重点进行主要部件的检查，包括牵引电机的内外部检查，辅助电机、牵引变压器、主变换装置（逆变器）的外观检查；对密接式车钩、转向架及轮对进行外观检查，进行轮缘厚度和踏面磨

耗的检查，必要时可在不落轮的情况下镟轮。此外还要对弹簧装置、传动齿轮和齿轮箱、制动装置、电机悬挂装置、轴箱轴承和轴箱定位装置、油压减振器进行检查。

（2）中层工作面。

除与一级检修的内容相同外，对整列车的外部进行清洗（在上下两层工作面完成后进行）。

（3）上层工作面。

受电弓不解体检修：清扫，检查底架、框架、杆件、链座及扇形板等零部件，检查连接螺栓是否坚固，轴、销、套是否有过量磨耗，所有转动关节是否转动灵活，油润状态如何，检查滑板及支架摆动是否灵活，检查传动缸，活塞及传动杆，检查弹簧装置是否出现裂纹、变形和腐蚀，并检查绝缘子表面是否有局部缺损。然后按规定进行试验：升降弓不应有冲撞，最大起升高度、升降弓时间、压力及压力差均应符合规定要求。

3. 三级检修为重要部件检修，在动车段完成

（1）下层工作面。

除进行一级检修的外观检查和二级检修中主要部件的检查外，重点对转向架主要部件进行解体检查。

（2）中层工作面。

同二级检修。

（3）上层工作面。

同二级检修。

4. 四级检修为系统分解检修，在动车段完成

（1）下层工作面。

转向架解体检查，检查焊缝有无裂纹，综合性尺寸测量；对牵引电机、辅助电机、主变换装置（逆变器）、密接式车钩、传动齿轮和齿轮箱、油压减振器等进行解体检查；对牵引电机还要进行清扫，更换部分零件；对轮对进行全轴超声波探伤检查，轮缘、踏面磨耗或辗堆检修，检查轴颈有无拉伤；对弹簧装置进行刚度检查；制动装置检查；轴箱、轴承和轴箱定位装置检修。

（2）中层工作面。

在进行车体内部清扫的同时，对车体内部可观察到的部件进行外观检查及更换，整列车的外部进行清洗（在上下两层工作面完成后进行）。

（3）上层工作面：

对受电弓进行解体检修。

5. 五级检修为对整车全面检修，一般在大修厂完成

（1）下层工作面。

更换整个转向架及轮对、齿轮传动系统、制动部件、蓄电池；更换牵引电动机、主开关和电路设备，以及主变压器。

（2）中层工作面。

车辆照明系统、门和通道的修理，并进行车厢内部检查；同时对车体外部进行检查，对损坏的表面进行除锈、磨光、油漆；车厢内部进行类似日常检修的清洁工作；完成所有工作面的检修工作后，进行车体外部的大清洗。

（3）上层工作面。

对受电弓进行彻底解体检修。

我国客运专线动车组检修制度的制定，结合了国情、路情、以及我国现行机。

车辆运用检修的实际做法，以确保动车组快速、安全、舒适、高效地投入运营。

三、日常维修

客车的日常维修主要基地是库列检，要充分运用客车在库内停留时间，认真检查，彻底修理，消除故障，维护质量，以避免列车往返运行区间车辆故障发生晚点和事故。

客车日常维修的内容包括车底在到达终点站或在始发站出发前，在整备库内进行的技术检查、日常保养和清扫整备作业。其由客车技术整备所（客技站）、旅客列检所和车务乘务组三个部分共同完成，实行“库内为主，沿途为辅”的方针。

客车技术整备所负责对每次运行完毕入库的车底进行全面检查和修理（包括辅修）及整备工作，将达到出库质量标准的列车交给车辆乘务员；旅客列车在沿途由旅客列检所负责进行技术检查和不摘车修理，此外在旅客列车上还设有车辆乘务员，随车进行途中的技术保养工作。客车的日常维修工作集中在旅客列车编成站、更换机车的客运站上进行。由客车技术整备所、旅客列车检修所和车辆检车包乘组共同承担。

日常维修为走行 1 万千米以内时，除了日常维修的内容外，重点对走行部制动系统进行检查、修理或更换。

四、动车运用段和动车运用所

根据铁路发展思路，“铁总”确定在北京、上海、武昌、广州建立四大现代化动车组检修基地。四大基地的建设在能力和规模上要立足干线，并辐射周边地区；在覆盖范围上要立足于时速 200 km，兼顾 300 km，做到“一次规划，分步实施”；同时为充分发挥检修基地的功能，科学合理的配置检修资源，四大检修基地由铁路总公司统一管理，面向全路，服务全路，依据路网布局与发展规划，结合动车组的配属和使用方案，确定四大检修基地的辐射范围。

复习思考题

1. 什么是高铁客车？
2. 高铁客车一般由哪几部分组成？
3. 高铁客车转向架架构的主要组成有哪些？
4. 高速客车制动的特点是什么？
5. 高速列车制动的方式是什么？
6. 不同类型动车组检修期限是多少？
7. 动车组的检修内容是什么？

项目四　高速铁路车站

车站是铁路线上设有配线的分界点，办理列车的到达、出发、通过、会让、越行和客货运业务。

车站在铁路运输中的作用主要有以下几点：

（1）车站是铁路运输业的基层生产单位，拥有铁路线路、站场、通信、信号等技术设备和行车、客运、货运等方面的工作人员。

（2）车站是办理客货运输的始发、中转和终到作业的地点，是从事铁路运输有关的行车、客运、货运、机务、工务、电务、供电等部门协调进行生产活动的场所。

（3）车站是铁路线的分界点，将铁路线路划分为若干个区段和区间。是保证行车安全和必要的区间通过能力的需要。

（4）车站是铁路联系旅客和货主的窗口。

（5）车站在贯彻党的方针政策、执行铁路规章制度、合理利用现有技术设备、不断改进工作方法、保证客货运输安全、提高运输效率、完成铁路运输任务等方面都有重要的作用。

高速铁路车站是高速铁路系统中重要的基础设施，是旅客集散的场所。其主要作用是完成旅客输送任务，生产活动，主要包括客运作业、行车技术作业。高速铁路车站在技术设备和运输组织模式、售检票方式、旅客候车要求等都与既有线普通车站有很大的区别。其布局是否合理对促进各种交通运输方式协调发展，为旅客的方便出行提供优质的服务有着十分重要的意义。所以，高速铁路的车站及枢纽应该根据其现实条件、服务对象、功能特点等因素设计成客流通道立体化、进出站自动化、功能多样化的具有中国特色的现代化车站如图 4-1 所示。

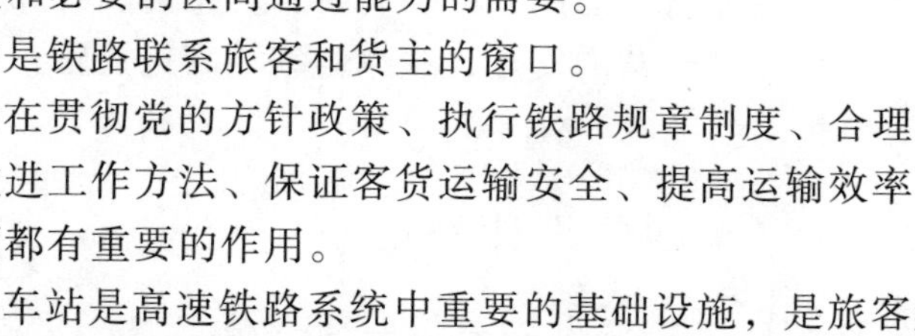

图 4-1　北京南站

知识点一　高速铁路车站特点及原则

由于高速列车在列车编组辆数、运营模式、信号制式等方面均不同于既有铁路，所以为其服务的高速铁路车站在布局、布置上也不同于既有铁路车站，在车站设计、功能分类、站线设备等方面有其自身特点。

一、高速铁路车站特点

（一）高速铁路车站的业务特点

（1）只办理客运业务，不办理货运业务。

（2）在运行途中高速车站不办理行包、邮政托运业务，列车停站时间短。

高速列车牵引重量小、列车定员少，运输成本高，在高速列车上挂运邮政车和行包车不仅不经济，还会因装卸行包而延长旅客列车的停站时间，不符合高速铁路追求最短旅行时间的目的。同时，要想增加行邮业务还需增建相应的行邮通道，以保证运营的安全，这也会增加高速铁路车站的投资建设费用。

（二）高速铁路车站的设计特点

1. 高速车站设计必须突出安全第一的设计思想

高速车站设计更要充分体现“以人为本、方便旅客”的宗旨，提倡旅客流程立体化、进出站自由化和多样化的设计。需考虑总体布局，方便旅客贯穿于城市—进出站—上下车整个流程。

我国铁路客运站的设计经历了一个不断改进的发展历程，日趋人性化。早期铁路客运站多为线侧式，站台、站房和站前广场呈纵向一字排列，不合理的客站结构造成大量的进出站旅客通过较少的进出站通道、走行相当长的距离。20 世纪 80 年代中期后，铁路客站候车室由线侧式发展为线上式，改变了通过中央天桥或地道进入站台的方式，旅客在候车厅利用楼梯或自动扶梯下到站台，缩短了旅客流线。这种客站结构层叠的趋势促进了旅客进出站流程朝立体化方向发展。因此，高速铁路车站的设计不仅需要满足进出站客流“高进低出”的要求，还要尽可能缩短水平流线长度，利用电梯、自动扶梯组织竖向的立体旅客流线，以加快同行速度、降低旅客旅途的疲劳度。

2. 与其他交通方式相协调的特点

高速铁路为了充分发挥高速铁路大运量的效能，需要城市内部各种交通工具能快速地为高速铁路车站运送和疏解客流，实现高速铁路车站在城市中“交通转化平台”的作用，使高速铁路与既有线、城市轨道交通、轻轨、公交、出租车等交通方式形成协调运作、优势互补的交通体系，从而成为城市综合型交通枢纽，为旅客提供便捷、高效的一体化运输服务。

3. 高速车站的客运和行车工作组织、客运设施要适应高效率快速作业的要求

（1）客运组织方面。

需要设置进站至站台全程醒目清晰的旅客引导电子设备和在多处设置一定时间段内显示各次列车电子信息牌，每个旅客能方便“对门上车、对号入座”，根据客运量配备自动售票、自动识别系统。

（2）行车组织方面。

车站须有自动控制接发列车信号系统，减少办理闭塞和开通进路时间。车站平面布置要能满足列车以 80 km/h 速度进入进站信号机安全准确达到停车位，使通过列车不减速通过，确保会车安全。

二、高速铁路车站建设原则

（一）功能性

铁路客运站功能性的核心内涵就是“以人为本、以流为主”。

（1）注重流线组织，缩小换乘距离，流线组织要简洁顺畅、便捷合理、站内导向直观明确。

（2）为旅客提供舒适的站内空间。

（3）为旅客提供良好的站内服务，包括：舒适的候车服务、便捷的乘降服务、方便的信息服务、周到的商业服务。

（二）系统性

按照“系统集成、整体最优”的原则，以客运站为中心，实现城市其他交通工具与铁路之间的有机结合、系统优化，建立各种交通方式换乘的综合枢纽。

（1）与城市规划相协调：站址选择应与城市规划相配合、铁路客运站应

与城市融为一体、客运站应与城市轨道交通、道路交通有效衔接；

（2）客运站各组成部分形成统一整体；

（3）铁路客运站专业系统应实现整体最优。

（三）先进性

（1）前瞻性的规模、布局与标准；

（2）完善的公共安全技术：包括结构安全、消防安全、交通疏解安全；

（3）先进的节能环保技术：节能降耗、减振降噪。

（四）文化性

（1）体现地域特征及人文特征：地域特征、人文特征；

（2）体现时代特征；

（3）体现交通建筑特征：体现交通功能的空间特点、体现简约的建筑风格。

（五）经济性

必须贯彻强本简末的原则，必须要有适合发展阶段的节俭理念，最大限度地降低建设成本。

（1）合理把握客运站规模及标准；

（2）充分考虑近远期结合；

（3）兼顾建设投入与维护成本。

知识点二　高速铁路车站分类

高速铁路车站主要是为高速客流提供运输服务，其服务对象决定车站在功能、分类上有别于普通的铁路车站。

按技术作业分，高速铁路车站分为越行站、中间站、始发终到站及通过兼始发、终到站。

一、越行站

越行站是为办理高等级本线高速旅客列车越行跨线的低等级高速旅客列

车而设置的车站，主要功能如下：

（1）办理正线各种旅客列车的通过作业；

（2）办理待避列车进出到发线、停站待避；

（3）通常不办理客运业务，但可为未来该站办理客运业务预留发展条件。

二、中间站

中间站是位于高速铁路线上主要办理客运业务的车站，主要功能如下：

（1）办理正线上各种旅客列车的通过、越行作业；

（2）办理停站旅客列车的客运业务，包括列车进出到发线、旅客上下车等；

（3）部分中间站还需办理少量旅客列车的折返作业，包括客运整备作业、动车取送等；

（4）在综合维修管理区有岔线接轨的中间站，除办理上述业务外，正常情况下在“天窗”时间内还负责办理检测和维修列车进出正线的作业。特殊情况下，须按调度中心指令办理维修列车进入某方向正线；

（5）与既有线有联络线连接的中间站，办理转线列车（包括高、中速列车）的接发作业。

三、始发终到站

始发（终到）站主要位于高速铁路线的起点和终点及有大量客流出发和到达的大城市，主要功能如下：

（1）主要办理高速旅客列车的始发、终到作业及客运业务；

（2）办理旅客列车的折返、动车组的取送作业；

（3）设有动车段（所），办理动车组的客运准备和客车的检修作业。

四、通过兼始发、终到站

通过兼始发、终到站办理以下作业：

（1）办理高速、跨线旅客列车的客运业务和旅客换乘；

（2）办理停站、不停站的高速、跨线旅客列车通过作业；

（3）办理部分始发、终到高速旅客列车的始发、终到作业；

（4）办理高速列车动车组的整备、检修作业。

知识点三　高速铁路车站站型及技术设备

为了完成旅客列车和动车的各项行车技术作业，保证迅速有序地完成旅客运输任务，高速铁路车站应根据其技术作业特点和作业量大小来配置相应的技术设备，同时站型的选择与运营模式至关重要，站型的选用应当从运营需要出发，考虑行车量、行车组织、客运组织以及安全等方面因素。

一、车站站型

高速铁路车站站型布置与到发线、站台的数量及相互位置有关。

（一）高速铁路车站的基本站型

1. 两线式布置图

该站型设有两条到发线（即 3、4 道），主要办理低等级高速列车待避高等级高速列车。正线Ⅰ、Ⅱ道则主要办理高速列车通过，该站型适用于不办理客运业务的越行站，因此可不设站台。如图 4-2 所示。

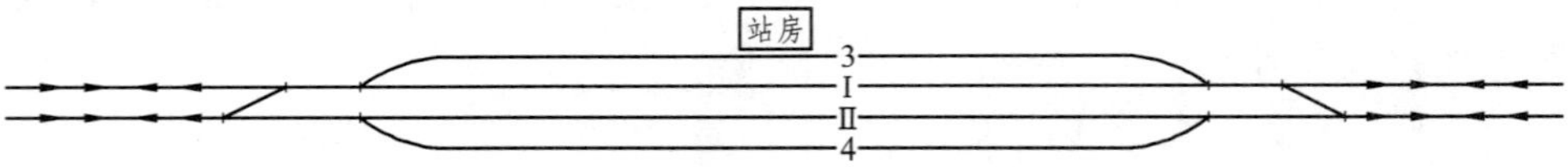

图 4-2　两线式布置图

2. 两线两台式布置图

根据线路及站台的相互位置可分为对应式（又称 A 型）和岛式（又称 B 型）两种。

对应式站型的两个站台夹 4 条线路，其中Ⅰ、Ⅱ道为正线，3、4 道为到发线，供列车停车、待避用。该站型图的优点是正线不靠近站台，高速列车自正线通过时，并不影响站台上旅客的安全，站台无须加宽。若客运量较大且某个方向需办理两列停站待避列车时，可增设一条到发线，如图 4-3 中虚线位置所示。

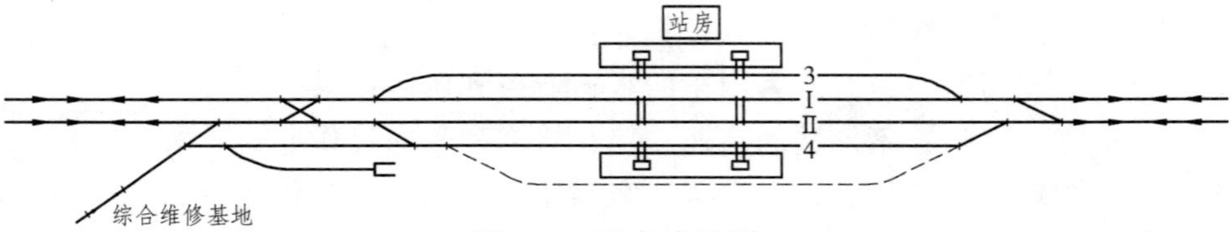

图 4-3　对应式站型

岛式站型的中间站台有一侧靠近正线，Ⅰ、Ⅱ道正线为高速列车通过线，3、4 道到发线为避难线。这种布置图的缺点是：当由于高速列车通过时受列车风的影响，站台需要加宽以保证旅客的安全，并需设置防护栅栏。如图 4-4 所示。

通过对上述两种站型优缺点对比，中间站一般采用对应式布置为宜。

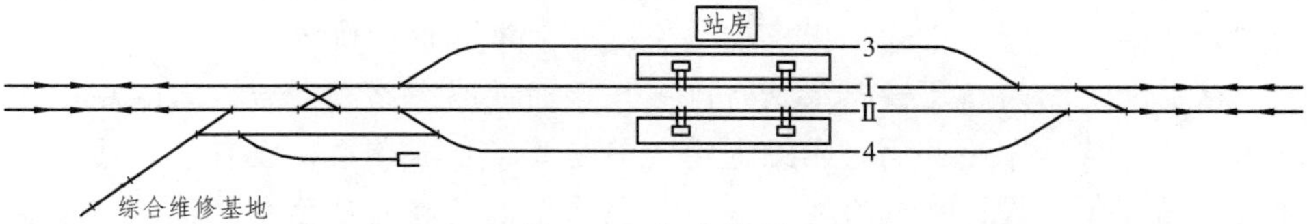

图 4-4　岛式站型

3. 带综合维修基地的布置图

该站型设置有 3～4 条到发线和两个中间站台，是对应式的改造变形。车站设有综合维修基地，供高速线路、信号、供电等设备进行维修保养，有时也供少量动车组折返和夜间停留。如图 4-5 所示。这种基地应尽量与到发线衔接，必要时可采用跨线桥引入车站，以便维修用机械车出入。

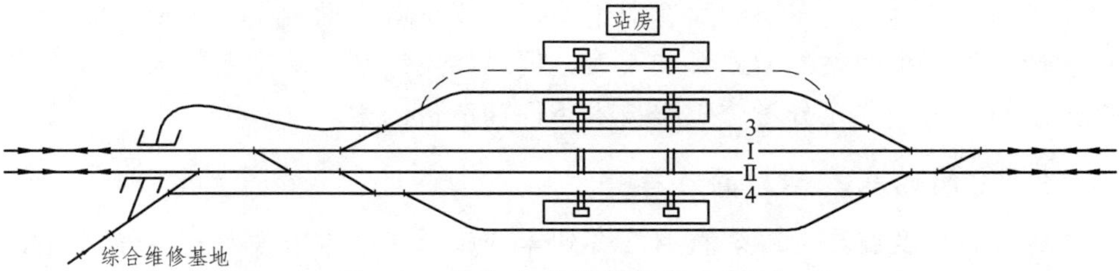

图 4-5　带综合维修基地的布置图

4. 两台四线以上的布置图

两台四线及以上的站型设有 4 条到发线，2 个中间站台。这类车站一般都衔接有动车段（所）和综合维修基地，直接连通到发线，或经由跨线桥与正线立体相交。如图 4-6 所示。这种站型适用于运量大的高速列车发到站。

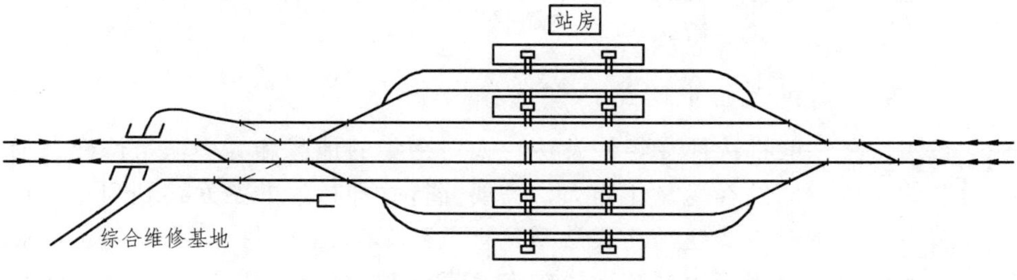

图 4-6　两台四线以上的布置图

（二）国外高速铁路车站站型概述

法国与日本情况类似，大多数中间站采用的是对应式站型，德国的车站使用岛式站型。

日本、法国的始发终到站主要采用通过式和尽端式这两种基本站型。

在法国，考虑到列车进站的速度较高，一般都在其中间站列车进入方向的到发线前方设置安全线，以确保安全。而日本、德国则不设安全线。

日本、法国的高速铁路车站有许多与普通铁路车站相衔接，有的高速铁路车站还与普通车站共用进出站通道，只是车场自成体系，没有与普通车站共用。而德国的设计理念有所不同，它几乎全部的高速铁路车站都是与普通车站共用车场的。

这几个国家根据不同速度级的高速旅客列车共线运行原则及运营要求，有高速列车通过的车站正线两侧不设置站台。

（三）站型特点及其适应性

站型的选择与运营模式至关重要，站型的选用应当从运营需要的角度出发，考虑行车量、行车组织、客运组织以及安全等方面因素。地形地貌、工程设计条件对中间站的型式影响不大，但对始发终到站的影响较大，对于这类车站的选型，要充分考虑工程技术条件和造价因素。

1. 中间站基本站型的选择

从行车角度看，为缩短直通旅客列车的旅行时间，应使其不停站通过沿途中间站。中间站的到发旅客由少数停站列车输送；在有大量旅客到发的中间站，则另由该站加开的始发终到列车输送。因此，中间站正线通过列车输送量大、使用频率高，如果采用岛式站型，在正线一侧站台有高速通过列车时，会对候车旅客构成安全威胁，需采取防护措施。所以，对于繁忙高速铁路的中间站应采用对应式站型，不采用岛式站型。只有在客运量较少、线路能力富余的线路，为了利用车站正线到发线使停站列车可以不侧向通过道岔时，才可能采用岛式站型。

2. 有列车折返的中间站站型选择

高速铁路一般都选择在经济发达、人口密集的地区和大中城市修建，沿线设置的一些中间站客运量相当大，需要开行立即折返的始发终到列车。这类车站不论采用对应式还是岛式站型，折返列车都必须与一个方向的正线通过列车平面交叉。当折返列车数量较多，高峰时段列车间隔时间短时，将影响正线的通过能力。若对线路能力影响大且地形条件允许时，可采用正线外包式站型如图 4-7 所示。

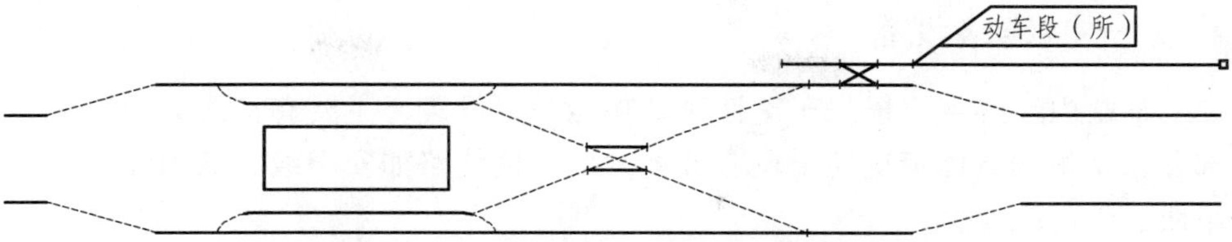

图 4-7　正线外包式站型

该站型的最大优点是折返列车不切割正线，不影响正线通过列车运行，车底在站内必要时临时存放和取送十分方便。从使用效果来看，正线外包站型有利。但从工程角度来看，这种站型对地形条件要求高、难度大，若对线路能力影响较小时也可以选对应式站型。

3. 始发终到站型布置的选择

始发终到站型布置有两种选择：通过式和尽端式（见图 4-8 和 4-9）。

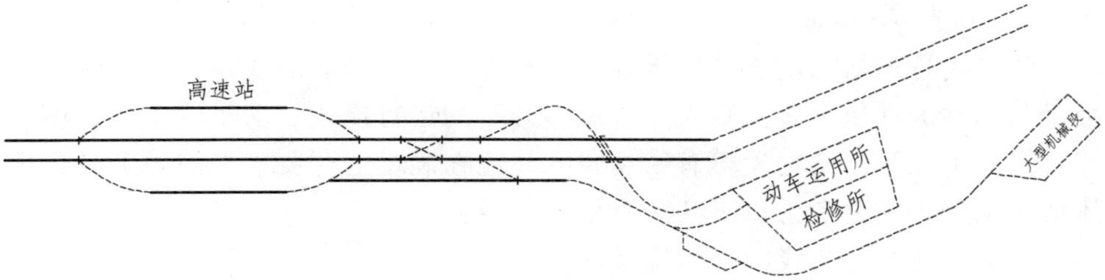

图 4-8　通过式站型

一般通过式是首选，车站与动车段（所）、机务段等部门是纵向布置，两个车站咽喉区可以分别办理不同的作业，一端接发列车，另一端衔接车辆、机务部门，这样可以减少旅客列车到发与车底取送、机车出入段等的交叉，提高车站的通过能力。

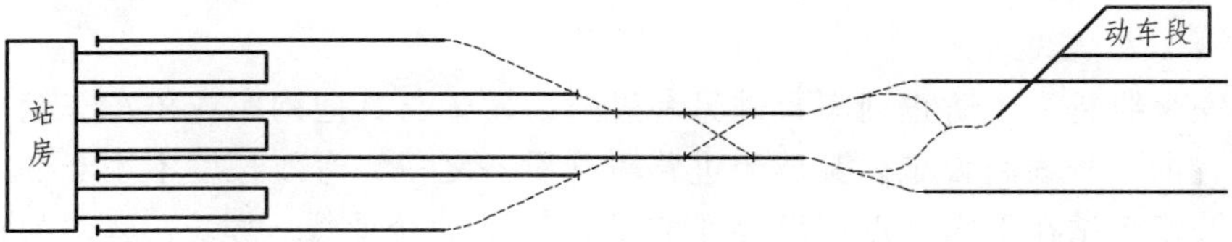

图 4-9　尽端式站型

如果选用尽端式，则由于站房、站台设在到发线的一端，车站只有一端咽喉区，作业较集中，列车进出站时交叉干扰，严重影响通过能力。所以，一般高速站不采用这种型式的站型。

二、车站线路设备

（一）线路设备

车站内线路主要根据车站性质及功能需要设置，主要有正线和到发线。部分车站根据具体情况还增设有其他一些辅助线路如安全线、站内渡线、联络线、走行线等。

1. 站内正线

车站正线是直股贯通车站并连通区间的线路，主要供列车不停车通过时使用。通常情况下两条正线分上下行单方向行车。对于仅有少量或没有通过作业的始发终到站，正线可适当考虑按到发线使用。

车站正线应设在直线上，困难条件下可设在曲线上，但不能设在反向曲线上，站内最小曲线半径须结合路段行车速度合理确定，咽喉区范围的正线要设在直线上。

2. 到发线

到发线是车站内用于办理旅客列车到达和出发作业的线路。车站到发线数量与车站的性质、客流量大小、旅客列车的运行模式、动车段（所、场、综合维修工区等）的配置等有密切关系，应在满足运营要求的前提下结合具体情况确定。主要考虑以下几个方面的内容：

（1）车站在高速线网上的位置和衔接方向；

（2）车站办理的技术作业性质和车站承担的作业量；

（3）车站设备规模数量和布置要求；

（4）综合检修段（区）、动车段（所）等设施与车站间联络线（或走形线）的数量和接轨位置，车站周边地形、地貌以及地质条件。

3. 辅助线路

（1）安全线。

安全线是为了防止列车冒进另一进路，发生与其他列车或机车车辆冲突而设置的一种线路设施。其属于进路隔开设备之一，有效长度不小于 50 m。

铁路车站在下列地点应设置安全线。① 工业企业线、岔线在区间与正线接轨。② 工业企业线、岔线在站内与正线或到发线接轨。若接轨处受地形条件限制，或向车站方向为平道或上坡道，可设置脱轨器或脱轨站内与到发道岔代替安全线，但在桥头和建筑物较密集处要慎重，因为万一机车、车辆脱轨将会引起重大损失。若工业企业线、岔线与车站到发线接轨，站内有平行进路及隔开道岔并有联锁装置时，可不设安全线。③ 进站信号机外制动距离内为超过 6‰ 的下坡道时，为满足双方向同时接车和同方向同时发接列车的需要，应在接车方向末端设置安全线。这样可防止下坡进站列车与其他列车碰撞。

到发线接车方向末端设置安全线的作用为：当同方向进站列车失控时（如失去制动力等），利用安全线与正线隔开，从而保证后续通过列车的安全。另外，可使到发线的延续进路不进入正线范围，提高通过能力。

（2）渡线。

正常情况下，正线按双线双方向行车设计。但在一条正线封锁施工时，另一条正线可能作为单线运行，空闲的反方向正线也利用放行越行列车；此外为保证列车或线路维修机械在上、下行正线间灵活转线，需在车站两端分别设置连通两正线的站内渡线。

高速线区间内是否设置渡线要根据区间长度、养护维修方式等因素综合研究确定。

（3）联络线。

在我国高速铁路与普通铁路共同发展的时期，干线铁路跨线旅客列车较多，站内疏解区的高速铁路之间、高速铁路与普通铁路之间均需设置联络线。其设置标准可按地形地貌条件，进行比选确定。

高速铁路车站内有联络线、走行线、段（所、区）及其他岔线接轨时，其接轨原则为：

① 联络线、走行线、段（所、区）及其他岔线应尽量与站内到发线接轨。

② 当与到发线接轨时，如站内有平行进路及隔开道岔并有联锁装置时，则可不设安全线，否则应设安全线。安全线有效长度不应小于 50 m，与相邻线间的距离不小于 5 m，并尽量远离正线。

（4）走行线。

始发终到站与动车段（所）之间应设置 2 条左右的走行线。机车走行线与正线宜避免进路交叉，可设立交疏解。困难条件下，经计算咽喉能力满足需要时则可不设立交疏解。

（5）其他线路。

对于综合维修段（工区）与车站呈纵向连接时，维修段（工区）至车站衔接处的走行线应有最长养护作业车列加 50 m 的长度，以便进行调车作业。呈横向连接时应设牵出线。其他的站线、段、所、工区与车站的连接线路及其管内线路平面设计要求按现行《铁路车站及枢纽设计规范》规定办理。

（二）限界要求

（1）在车站内线路的直线地段，主要建筑物和设备至线路中心线的距离。

（2）在车站内线路的曲线地段，根据正线或站线类别的不同，各类建筑物和设备至线路中心线的距离，应考虑因超高产生车体倾斜对曲线内侧的限界加宽。

（3）在线路的直线地段，站内两相邻线路中心线的线间距。

三、客运服务设备

车站为方便旅客乘降和列车的技术作业，主要配备的客运服务设备有：

（一）旅客站房

站房是客运站的主体，包括为旅客服务的候车室、售票大厅、文化生活、商业和办公用房等如图 4-10 所示。站房应根据具体条件设计成线平式、线上式或线下式。在大城市，要结合城市总体规划和城市交通的衔接方式，经技术经济比较，可设计为多层立体式站房。

图 4-10　旅客站房及候车室

（二）旅客站台

旅客站台的设计宽度主要与列车上下车的乘客人数、乘客上下车的速度、站台候车人均所需面积、波动系数等因素有关。高速铁路列车行车密度较大、定员少，分摊到每列车的上下旅客人数相对少于普通铁路列车。其设计应按规定设置：站台长度应按 450 m 左右设置，困难条件下不应小于 430 m；站台高度应高出轨面 1.25 m；站台宽度应根据车站性质、站台类型、客流密度、安全退避距离、地道或者天桥出入口宽度等因素确定。

表 4-1　旅客站台的宽度　　m

名称	特大、大型站	中型站	小型站
站房突出部分(行车室)边缘至站台边缘距离	20.0～25.0	12.0～20.0	≥8.0(通道正对站房处≥10.0)
岛式中间站台	11.5～12.5	10.5～12.0	10.0～11.0
侧式中间站台	8.5～9.0	7.5～8.0	7.0～8.0

(三)雨棚

为使旅客不受日晒雨淋，保证旅客能安全、方便地在站台上行走和乘降列车，在多雨地区、客运量大的高速铁路车站，需要设置站台雨棚、天桥走廊雨棚、连接进出站检票口雨棚。地道出入口无论在任何情况下，均应设置雨棚。雨棚长度应与站台长度相同，雨棚的宽度不应小于站台宽度。雨棚内悬挂物下缘至站台面的高度，不应小于 2.8 m。目前我国京沪高速线全线车站均采用无站台柱雨棚。

站台雨棚屋面多采用内排水管道，将水引入站台外的线路间排水系统。另外还需处理好强、弱电线的敷设。站台及雨棚见图 4-11。

图 4-11　旅客站台及雨棚

(四)进出站通道

进出站通道的类型、数量和位置对高速铁路车站内的客流组织有着重要的作用。其配置应根据车站站型和客流量大小、站房等的相互位置综合考虑确定。

按通道与站内线路的立交关系可分为天桥和地道两种。天桥的优点是造价经济，修建时受水文地质条件影响较小、扩建方便，对行车干扰少，且排水、采光、通风效果好。缺点是起落高度大，不方便旅客，在站内易遮挡列车作业人员的视线，斜道占用站台面积较多，不便战备。

地道的特点则恰好与天桥相反，因此，天桥的使用不如地道好，如图 4-12 所示。通常优先采用地道，但在具体选用时，还应结合地形及站房的布置等因素综合考虑。

图 4-12　旅客进出站通道

（五）车站安全监控设备

为保证车站的人员和财产安全，保护车站设备和国家财产免受损失，防止旅客违禁携带三品（易燃品、易爆品和其他危险品）进站，防止火灾、偷盗的发生，大型车站应设有自己的安全监控中心，及时采集各重要通道上的摄像机信息，便于工作人员掌握车站安全情况如图 4-13 所示。一旦有非常事态发生，可及时自动采取灭火、排烟、隔离火源等措施，并有效地疏导旅客。大型车站内的旅客导向信息系统，是列车运行管理系统中的一部分，对车站安全起到辅助作用，通过向导显示板和广播，除提供日常服务信息外，还可提供事故信息告知，及时疏导旅客。

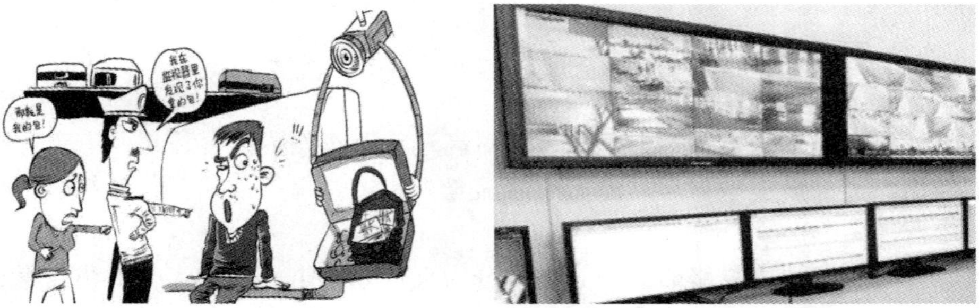

图 4-13　车站安全监控设备

知识点四　高速铁路枢纽

以高速铁路车站为中心，把场站外部动车检修基地、动车检修所、动车运用所、综合维修段（工区）及连接这些段所区的联络线、迂回线等相衔接，在车站内部实现高速铁路、普通铁路、城际铁路、地铁、公交、出租等多种交通方式间的立体换乘，这类综合体被称为高速铁路枢纽。

一、高速铁路枢纽内的设备

（一）动车检修设备

动车检修设备应根据路网规划、行车组织方式、车站布局等统筹安排，选择适当的地点，合理设置足够的动车检修设备。动车检修设备可分为：

1. 动车检修基地

动车检修基地又称动车段，一般设在有大量列车始发、终到的客运中心所在站或者几条高速线交汇的大型客运站附近。它负责动车组的管理、检修、整备及动车组信息管理，配属有一定数量的高速动车组，承担动车组日常运用和夜间存放、备用动车组长期存放和运用整备作业以及高速动车组一至五级的修程，规模大、占地多。

例如我国的京沪高速线设计在起终点站北京、上海各设一个动车段。

2. 动车运用检修所

设在有较多高速列车始发、终到的车站。没有配属的高速动车组，承担派驻在本所的高速动车组的日常运用、夜间存放、折返、客运整备，运用检修所除存车外还担任高速动车组的日常检查或一、二级修程任务。

3. 动车运用所

设在有少量高速列车始发、终到的重点车站。没有配属的高速动车组，承担外段动车组在本站的折返停留、客运整备、存放、临修、一级修等作业，及驻派本所动车组的一、二级修程。根据需要可预留未来的发展条件。我国京沪高速设计在济南、天津、南京等处设动车运用所。

（二）综合检修设备

为维护高速铁路的正常运转，确保列车的安全、高速运行，需要对线路、路基、桥隧、接触网、通信信号、供水供电等固定设施进行检测、维修和保养，这就需要设置一定数量的检测中心、维修段（工区）来负责实施。

综合检测中心：综合检测中心承担管内固定设施的综合检测作业，配有综合检测车、桥隧检测车等检测车组，设有检测车辆停放线、整备库线、标定线等，负责对线路、路基、桥隧、接触网、通信信号等固定设施进行动态检测和质量状态分析。

综合维修段：综合维修段内设有轨道车停放线、材料装卸线等设备，主要负责管内线路、路基、桥隧、接触网、通信信号、水电等固定设施的检查、保养及维修等。目前，国内外高速线大体都是每间距 150 ~ 200 km 设一个。

维修工区：维修工区内应根据管内线路轨道类型设置大型养路机械停放线、轨道车辆停放线和材料装卸线等设备，主要负责固定设施的日常巡检、保养、临时补修和抢修等作业，必要时配合大型养路机械完成线路的综合维修作业。参照日、法等国原则上每 50 km 左右设一处。

大型养路机械段：大型养路机械段负责线路的大规模机械维修和大型养路的管理、运用及检修。其设计应符合以下规定：

（1）大型养路机械及附属车辆的停放线宜与检修设施布置在同一处，停放线的有效长取各种机组长度加 20 m 安全距离；

（2）大型养路机械段应设置大型养路机械的标定线路；

（3）大型养路机械段应根据机械的类型、修制修程、检修内容、作业量等配置检修车间、辅助生产房屋及检修、检测实验设备，并进行合理的工艺布局。

（三）其他设备

高速枢纽内还有其他为客运服务的设备，如既有客运站、列车段及立体换乘设施等。

二、高速铁路枢纽内的布置图

（一）高速线引入既有铁路枢纽的原则

1. 高速线的引入要与枢纽的总图规划相适应

因为既有枢纽的总图规划是基于路网规划、各时期客货运量的预测、该枢纽在路网中的地位与作用、所在城市的发展规划和地形地貌以及工程地质条件等因素来展开的。枢纽总图的主要规划内容是：

（1）枢纽的发展远景和规模；

（2）新线引入、增建复线的接轨方案；

（3）客运系统布局，客运站的性质、分工和分布；

（4）货运系统布局，包括编组站的分工和分布；

（5）高速线路进入枢纽内的位置和走向；

（6）高速客运系统的布局、高速铁路车站的设站数量、分布位置；

（7）高速客运系统与既有铁路客运系统的关系；

（8）未来多条高速线路的衔接问题等。

2. 高速线的引入要与城市发展规划密切配合

高速铁路的建设能给城市的经济和社会发展带来新的繁荣，同时也会对城市发展造成一些影响。所以在决定高速线引入的具体位置和走向时要把城市考虑在内，尽量避免对城市功能区造成分割，避开城市居民密集区和文物古迹、景观建筑等，必要时可采取减震降噪措施。高速公路在市内延伸要力求减少建筑拆迁以降低工程投资，并注意与市区道路的交叉疏解和隔离防护，适当采用高架线路或者地下线路。

3. 高速线引入后要与城市的其他交通方式协调配合

高速线引入枢纽后，势必会形成高速铁路车站。根据国外高速铁路的发展经验来看，不管是新建的高速铁路车站还是既有铁路客站合设的高速铁路车站，都因高速铁路车站到发客流量大，使得高速铁路站区往往成为城市最主要的客运交通枢纽；此时要注意解决好站区建设与城市其他交通方式之间的协调、衔接工作，使大量到发的高速客流能有序、便捷地再搭乘各种交通工具出行。

（二）高速线引入既有铁路枢纽的方式

由于既有铁路枢纽内的客运站大多已位于市区内，客运设施也比较完善。高速铁路要尽可能利用既有客运站的设施，或在既有客运站基础上扩建。即便是新建的高速铁路车站也应该通过联络线与既有铁路客运站衔接。如此不仅能充分发挥车站的站房、车场等客运设施的功能，扩大高速列车的旅客吸引范围，方便旅客在普速列车和高速列车间换乘，同时还能节约投资、少占用土地。

1. 高速线接入既有客站的方式（见图 4-14）

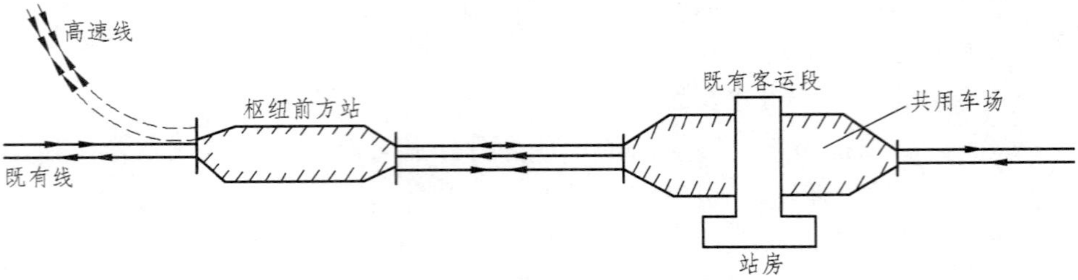

图 4-14　高速线接入既有客站

（1）高速正线在站外与既有正线连接，利用既有正线进站，高速正线不直接引入既有客站。如此一来，在高速铁路车站与既有站分设时，高速列车就可与普速列车共用既有进路进出既有铁路客运站，车站的咽喉区因没有新线引入无须重新设置，站内车场也无须改扩建。此形式适用于下行的高速列车数量不多的情况。

（2）高速正线直接引入既有客站，与既有正线有平行进路通过咽喉。此时，既有车站咽喉需要重新设置，站内设施也需要进行改扩建，使高速车流与普速车流尽可能分开，满足高速列车到发作业的需要。此形式适用于上下行的高速线路数量较多的情况。

2. 高速铁路车站与既有客运站合设时设备设置的原则与要求

（1）高速列车的接发作业、调度指挥都是自成体系的，且使用的沿线设备也不同，普速列车不能进入高速系统，反之亦然。因此在划分客运站车场线路使用时要将高速车场与普速车场分开，不能混用。

（2）在高速列车下线运行时，车站的高速车场与普速车场间应利用渡线或实行立体疏解，以保证列车顺利转场和接发作业的机动性。

（3）在共用客运站房时，为便于旅客换乘，避免高速客流与普速客流在站内的交叉，高速客流的通道、候车室等要与普速客流的明显间隔开来。

3. 高速站与既有站合设时车场的布置及特点

（1）高速车场与普速车场等高设置在同一平面内。

如图 4-15（a）所示，尽端式车站等高合设车场。该布置图为高速线与既有线并行引入既有尽端式客运站。将靠近既有主站房一侧的既有到发线和站台仍作为普速列车车场，供接发普速列车使用。另一侧的到发线和站台则改造为高速列车车场，必要时可在该侧进行扩建，新建副站房，主副站房之间采用高架天桥和地道相连，供旅客进出站和换乘。两车场在进站咽喉处均设有渡线，方便高速动车组进出动车段（所）和普速列车进出客车整备所。这种布置形式适合于以办理始发、终到高速列车为主的车站。

如图 4-15（b）所示，通过式车站等高合设车场。该布置图为高速线与既有铁路线并行引入既有通过式客运站。既有线靠近站房一侧，该侧的既有到发线和站台供普速列车使用，高速线在站房对侧，通过扩建将高速车场与普速车场横向布置，并通过天桥和地道连接，以方便高速旅客进出站。两车场咽喉处也有渡线。该形式适用于以通过高速列车为主的车站。

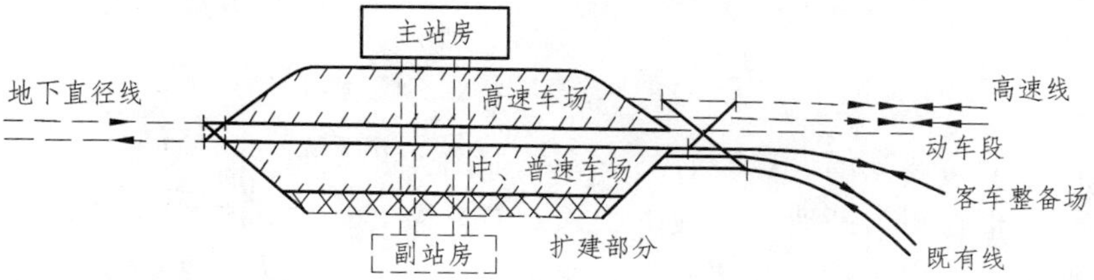

（a）

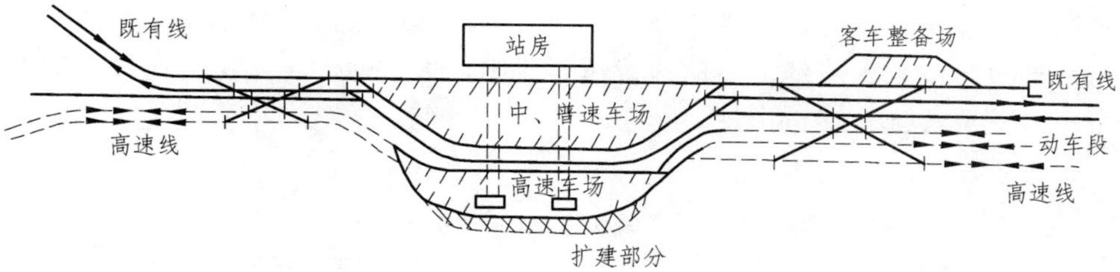

（b）

图 4-15　高速车场与普速车场等高设置在同一平面内

（2）高速车场设在既有站上方。

图 4-16 的布置图为高速线高架引入既有铁路客站，在其上方高架设置高速列车车场，负责接发高速列车。车站下方的地面站则作为普速列车车场，负责普速旅客列车的始发、终到和需停站通过的各项作业。上下两车场间由联络线相连，便于高速列车上下既有线。高速客流可通过连接地面站的自动扶梯上下高架候车室、进出站和换乘，普速客流则可通过地面和地下的通道进出站。

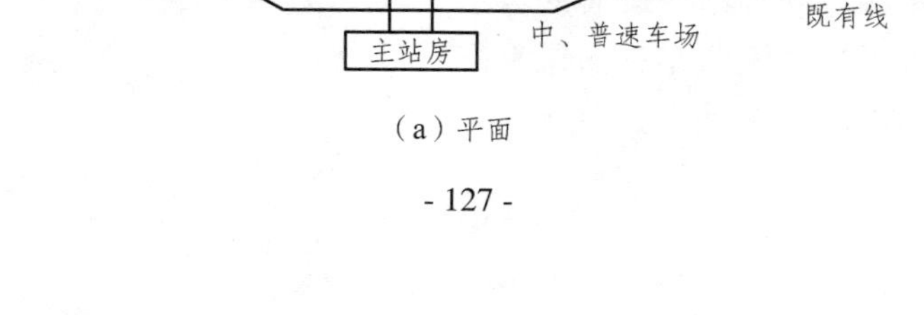

（a）平面

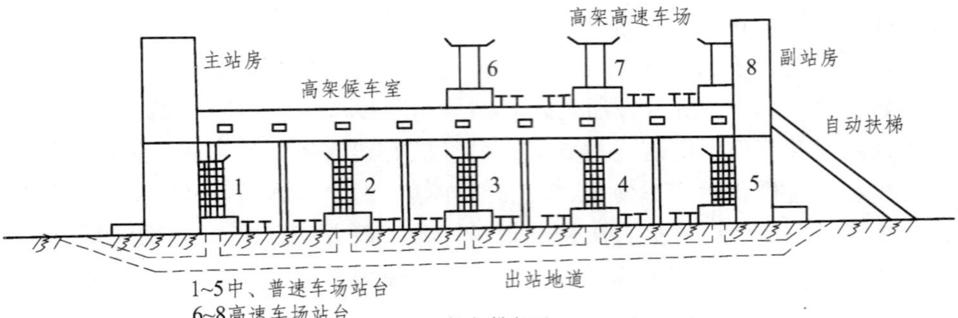

（b）横断面

图 4-16　高速车场设在既有站上方

（3）高速车场设在既有站下方（如图 4-17）。

该布置图为高速线从地下引入既有铁路客运站，在既有客运站地下新建高速车场，用于接发高速列车。既有客运站改造成为普速列车场，用于普速旅客列车的始发、终到和需停站通过的各项作业。两车场间也有联络线，方便高速列车上下既有线。高速客流可通过地面站副站房的高速候车室进站，然后通过自动扶梯或地道出站；普速客流则可通过地面主站房普通候车室上下车，然后经地下通道出站。

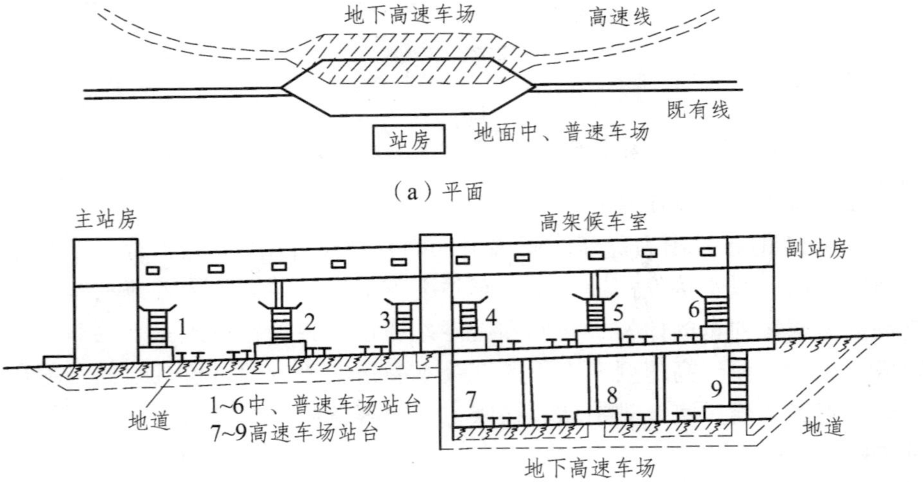

（a）平面　（b）横断面

图 4-17　高速车场设在既有站下方

（4）高速站与既有站分设时的方法（如图 4-18）。

当枢纽采用高速铁路车站与既有客运站分开设置时，新建高速铁路车站与既有客运站之间的关系有：

① 高速线只引入高速铁路车站，与既有铁路车站间不设联络线。两类车站之间没有列车的交流，此方案适用于高速线只跑高速列车的情况；

② 高速线引入高速铁路车站，且与既有铁路客运站间设有联络线。高速列车可以下既有铁路车站，此方案适用于高速列车下线运行的情况。

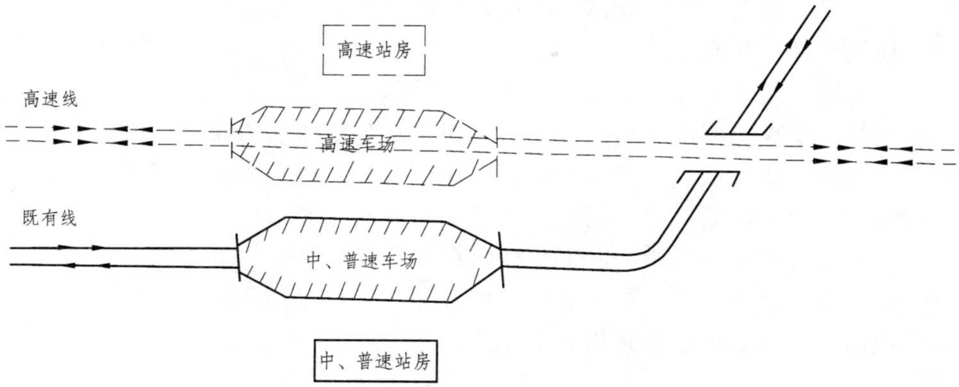

图 4-18　高速站与既有站分设时的方法

（三）动车段（所）与车站的布置

1. 动车段（所）的布置原则与要求

（1）动车段（所）应该设在有较多列车始发、终到的车站附近以方便动车出入段；

（2）动车段（所）出入高速铁路车站要有独立、便捷的通道通过联络线与车站进行合理衔接；

（3）动车段（所）应充分利用地形条件，尽量减少拆迁和工程施工量；

（4）动车段（所）的设置地点、规模应根据其列车开行方式、配属的动车数量外段派驻的动车数量及所担当的修程任务等因素来确定；

（5）动车段所占地面积比较大，所以应尽量选在荒地、旱地上，少占或不占用农业用地；

（6）场地选择要结合城市用地的整体规划。

2. 动车段（所）的布置图及特点

（1）无须通过修建出入段走行线来进行立体疏解，能节省一定的工程投资。

（2）尽端式车站与段（所）呈反向布置。

此种布局主要适用于受车站周边地理条件限制，比如车站位于市区时，顺车站方向的延伸地带已进入了密集的市区或者市中心区，从而无法顺向展开布置。这种形式的最大缺点就在于旅客列车的到发和车底的进出段都在同端咽喉区，易造成咽喉能力紧张；一部分到发列车与车底进出入段必然会产生交叉干扰，需要修建专门的走行线与正线实行立体疏解，增加了工程投资。在受客观条件限制，实行立体疏解也有困难的车站，则需要采取一定的行车组织措施来减少交叉干扰。

（3）通过式车站与段（所）呈顺向布置。

该布局是高速枢纽常用的形式。高速铁路车站两端咽喉均可用于接发列车，动车段（所）从其中到发量小的一端接入，采用立体交叉疏解，避免了正线与动车出入段的交叉，同时保证了车站的通过能力。

（4）通过式车站与段（所）呈横向布置。

此种布局中动车所与车站横向排列布置，多为小规模的动车运用所采用。如京沪高速线的蚌埠站就采用了该布局。

3. 综合检修段（区）与车站的布置

（1）综合检修段（区）的布置原则与要求。

① 应设在有较多高速列车始发、终到的车站附近；

② 应尽量设在车站附近，通过联络线引入车站一端咽喉。具体位置不受限制，可根据实际情况与车站横向、纵向或者斜向布置，以工程量少和检修车辆出入走行方便为宗旨；

③ 应尽量与动车段（所）等设置在一起，以共用走行线，减少占用土地。

（2）综合检修段（区）的布置图及特点。

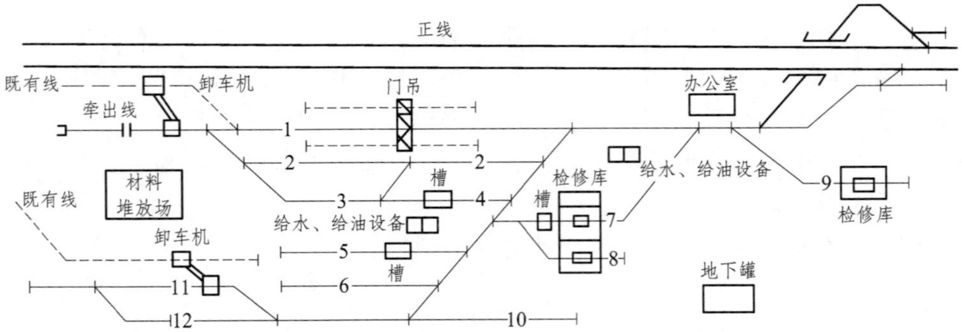

图 4-19　综合维修基地（更新基地）设备布置图

1—材料装卸、长钢轨运送更换车停留线；2—机走线、通路线；3—架线车停留线；4—电气作业车停留线；5、6、10—维修机械停留线；7、8、9—检修线；11—道砟装卸线

综合检修段（区）在高速线上分布数量较多，并要求与车站或正线有便捷的通路连接。段、区设有以下主要设备：

维修车停留线，供大型养路机械、轨道检测车、材料搬运车等停放；材料装卸线，供维修材料（如道砟等）装卸用；长钢轨运送车更换停留线，供长钢轨装卸作业、停留。

三、综合交通枢纽

（一）综合交通枢纽

为了解决各种交通运输方式衔接不畅、交通运输整体效率不高的实际情况，需构建一体化交通运输系统，通过各种运输方式的结合，以此作为衔接的要点来突出交通运输方式衔接过程中资源的节约和集约以及客运的“零距离换乘”和货运的“无缝衔接”理念，综合交通枢纽就是其具体的体现形式。

1.“综合交通枢纽”的概念

“综合交通枢纽”是指在综合交通网络节点上形成的客货流转换中心。按照综合交通枢纽所处的区位、功能和作用，衔接的交通运输线路的数量，吸引和辐射的服务范围大小，以及承担的客货运量和增长潜力，可将其分为全国性综合交通枢纽、区域性综合交通枢纽和地区性综合交通枢纽三个层次。

（1）全国性综合交通枢纽。

位于综合交通网的运输大通道重要交汇区，依托省级经济、文化和政治中心，以及在中国经济和国际贸易中地位突出的重要港口、大型机场和公路铁路主枢纽所在城市。全国性综合交通枢纽在跨区域人员运输和国家战略物资运输中的集散、中转功能突出，有广大的吸引和辐射范围，对全国综合交通网络的合理布局、衔接顺畅和高效运行具有全局性的作用和影响。依据其基本定位，规划了全国性综合交通枢纽（节点城市）42 个涵盖现有和规划的所有重要枢纽港口、枢纽机场，铁路及公路主枢纽，与“五纵五横”综合运输大通道共同构成我国综合交通网络骨架。

（2）区域性综合交通枢纽。

位于综合交通的主要交汇处，依托省内重要城市，以及在区域经济和贸易中起主要作用的沿海港口、干线机场所在城市。区域性综合交通枢纽在综合交通网络格局中具有承上启下的重要作用，对区域交通布局产生重大影响和产生重要作用。

（3）地区性综合交通枢纽。

位于综合交通网的一般交汇处，依托地区中型城市以及港口、机场所在城市。地区综合交通枢纽在综合交通网络中具有基础性作用，对地区交通有较大影响和较大作用。

2. 综合交通枢纽的衔接要求

综合交通枢纽与结点城市融为一体，线路、站场的布局与城市发展、特征、形态等密切相关，并且相互制约、互为促进。从交通基础设施看，主要有以下几方面的衔接：

（1）区域交通线路在城市外围的衔接。

主要是满足城间交通的快速通过和交通线路便捷，总体上减少对城市的干扰，线路应靠城而不进城，并按照城市总体规划，给城市的对外发展留有一定的距离。在受条件限制，外部过境常借道城市内部道路，宜按城市快速道路的标准建设与控制或直接采用高架或下穿的方式过境。

（2）区域交通线路与城市内部交通线路的衔接。

综合交通运输的发展趋势之一是城乡交通一体化，实现途径首要是交通基础设施的配套。其主要是区域高速公路、国省干线与城市进出口道路在规模、能力上的互相顺接，区域的轨道交通设施与城市地铁、轻轨在设施标准、运营方式上的方便衔接。

（3）区域交通线路与枢纽站场的衔接。

区域交通线路引入枢纽站场的方式主要有单独引入、合并引入、分散引入；从交通线路与枢纽站场衔接关系来分，主要有集中布局、分散布局等；从站场与线路的空间分布形态来看，也有终端型、伸展型和箱射型枢纽站等。其衔接要点是线路、站场应当结合城市的空间布局、到发交通流量与流向相适应，公路客运站一般是借助城市快速干道连接引入；

（4）枢纽站场的集疏运衔接。

主要有站场之间的转运衔接、与城市交通的衔接两类。站场的转运衔接是综合运输一体化的关键。整体式（综合）站场的客货转运在站场内直接完成，便捷高效，对城市内部交通没有依赖和影响；连结式站场对城市内部交通基本没影响；独立式站场基本要依靠城市内部交通系统或其他运输方式协助完成转运。站场对城市的集疏运都要依靠城市内部交通系统或其他运输方式完成，其快速进入城市内部的手段是将城市内部交通系统的站场与综合运输的枢纽站场结合在一起，形成“大交通”的综合交通枢纽站，实现完整的“旅客零距离换乘、货物无缝衔接”。

总之，综合交通网节点上的枢纽布局应综合考虑各条线路的顺畅连通，遵循乘客“零距离换乘”和货物换装“无缝衔接”的原则，统筹线路、场站以及信息传输等设施的有效衔接，充分体现客货流汇集、换乘和疏散的承载性、顺畅性和兼容性。

（二）客运综合交通枢纽

根据“综合交通枢纽”的概念，我们可以把综合交通网络节点上的客流转换中心称为综合交通枢纽。它是集既有铁路、高速铁路、地铁、公交、出租车等多种交通方式为一体的换乘综合体，能为城市居民出行提供多种交通工具的换乘、接续服务。现代城市发展要求把铁路纳入城市交通系统中综合考虑，而体现最新设计理念的高速铁路车站内部整合了多种服务功能，不仅承担了铁路运输的基本功能，而且是城市交通体系中重要的换乘中心。同时为人们日常生活的各种需求提供着全方位的服务。这种多功能复合的综合体设计有利于城市土地资源的综合利用、交通的立体分布和公共服务设施的多层次设置。多种交通方式的衔接及其对城市生活和形态影响，都要求高铁铁路客站向功能综合化、设计立体化、人车分流化的方向发展，以发挥它在城市中的现代综合交通枢纽的作用。

在进行以高速铁路车站为载体的客运综合交通枢纽设计时，应遵守以下要求：

（1）从规划阶段入手，紧密结合铁路网、铁路枢纽和城市的总体规划，力求站与线的能力匹配，点与面的布局协调。从站区综合规划到整个城市交通网络以及城市设计等多层面考虑、合理组织多种交通方式的接续和换乘，建立立体的交叉衔接的现代交通体系，形成便捷接续的格局。

（2）在站房设计中体现交通“大通道”的思想，尽可能实现铁路和城市交通不出站房换乘、立体换乘，构成地面、高架、地下的三维立体交通系统，减少各种方式之间换乘所带来的不便，同时也可极大地减少路面交通的相互干扰。主要做法有：

① 主要利用地下设施疏散客流。充分发挥地铁发车密集、准点、换乘距离短的优势，在站房内设置换乘厅或以地下通道与地铁站厅连通；此外还可以把公交车、社会车辆引入地下，出站后直接驶入城市快速路；

② 当站房内或地下换乘受条件限制时，则可采用空港的设计手法，采用乘降平台立体分流不同客流和车流，实现“门”到“门”的换乘；

③ 采用一票制换乘或联运的办法，提高换乘效率。这也是交通“大通道”思想的一部分，是未来交通的发展方向；

④ 转变站前广场的功能。把各种交通工具引入广场，并尽量靠近车流出

入口，使流线衔接紧密、便捷顺畅，实现人车分离、车种分离，减少旅客站前走行，达到交通上“零换乘”的目的。这样一来，站前广场就主要是供车辆走行的道路和临时停车场，除了小型出租车停车场和为供特殊用途使用而设置的小规模停车场，社会车辆和公交车在站前广场内不设停车场；只在站房前旅客人行道边设一定长度的停车港，供旅客上下车。这样，站前广场的面积可以大大缩小，既方便了旅客，又节省了投资，也改变了目前铁路客站站前广场人多车杂、交通秩序混乱的状况。此外，站前广场也可采用立体分流的方式，地面层主要为车行道路和人行候车岛，候车岛内均设通往地下、天桥的楼梯和地铁出入口，避免人流与车流交叉干扰。在二层可设高架人行广场，不仅能隔绝车流，还可通过天桥把客站与周围商业服务设施联系成整体，取得综合经济效益。

复习思考题

1. 高速铁路车站在业务上有什么特点？为什么？

2. 根据技术作业性质不同，高速铁路的车站可划分为哪几种类型？说明其图型特征。

3. 我国高速铁路车站站型有哪几种？分别适用于什么条件？

4. 高速铁路引入既有枢纽的方式有哪几种？说明其特点，并比较其优缺点。

5. 说明高速铁路的动车段（所、场）和综合维修基地的设置原则。

6. 什么是综合交通枢纽？综合交通枢纽分哪几个层次？

项目五　高速铁路牵引供电系统

牵引供电系统是指从电力系统或一次供电系统接受电能，通过变压、变相或换流（将工频交流变换为低频交流或直流电压）后，向电力机车负载提供所需电流制式的电能，并完成牵引电能传输、配电等全部功能的完整系统，如图 5-1 所示。牵引供电系统的性能直接影响列车牵引功率的发挥和牵引传动控制系统的性能。

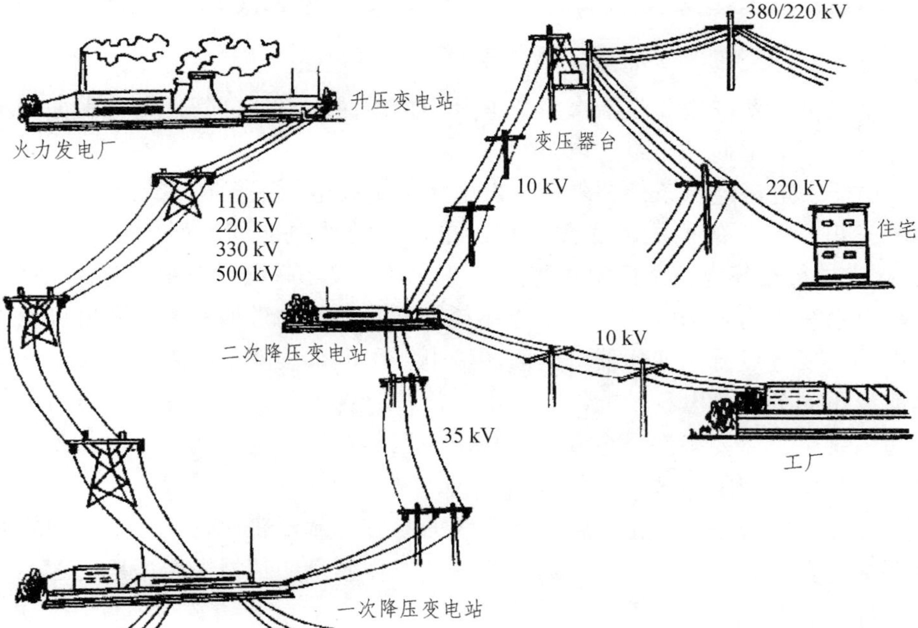

图 5-1　输电系统示意图

知识点一　概　述

由于电力牵引具有功率大、效率高、清洁无污染、能够综合利用各种一次农提供能源的优点，被高速铁路所普遍采用。电能具有不能大量存储的特点，高速铁路上运行的动车组必须依靠专门的外部装置来获取电能，动车组通过列车受流装置获得电能以后，需要对电压和电流进行适当的变换，驱动电动机运行，从而为列车行走提供牵引动力。

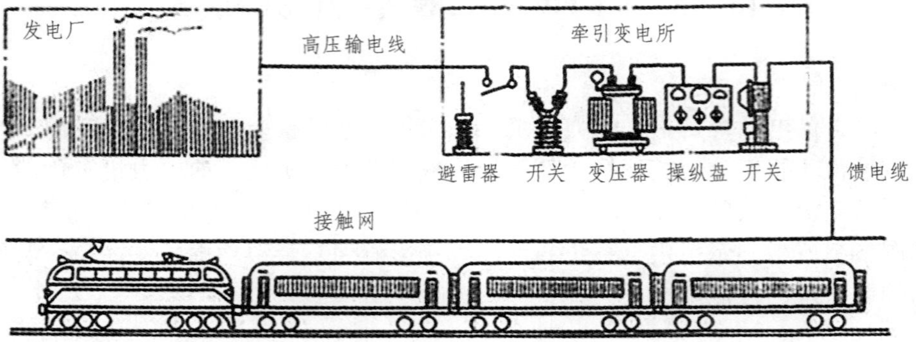

图 5-2　电力机车供电系统示意图

牵引供电系统主要包括牵引变电所和接触网两部分，其任务是保证质量良好并不间断地向动车组供电。

由于发电机绝缘条件的限制，发电机的最高电压一般在 22 kV 及以下。要将发电厂发出的电能输送到远离发电厂的消费电能的地区（也称负荷中心），或进行相邻电网之间的电能互送，使其形成互联电网或统一电网，这就是输电系统。为了降低线路的电能损耗、增大电能输送的距离，发电厂发出的电能需要通过升压变压器进行高压输电。配电系统就是将来自高压电网的电能以不同的供电电压分配给各个电力用户，这个环节需要降压变压器。在电力系统中，需要多次采用升压或降压变压器对电压进行变换，也就是说在电力系统中采用了很多不同的电压等级。

牵引变电所是电气化铁路供电系统的心脏，无论普通铁路还是高速铁路都要求它具有高度的可靠性，后者除在变压器容量的选择上要考虑高速运行的条件外，其他方面区别不大。

接触网是牵引供电系统的主动脉，其功能是通过与受电弓在运行中的良好接触将电能传给电力机车。

高速铁路对弓网受流质量的要求很高，这是高速铁路区别于普通电气化铁路的特点之一。它要求受电弓和接触网在高速条件下也能实现“良好接触”。“良好接触”的要求是：弓网振动小、相互冲击小、离线次数和离线时间少、导线和滑板磨耗小。

知识点二　高速铁路牵引供电系统

一、牵引变电所

牵引变电所的主要任务是将电力系统输送来的 110 kV 三相交流电变换为 27.5 kV（或 55 kV）单相电，然后以单相供电方式经馈电线送至接触网上，电压变化由牵引变压器完成。电力系统的三相交流电改变为单相的，是通过牵引变压器的电气接线来实现的。牵引变电所通常设置两台变压器，采用双电源供电。以提高供电的可靠性。变压器的接线方式目前采用的有三相 Yd11 接线，单相 V/V 接线，单相接线以及三相-两相斯科特变压器。牵引变电所还设置有串联和并联的电容补偿装置，用以改善供电系统的电能质量，减少牵引负荷对电力系统和通信线路的影响。

（一）牵引供电方式

我国电气化铁路均采用单边供电方式，即牵引变电所向接触网供电时，每一个供电臂的接触网只从一端的牵引变电所获得电能。复线区段可通过分区亭将上下行接触网连接，实现“并联供电”，可适当提高末端网压。当牵引变电所发生故障时，相邻变电所通过分区所实现“越区供电”，此时供电范围扩大，网压降低，通常应减少列车对数或牵引定数，以维持运行。

1. 直接供电方式（TR）

直接供电方式是以牵引变电所直接向牵引网供电如图 5-3 所示，牵引电流只有钢轨和大地流回牵引变电所的供电方式，交流负荷在接触网周围空间产生交变电磁场，从而对附近通信设施和无线电装置产生一定的电磁干扰，一般只在通信线路少的山区采用。

图 5-3　直接供电方式

2. 吸流变压器供电方式（BT）

这种供电方式，在接触网上每隔一段距离装一台吸流变压器，变比为1∶1，其原边串入接触网，间隔约 1.5～4 km，次边串入回流线，又称负馈线，架在接触网支柱田野侧，与接触悬挂等高，每两台吸流变压器之间有一根吸上线，将回流线与钢轨连接，其作用是将钢轨中的回流“吸上”去，经回流线返回牵引变电所，如图 5-4 所示。BT 方式的钢轨电位低，抑制通信干扰的效果很好。

BT 方式牵引网结构复杂，造价较高，牵引网阻抗变大，供电臂长度将减小。BT 方式是串联系统，可靠性较低，电力机车过 BT 时，易产生电弧，不利于高速、重载等大电流的机车运行。

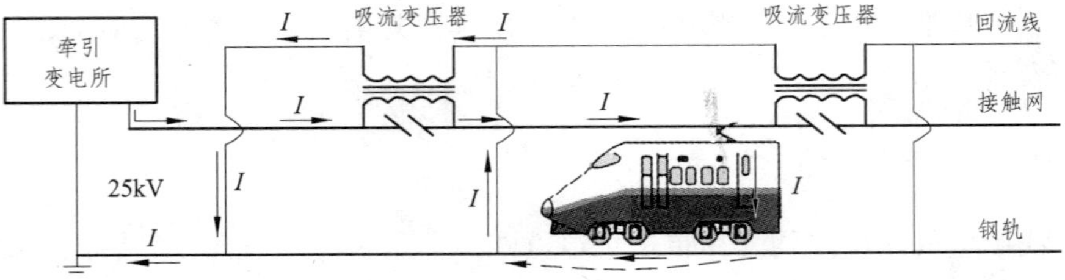

图 5-4 吸流变压器供电方式

3. 带回流线的直接供电方式（TRNF）

在接触网支柱上架设一条与钢轨并联的回流线，利用接触网与回流线之间的互感作用，使钢轨中的电流尽可能地由回流线流回牵引变电所，因而能部分抵消接触网对邻近通信线路的干扰，如图 5-5 所示。由于没有吸流变压器，接触网结构简单可靠，供电设备的可靠性得到了提高，造价也不太高，所以这种供电方式在我国电气化铁路上得到了广泛应用。

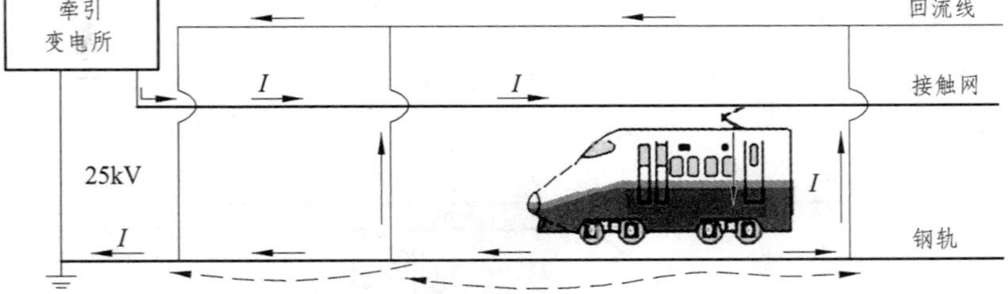

图 5-5 带回流线的直接供电方式

4. 自耦变压器供电方式（AT）

采用 AT 供电方式时，牵引变电所主变输出电压为 55 kV，经 AT 向接触网供电，一端接接触网，另一端接正馈线，其中点抽头则与钢轨相连，由于自耦变压器变比为 2：1，因此接触网输送的仍为额定电压。由于 AT 供电方式牵引变电所馈出电压高，所间距可增加一倍，便于牵引变电所选址和电力部门配合；同时分相点少，并可适当提高末端网压。但牵引变电所主接线相对复杂，使一次投资费用增大，它适用于高速、重载和繁忙的干线电气化铁路，在欧洲一些国家的高速铁路牵引变电所应用较为广泛。我国高速铁路也选用了 AT 供电方式如图 5-6 所示。

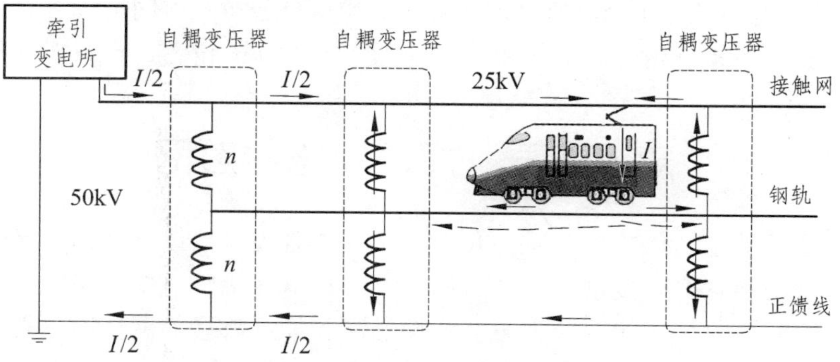

图 5-6　自耦变压器（AT）供电方式

（二）牵引变电站

从公用电力系统（Public Electric Power Syste ms）接受电能，通过变压器将电能从三相 110 kV 或 220 kV 变换成单相 27.5 kV（对 AT 系统为 2×27.5 kV），并向铁路上、下行两个方向的牵引网供电。

变电所两侧的牵引网区段被称作供电臂。

变电所的主要设备：牵引变压器（有多种接线方式），断路器（SF6、真空、少油断路器、油断路器），隔离开关，避雷器、避雷针，电压互感器、电流互感器，控制、保护、测量、计量、监视和电源设备，无功补偿装置、调压装置。

二、牵引供电系统的其他设备

（一）分区所（Section Post，SP）

分区所一般设于两变电所之间的两供电臂连接处，它把电气化铁道牵引网分成不同的供电区段，装有开关设备，根据运行需要可以连接同一供电臂的上、下行接触网，改善牵引供电质量，同时在接触网故障时可缩小停电范围，相邻变电所全所停电时，分区所还可以连接相邻供电臂以实现越区供电。

（二）开闭所（Sub-feeder Switching Post，SFSP）

开闭所实际上是开关站，多设于铁路枢纽，一般两路进线、多路馈线，进线和馈线都经过断路器，可灵活地对各分区接触网停、供电，用以实现对站场各股道群的分别供电控制，从而缩小事故停电范围。

（三）自耦变压器（AT）所（AT Post，ATP）

AT 供电系统，除变电所、分区所和开闭所外，在牵引网上放置自耦变压器的场所，工频单相交流电气化铁道每隔 10 ~ 15 km 设置一台自耦变压器。

知识点三　高速铁路接触网

接触网是电气化轨道交通特有的，沿着铁路线路铺设，通过接触线和受电弓的滑动接触把电能输送给电力机车，它是电气化轨道交通牵引供电系统的重要组成部分。接触网分为架空式接触网和第三轨接触网。第三轨接触网仅用于地铁与封闭的城市铁路和轻轨，架空式接触网还可用于铁路干线、城市地面交通和工矿电力机车的电力牵引线路。

一、高速铁路接触网的受流特点

（一）弓网波动特性

高速受电弓沿接触导线移动的速度很快，当接触悬挂的波动速度和受电弓的实际运行速度不匹配时，受流过程不能正常进行，甚至造成弓网解体。

（二）受电弓的动态特性

受电弓的上下振动和左右摆动直接影响到弓网安全和受流质量，对受电弓的这种晃动必须加以充分考虑，为此，在高速接触网的设计与施工中还要考虑受电弓的动态包络线，即列车在最高设计速度运行下，受电弓上下左右所允许达到的极限尺寸。

（三）空气动力和振动对弓网接触压力的影响

在列车高速运行下，受电弓将受到一个在低速时可以忽略的外加的空气动力，轨道任何微小的不平都会造成列车的振动，空气动力和列车振动都会造成弓网动态接触压力的变化，加剧受电弓滑板和接触网的电气磨耗和机械磨耗，受流质量变差。

（四）大牵引电流的影响

高速列车牵引功率高、牵引电流大，牵引电流的加大造成接触线与滑板之间容易过热，动车组多弓受流还要增加阻力、加大噪声，并引起接触网扰动。因此，对受电弓滑板和接触线材质的要求也更高，大电流的存在对接触网的回流线路及接地系统也有更高的要求。

（五）不对称电回路的影响

电气化铁路属于不对称电回路，高速铁路由于接触网中牵引电流大，不平衡电磁场对周围金属体的阴性耦合和感性耦合影响更大，对人员和设备存在潜在威胁；同时由于牵引功率的加大，接触网中高次谐波电流对通信环境的影响更强。

二、高速铁路接触网的基本结构

接触网主要由接触悬挂、支持和定位装置、补偿下锚装置、支柱与基础以及其他辅助设备等构成，如图 5-7 所示。其中支柱与基础、支持装置和定位装置都带电，与支柱（或其他建筑物）接地体之间用绝缘子隔开，接触网通过与受电弓的直接接触将电能供给动车组。

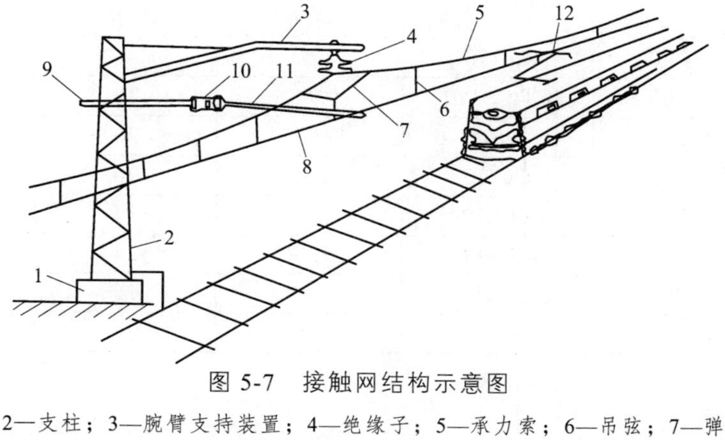

图 5-7　接触网结构示意图

1—基础；2—支柱；3—腕臂支持装置；4—绝缘子；5—承力索；6—吊弦；7—弹性吊弦；8—接触导线；9—定位肩架；10—棒式绝缘子；11—定位管；12—受电弓

（一）接触悬挂

接触悬挂是通过支持装置架设在支柱上，接触线与电力机车受电弓直接接触。是将电能传给电力机车的供电设备。它包括接触导线、承力索、吊弦以及连接它们的零件，如图 5-8 所示。

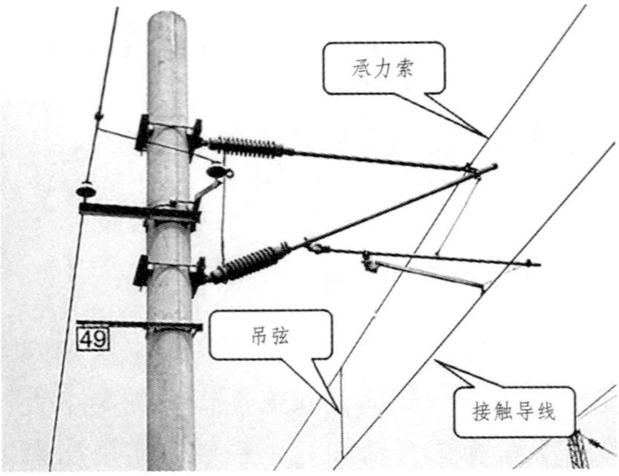

图 5-8　接触悬挂

1. 接触导线

接触导线是接触网中直接与机车受电弓作摩擦运动，传递电能的线材，它对接触网-受电弓系统的受流性能的好坏产生至关重要的作用，受流系统的许多性能指标直接由接触导线决定。国内外的接触导线对比情况见表 5-1。

表 5-1　国外高速接触导线的比较

国家	运行速度/（km/h）	接触线类型	接触线线密度/（kg/m）	接触线张力/kN	波动传播速度/（km/h）
日本	240	Cu170	1.51	14.7	355
	300	CT-CS110	0.942	20	525
	300	CT-CSD110	0.957	20	520
法国	300	Cu150	1.32	20	441
	270	CdCu120	1.07	14	412
	350	SuCu120	1.07	24	539
德国	250	AgCu120	1.07	15	426
	330	MgCu120	1.08	27	569

基本要求：

（1）机械强度高；

（2）单位质量尽量小；

（3）导电性能好；

（4）良好的耐磨及耐腐蚀性能及高温软化特性，使用寿命长；

（5）摩擦性能与受电弓滑板相匹配。

随着运行速度的提高，为了提高抗拉强度，增大波动传播速度、耐磨性，国外有关国家对高速铁路的接触导线都趋向于研制铜合金导线或复合导线。铜合金导线是在铜中加入其他金属元素，如镁、银，采用合金方法制成的。复合导线是用铜与另一种机械强度高的金属制成的。

2. 承力索

承力索是接触网承载接触导线，并传输电流的线材。承力索终端锚固线夹和接触导线终端锚固线夹，这两种零件是接触网的主要受力部件，是保障接触网安全的关键零件。在结构上，有锥套式螺纹胀紧结构和楔形胀紧式结构两种。在材质上，整体使用铝青铜，紧固件采用不锈钢。其基本要求为：

（1）承力索的线胀系数与接触导线相匹配；

（2）机械强度高；耐疲劳、耐腐蚀性能好，耐温特性好；

（3）导电率高。

我国接触网的承力索一般采用 95 mm 和 70 mm 的铜合金绞线，国外的承力索性能见表 5-2。

表 5-2　国外高速铁路使用的承力索性能表

国家	日本	法国	德国
承力索	镉铜绞线	BZ65	120-BZ
张力/kN	24.5	14	21

3. 吊弦

吊弦的作用是在链形悬挂中，将接触线悬挂在承力索上，通过调节吊弦的长短来保证接触悬挂的结构高度和接触线高度,从而改善接触悬挂的弹性，提高受电弓的受流质量。

4. 附加悬挂

接触网的附加悬挂包括供电线、保护线、正馈线、架空地线等。

（1）供电线。

供电线有时又称馈电线，用 F 表示，它是牵引变电所、分区亭、开闭所与接触网连接的线路。其作用是将牵引变电所的电能输送到接触网上，一般送至接触网电分相两侧，如图 5-9 所示。

（2）保护线（PW 线）。

保护线用于 AT 供电区段，保护线经保护跳线与接触网各绝缘子接地端相连，在各个 AT 自耦变压器的中点处和钢轨连在一起，如图 5-9 所示。

（3）正馈线（AF 线）。

正馈线用于 AT 供电区段，AT 供电方式一个特点是有一根与接触网电压（27.5KV）相同但反相的正馈线（简称 AF 线），AF 线选用铝绞线，如图 5-9 所示。

图 5-9　供电线、保护线、正馈线

（4）架空地线（GW 线）。

在基本站台或中间站台上，为了人身安全，除设了保护线外，还在支柱顶部架设了一段架空地线（GW 线），架空地线直接固定在支架上，并与钢柱相连，如图 5-10 所示。

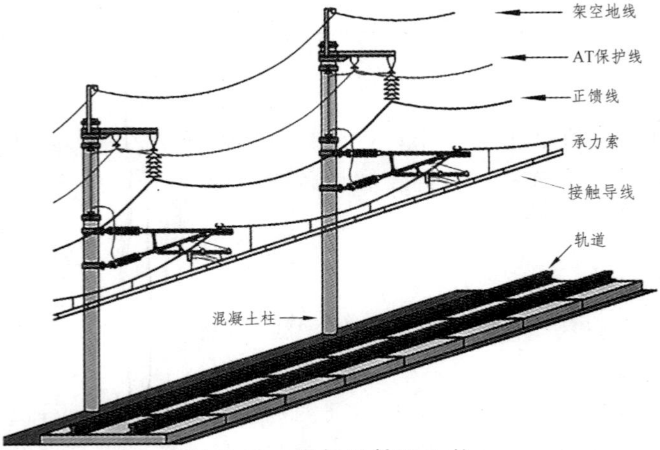

图 5-10　附加悬挂及支柱

（二）支柱与基础

支柱与基础是接触网的重要机械设备，用以承受接触悬挂、支持和定位装置的全部机械负荷，并传递给大地，同时将接触悬挂固定在规定的位置和高度上。支柱有钢柱和钢筋混凝土柱两种。基础主要是对钢支柱而言的，即钢支柱固定在下面的钢筋混凝土制成的基础上，由基础承受支柱传给的全部负荷，并保证支柱的稳定性。钢筋混凝土柱直接埋在路基中，支柱与基础须稳定可靠，强度符合安全要求如图 5-11 所示。

图 5-11　钢筋混凝土支柱和钢柱

（三）支持装置（腕臂系统等）

支持装置是沿铁路线路纵向安装的，随着不同的线路情况（区间、站场、桥梁、隧道），支持接触悬挂的结构也有不同的类型。

在区间主要是以腕臂支持结构，站场大于 3 个股道时，一般采用软横跨、硬横跨结构方式，其中硬横跨也是以腕臂结构安装的一种。隧道和桥梁等大型建筑物处则据其内部结构而有不同的设计形式，必要时采用特殊结构（如大限界框架、多线路腕臂等方式）。

支持装置包括腕臂、软横跨、硬横跨、悬式绝缘子串、棒式绝缘子及其他建筑物的特殊支持设备如图 5-12 所示。

图 5-12　支持装置及支柱

1．腕臂结构

高速铁路接触网采用刚性腕臂支持结构，是一个由水平腕臂和斜腕臂组成的稳定三角形结构，提高了腕臂结构的整体稳定性和抗风能力如图 5-13 所示。

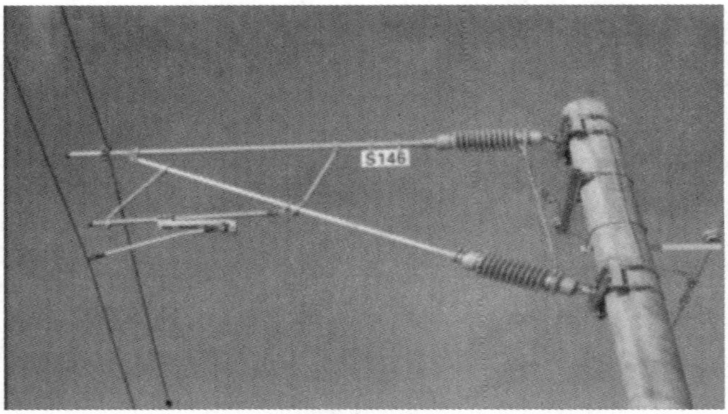

图 5-13　腕臂结构

腕臂结构安装在支柱上（由平腕臂、斜腕臂、支持等组成），用以支持接触悬挂，并起传递负荷的作用，腕臂管一般采用圆钢管制成。目前常速铁路一般采用无缝型热镀锌钢管，客运专线和高铁一般采用铝合金管。

2. 软横跨

多股道接触悬挂通过横向线索悬挂在线路两侧的支柱上的装配方式称为软横跨。软横跨由站场线路两侧支柱（称为软横跨支柱）和悬挂在支柱上的横向承力索、上、下部固定绳、软横跨直吊弦及支持和连接它们的零件组成。分为绝缘软横跨和非绝缘软横跨。

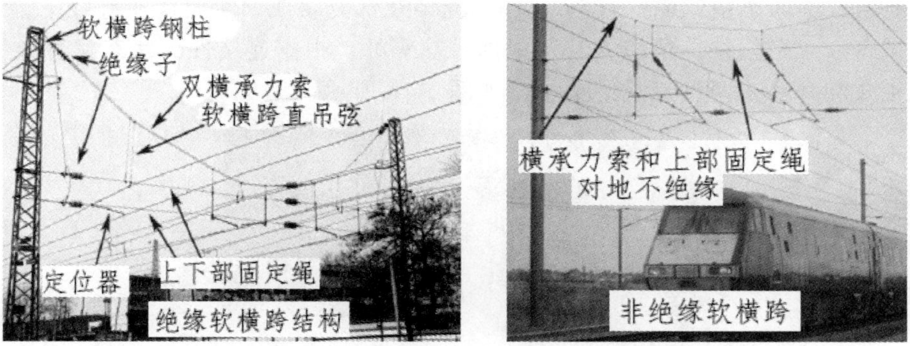

图 5-14　绝缘和非绝缘软横跨结构

3. 硬横跨

是用于站场或两股以上线路的接触网支持钢结构，一般用型钢焊接成梁式结构横跨于线路上空，支持接触悬挂。分为吊柱硬横跨、定位索硬横跨，如图 5-15 所示。

图 5-15　吊柱、定位索硬横跨

特点：各股道上的接触网在机械上和电气上相互独立。接触悬挂在硬横跨上采用吊柱旋转腕臂的支持结构。

优点：机械上独立，结构稳定，抗风能力强，寿命长，在受流性能上与区间接触悬挂相同。

法、英、日本等国家的高速铁路接触网几乎全部采用硬横跨。我国的高速铁路的接触网也趋向使用刚性硬横跨。

4. 绝缘子

目前采用的绝缘子是瓷质的，在瓷土中加入石英和长石烧制而成，表面涂一层光滑的釉质，防止水分渗入。按结构分为：悬式绝缘子、棒式绝缘子、针式绝缘子。

悬式绝缘子由钢帽、杵头/耳环、瓷体三部分组成，主要用于导线下锚、软横跨、水平拉杆、锚段关节及附加悬挂等处。根据连接件的状态又可分为杵头式和耳环式两种悬式绝缘子，如图 5-16 所示。

图 5-16　悬式绝缘子

棒式绝缘子：在需要承受压力、张力和弯矩的场合使用棒式绝缘子，主要用于斜腕臂、压管、平腕臂及隧道定位和隧道悬挂等场合。绝缘子按安装方式分为悬挂、定位和腕臂支撑式三种，如图 5-17 所示。

图 5-17　棒式绝缘子

针式绝缘子多用于回流线，保护线及跳线处，它承受线索不同方向的负荷，将线索固定，并对地起电气绝缘，如图 5-18 所示。

图 5.18　针式绝缘子

（四）定位装置

定位装置是使电力机车受电弓滑板在运行中与接触线始终良好地接触取流，将接触线按受电弓运行要求进行定位的装置，如图 5-19 所示。

作用：使接触线始终在受电弓滑板的工作范围内，保证电车机车良好的取流，避免脱弓，造成事故。将接触线在直线区段的“之”字力、曲线区段的水平力及风力传递给腕臂。

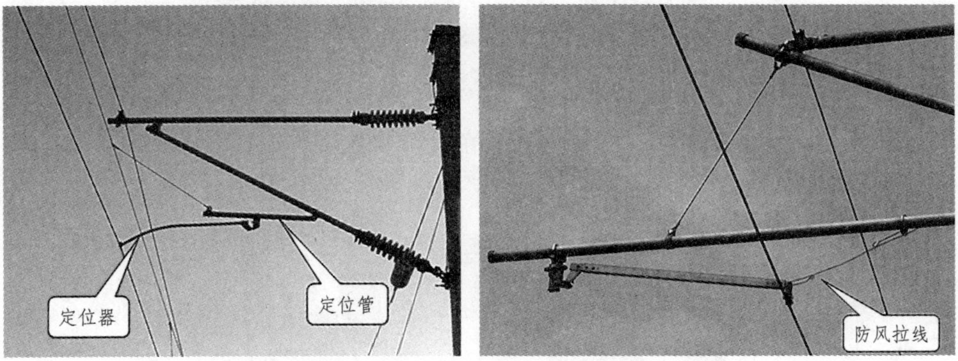

图 5-19 定位装置

组合定位装置包括：定位器、定位管、支持器，定位防风拉线和定位管防风支撑，这部分零部件对接触导线起定位和支持的作用，影响弓网的受流性能。

对定位器的要求：

（1）构造简单，安装方便，不形成接触悬挂硬点；

（2）材质上一般采用铝合金材料，重量轻，耐腐蚀；

（3）具有较高的强度；
（4）环路电阻小，不形成电损坏。

（五）张力补偿装置

张力补偿装置是调整承力索、接触导线张力，使它们保持恒定的自动装置，是接触网的关键部件，如图 5-20 所示。

1. 高速铁路接触网一般有两种方式的自动张力补偿装置：

（1）滑轮组自动补偿装置；
（2）棘轮补偿装置。

2. 对张力补偿装置的要求是：

（1）传动效率高，达到 97%以上；
（2）安全可靠；
（3）耐腐蚀性能好；
（4）少维修，寿命长；
（5）有断线制动装置。

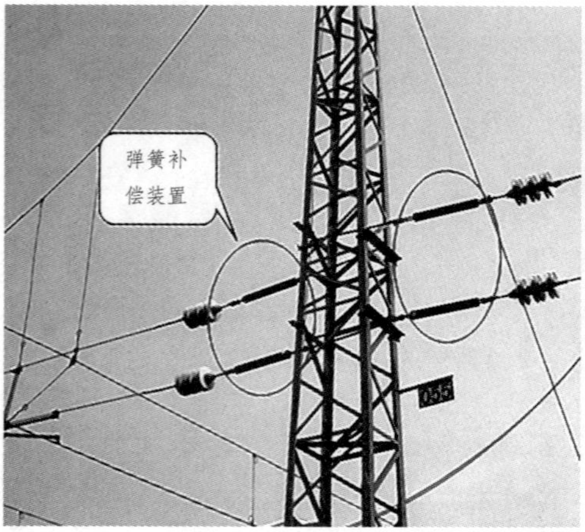

图 5-20　补偿装置

（六）其他设备

1. 避雷器

避雷器安装在接触网支柱上，与接触悬挂相连接，作为接触网大气过电压保护之用。分为管型避雷器、角隙避雷器和氧化锌避雷器，如图 5-21 所示。

图 5-21　避雷器

《铁路电力牵引供电设计规范》规定：根据雷电日及运营的经验，要对接触网进行大气过电压保护。

（1）吸流变压器的原边，宜设避雷装置。

（2）重雷区及以上，下列重点位置应设避雷装置：

① 分相和站场端部的绝缘锚段关节；

② 长度为 2 000 m 以上的隧道两端；

③ 供电线连接到接触网上接线处；

④ 分区亭、开闭所、AT 所引入线处。

2. 吸流和扼流变压

吸流和扼流变压器在自动闭塞区间，钢轨被分成相互绝缘的段，为了保证牵引电流沿钢轨回路的畅通，在钢轨绝缘接头的两端要装设扼流变压器，如图 5-22 所示。

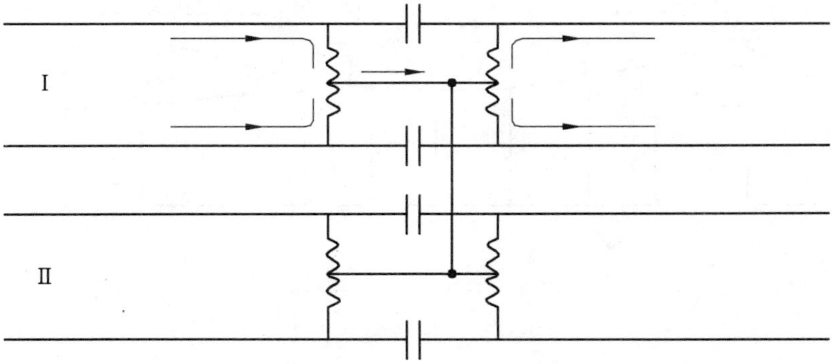

图 5-22　吸流和扼流变压器工作状态

三、接触网的悬挂方式

（一）简单链形悬挂

如图 5-23 所示。

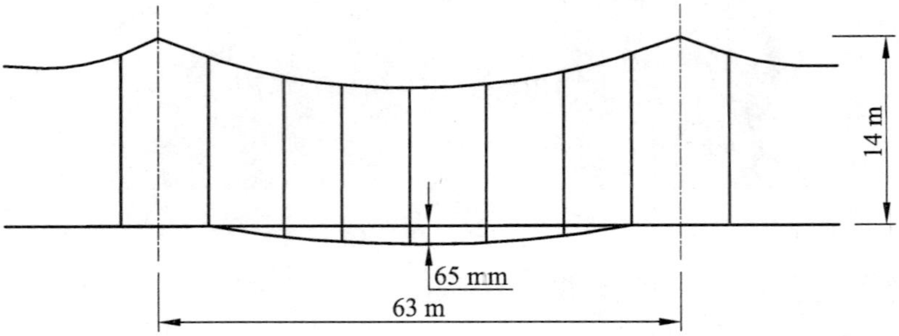

图 5-23　简单链形悬挂

特点：

（1）结构简单，安全可靠，安装调试维修方便。

（2）适应于高速受流。

（3）定位点处弹性小，跨中弹性大，造成受电弓在跨中抬升量大。

（4）跨中采用预留弛度，受电弓在跨中的抬升量可降低。

（5）定位点处易形成相对硬点，磨耗大。

（二）弹性链形悬挂

如图 5-24 所示。

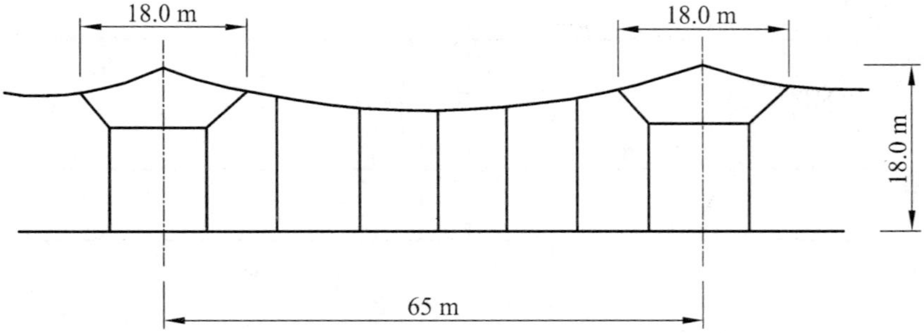

图 5-24　弹性链形悬挂

特点：

（1）相对于简单链形悬挂在定位点处装设弹性吊索，主要为“Y”形。

（2）结构比较简单，改善了定位点处的弹性，使得定位点的弹性与跨中的弹性趋于一致，整个接触网的弹性均匀，受流性能好。

（3）缺点是弹性吊索调整维修比较复杂，定位点处导线抬升量大，

（三）复链形悬挂

如图 5-25 所示。

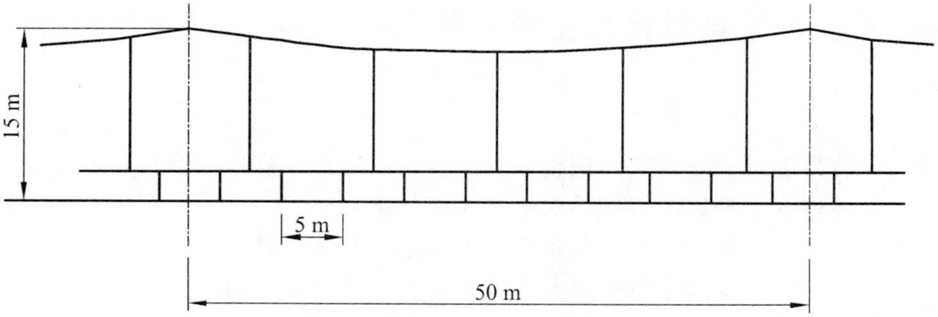

图 5-25 复链形悬挂

特点：

（1）在结构上，承力索和接触导线之间加了一根辅助承力索。

（2）接触网的张力大，弹性均匀，安装调整复杂，抗风能力强。

四、锚段关节

（一）锚段关节

接触悬挂沿线路架设，为了满足机械受力方面的要求而分成一个一个单独的锚段，锚段与锚段的相互过渡结构被称为锚段关节，如图 5-26 所示。

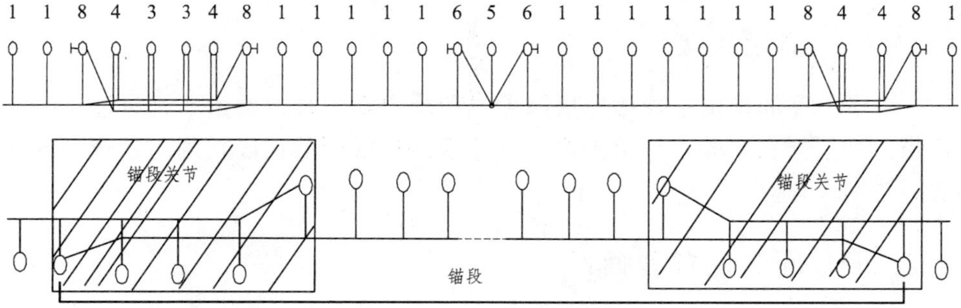

图 5-26 锚段关节

（二）锚段的作用

（1）限制事故范围。
（2）改善线索的受力状况。
（3）增加补偿装置。
（4）便于机械、供电分段。

五、高速接触网的主要结构参数

（一）导线高度

导线高度指接触导线距钢轨面的高度。一般地，高速铁路接触导线的高度比常规电气化铁路的接触导线低。原因如下：

（1）高速铁路一般无超级超限列车通过，车辆限界为 4 800 mm。

（2）为了减少列车空气阻力及空气动态力对受电弓的影响。

（3）受电弓的底座沉于机车车顶顶面，受电弓的工作高度较小。所以，高速铁路接触导线的高度一般在 5 300 mm 左右。

（二）结构高度

结构高度指定位点处承力索距接触导线的距离。它是由最短吊弦长度决定的。我国的结构高度为 1.1 ~ 1.6 m。

（三）跨距及拉出值

跨距及拉出值取决于线路曲线半径、最大风速和经济因素等我国高速铁路一般在保证跨中导线及定位点在最大风速下均不超过距受电弓中心 300 mm 的条件下，确定跨距长度和拉出值。

（四）锚段长度

锚段长度的确定主要考虑接触导线和承力索的张力增量不宜超过 10%，且张力补偿器在有效工作范围内。高速铁路接触网的锚段长度与常规电气化铁路基本一样。

（五）吊弦分布和间距

吊弦间距指一跨内两相邻吊弦之间的距离，吊弦间距对接触网的受流性能有一定的影响，通过改变吊弦的间距可以调整接触网的弹性均匀度。

吊弦分布有等距分布、对数分布、正弦分布等几种形式，为了设计、施工和维护的方便，一般采用最简单的等距分布 。

（六）接触导线预留弛度

接触导线预留弛度指在接触导线安装时，使接触导线在跨内保持一定的弛度，以减少受电弓在跨中对接触导线的抬升量，改善弓网的振动。对高速接触网，简单链形悬挂设预留弛度，弹性链形悬挂一般不设预留弛度 。

（七）锚段关节

锚段关节是接触网的张力的机械转换关节，是接触网的薄弱环节，其设计和安装质量对受流影响较大，高速接触网一般采用两种形式的锚段关节。

（1）非绝缘锚段关节采用三跨锚段关节。

（2）绝缘锚段关节采用五跨锚段关节。安装处理上，尽量缩短接触导线工作支和非工作支同时接触受电弓滑板的长度，提高非工作支的坡度。

（八）接触导线的张力

通过提高接触导线的张力，可以增大波形传播速度，改善受流性能，同时增加了接触网的稳定性。导线张力的确定受导线的拉断力，接触网的安全系数等因素影响 。

（九）承力索的张力

承力索的张力受接触网的稳定性、载流容量、结构高度、支柱容量等因素影响，提高承力索的张力可以增加接触网的稳定性，但对弓网受流性能的影响不大。减少承力索的张力，有利于减少反射系数，承力索的张力受接触网结构高度的限制，也就是在一定的结构高度上，要保持跨内最短吊弦的长度。

知识点四　高速铁路受电弓

机车顶部装有两套单臂受电弓，受电弓紧压接触网导线滑行摩擦从电网上取得电流。机车运行时机车只需升起一套受电弓，另一受电弓作为备用。接触网上送来的 25 kV 工频单相交流电就由此引入机车，受电弓结构如图 5-27 所示。

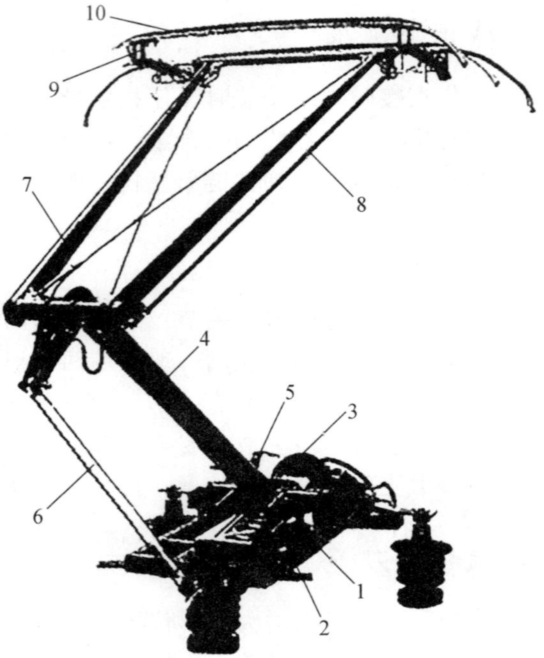

图 5-27　受电弓结构

1—底架；2—降弓缓冲器；3—升弓装置；4—下臂；5—扁铜电缆；6—推杆；7—上框架；8—平衡杆；9—弓头支架；10—滑板

一、高速受流的特点

目前，世界各国的最高运行速度在 200 km/h 以上的高速列车，除英国的 HST 高速列车是由内燃动车组牵引外，其余均采用电力牵引。与常速列车电力牵引相比较，高速列车电力牵引受流的主要特点如下。

（1）接触网（与受电弓）的波动特性。

高速列车的行驶速度较常速列车高得多，因而受电弓沿接触导线移动的速度大大加快，这就是使接触网与受电弓的波动特性发生变化，从而对受流产生影响。放大系数应小于 2。

（2）高速列车在高速运行时所受的空气阻力较常速列车大得多，空气动态力也是影响高速受流的一个重要因素。

（3）受电弓从接触网大功率受流问题。

高速列车所需的牵引功率较常速列车大得多，单弓显然不行，若采用多弓受流必然会增加阻力和加大噪声，并引起接触网的波动干扰，因而受电弓的布置（数量不能太多），这就需要解决受电弓从接触网大功率受流问题。

高速列车的受流是通过受电弓与接触网的接触导线紧密接触而实现的，因而受流是否正常直接取决于接触网-受电弓系统的技术状态。接触网-受电弓系统工作可靠是确保高速动车组良好取流的根本条件。

二、高速受流对接触网的要求

由于接触网的接触导线是一根具有弹性的导线，受电弓也是一个弹性体，故两者构成的是一个相互接触的弹性系统，对高速受流用的接触网应有更高要求。

（1）在最高运行速度和更大的速度变化范围内应能保证正常供电；

（2）应有更高的耐磨性和抗腐蚀（包括抗电蚀）能力；

（3）对接触网的结构和布置应有更高的要求；

（4）在接触网的接触悬挂方面，目前在常速列车供电中采用的弹性半补偿链形悬挂和弹性全补偿链形悬挂已不能适应高速列车的要求，应有更为先进的接触悬挂装置。

三、对高速动车组受电弓的要求

（1）受电弓的滑板与接触导线之间要保持恒定的接触压力，以实现比常速受电弓更为可靠的连续电接触。其接触压力不能过大或过小。

（2）与常速受电弓相比要尽可能减轻受电弓运动部分的重量，以保证与接触网有可靠的电接触。列车运行中，受电弓将随着接触导线高度的变化而上下运动。在高速条件下，这种运动更为频繁，从而直接影响滑板与接触导线之间的接触压力的恒定。由于接触除了和接触网结构、性能有关外，还与受电弓的静态特性（静止状态下接触压力与受电弓高度的关系）和动态特性（运行状态下受电弓上下运动的惯性力）有关，因此对于高速受电弓，除必须保证机械强度和刚度外，应尽可能降低受电弓运动部分的重量，从而减少运动惯性力。这样才能使受电弓滑板迅速跟上接触导线高度的变化，保证良好的电接触。

（3）由于高速运行时空气阻力很大，因此高速受电弓在结构设计上要做充分考虑，力求使作用在滑板上的空气动力由别的零件承担，从而使受电弓滑板在其垂直工作范围内始终保持水平位置，以减少甚至消除空气动力对滑板与接触导线间接触压力的影响。

（4）滑板的材料、形状和尺寸应适应高速的要求，以保证良好的接触状态及更高的耐磨性能。

（5）要求受电弓在其工作高度范围内升降弓时，初始动作迅速，终了动作较为缓慢，以确保在降弓时快速断弧，并防止升降弓时受电弓对接触网和底架有过大的冲击荷载。

四、高速铁路的受流技术及其评价

接触网-受电弓的受流过程是受电弓在接触网下，以动车组速度在运动中完成的，受流过程是一个动态过程，这一动态过程包括了多种机械运功形式和电气状态变化：受电弓相对于接触导线的滑动摩擦；受电弓上下振动；受电弓由于机车横向摆动而形成了横向振动；接触网上下振动，并形成行波导线向前传播；受电弓和接触导线之间发生了水平和垂直方向撞击；弓网离线发生电弧，受电弓受流中，电流发生剧烈变化等。所以受流过程是一个复杂的机械电气化过程。随着列车速度的提高，上述各种运动加剧，维持弓网之间的良好接触性能变得愈加困难，受流质量也随之下降，当列车速度超过受流系统的允许范围时，受流质量将严重恶化，影响列车取流和正常运行。

（一）高速铁路中接触网-受电弓受流系统的新特点

1. 弓网受流系统必须满足的基本条件

随着列车速度的提高和新技术的采用，受流系统的电流容量、适用速度、安全性能有了相当大的提高。所以高速铁路的受流系统必须满足以下基本条件。

（1）保证功率传输的可靠性。

在高速列车运行的全部接触网区段，必须保证电力机车所需要的最低电压，在高速铁路所有可能的运营条件下，接触网-受电弓系统的电流负荷能力必须保证高速列车的可靠运行。

高速列车的电流负荷特性较常规的电力机车有较大的区别，其特征是脉冲负荷占的比例大，电流大，持续时间短，由于列车速度快，起动和加速获得的电流很大，在弓网高速相对运动中，整个牵引供电系统均要适应高速列车对电压水平和电流负荷的要求。

（2）受流系统的运行安全性。

受流系统的安全运行是高速铁路正常运营的保证，高速受流系统的安全性主要表现在以下几方面：

① 接触网的几何参数（拉出值、导线高度、定位器坡度）保证受电弓的滑板沿接触网安全地滑动；

② 接触网的性能参数（硬点、弹性、分相绝缘器和线岔结构的平滑性）不损坏受电弓的滑板乃至弓头；

③ 受电弓的自身性能（受电弓滑板的抗冲击性、耐磨性、横向刚度）；

④ 接触网-受电弓的匹配性能（离线、接触导线抬升量、接触导线的弯曲应力）。

受流系统的安全性能涉及的方面很多，它是接触网设计、施工、运营维护要首先考虑的因素。

（3）良好的受流质量。

受流系统的理想运行状态是弓网可靠接触，动车组不间断地从接触网上获得电能，良好的运行状态要求：无离线、无火花。实际路线中，离线率要尽量小，系统具有动态稳定性。

（4）保证受流系统的使用寿命。

受流系统中，涉及使用寿命的两个主要因素是：接触导线的使用寿命和受电弓滑板的使用寿命。其寿命取决于它们之间的磨耗，磨耗量在一定速度和传递功率条件下，主受电弓要取决于弓网接触力的大小，保持接触力均匀的程度。通过控制接触力的标准偏差，可以减少接触线的局部磨耗。接触导线和受电弓滑板在材质上应具有一定的耐磨性能。另外，接触导线应具有抗电化学腐蚀性能。

（5）减少对周围环境的影响。

受流过程中产生的电弧会产生电磁干扰和噪声，应采取措施减少对周围环境的影响。

2. 高速接触网的特性

高速列车是靠受电弓与接触导线的滑动接触来获得电能的。有以下特点：

（1）由于高速铁路安全性的要求，高速接触网必须具有很高的安全性。

接触网设备本身应具有很高的运行安全性和可靠性、主要设备和零部件的使用材料应选用强度高、耐腐蚀、电气性能好的材料，在制造和结构设计方面应做到设计合理，制造精良，以确保设备和零件的使用寿命。

接触网设计和安装的主要几何参数应适应高速铁路的运营要求，接触网与运营安全性直接相关的几何参数如下：

① 拉出值：高速铁路中，由于列车速度的提高，机车车体和受电弓的横向摆动量的增大及受电弓滑板宽度的缩小，接触导线的拉出值一般都小于常速电气化铁路接触导线的拉出值。高速铁路接触导线的拉出值均为 200 ~ 300 mm，其中直线区段 200 mm，曲线区段 300 mm。

② 接触导线高度：由于高速电气化线路上不运营超限货物列车，高速接触网的导线高度低，在 5 300 ~ 5 500 mm 之间。

③ 定位器坡度：高速行驶时，受电弓弓头和上下部框架受空气动态力的影响，最终结果是增大了受电弓对接触导线的抬升力，导致接触导线动态抬升量增大，接触导线上下振动剧烈，定位器抬升量增大，如果定位器坡度不足，定位器根部或支持器将撞击受电弓滑板，危及行车安全。因此，高速接触网定位器坡度一般较大或采用新型结构的定位器。

④ 线岔位置：由于导线抬升量的增大和提高受流性能的要求，常速电气化铁路接触网的直接交叉式线岔已不能适应高速的要求，高速接触网的线岔一般采用交叉吊弦式线岔。

⑤ 锚段关节：由于高速接触网张力的增大，以及工作支和非工作支过渡平滑的要求，高速铁路的接触网将采用三跨或五跨锚段关节。

（2）高速接触网应具有良好的受流性能。在接触网方面，跨距间各点的弹性应保持一致。不同温度时，跨内各点接触导线离钢轨水平面的高度变化应较小，接触网与弓网受流性能相关的参数有：承力索和接触导线的张力、吊弦间距、接触导线预留驰度、跨距、结构高度、锚段长度。

（3）高速接触网应采用状态维修，减少接触网维修给高速铁路带来的干扰。

（二）接触网-受电弓系统的受流质量评价

受电弓和接触网是一对相互作用的振动系统和摩擦耦件，要获得良好的受流性能，除了接触网具有良好的性能外，还必须有受流性能良好的受电弓来匹配。接触网-受电弓系统的受流质量与接触网和受电弓的匹配性能有很大关系，单方面来评价接触网的受流性能或受电弓的性能是不全面的，在某种程度上是没有意义的。参考国外的经验和近几年来我国提速和高速试验的结果，评价弓网受流质量可以从以下几个方面来考虑。

1．弓网间动态接触压力

弓网间的动态接触压力直接反映了受电弓弓头与接触导线的接触状态，弓网间接触力的大小由受电弓的静态抬升力、空气动力及垂直方向上的质量惯性力等因素决定。当接触力过大时，会使弓网磨耗加剧，引起弓网位移增加。另外，在定位器和线岔处可能造成受电弓损坏；接触力过小，会造成离线，产生电弧。动态接触力主要从接触力的最大值、最小值及标准偏差这几个方面来评价，在不同的速度下上述几个评价指标是不同的。

2．接触导线最大垂直振幅

接触导线最大垂直振幅指受电弓滑板在一个跨距内振动幅度，即上下振动的范围，一般用 2 倍振幅来表示。它反映了受电弓弓头垂直方向的振动情况，最大垂直振幅受接触网的安装尺寸影响，它越小，表明受电弓运动轨迹越平滑，受流质量越好。

3．接触导线的抬升量

接触导线的抬升量是指受电弓经过时，接触导线的最大抬升量，用 ΔH 表示。受流系统中，受电弓和接触导线的运动振幅越小，受流质量越好。一个好的受流系统，受电弓的振幅应均匀。振幅过大，可能引起以下问题：

（1）引起接触网振动加剧，影响弓网的跟随性，造成离线率增加；

（2）定位器处导线抬升量过大，会使受电弓弓头撞击定位器尾部，造成弓网事故；

（3）使接触导线所受的弯曲应力增大，对接触导线的疲劳寿命有影响。

4．离　线

高速列车运行时，一旦受电弓与接触导线失去接触就会发生了离线。由于高速列车运行中，受电弓的取流很大，弓网离线时，必然伴随着电弧，从而加大滑板和导线的电磨耗，引起电磁干扰；当发生大离线时，电弧也不能维持电流通路时，还造成动车失压，保护动作需要重新启动，影响辅助用电，对再生制动车还会引起逆变颠覆。

评价弓网离线参数主要从下面两方面的内容入手。

① 最大离线时间小于 100 ms；

② 离线率：$S=\frac{\sum t}{T}\times 100\%$

其中：S——离线率；

$\sum t$——运行时间内各次离线时间总和；

T——运行时间。

我国高速线路的离线率应取5%以下。

5. 硬　点

评定高速列车运行时接触导线对受电弓滑板冲击的主要指标是受电弓滑板受到的垂直方向和线路方向上加速度的最大值。受电弓滑板所受到的纵向和垂直加速度，根据高速列车受电弓使用的滑板类型来确定硬点的评判标准。

6. 接触网的静态弹性差异系数

$$\text{静态弹性差异系数}\ \varepsilon=\frac{K_{max}-K_{min}}{K_{max}+K_{min}}\times 100\%$$

式中　K_{max}——跨距内最大弹性；

K_{min}——跨距内最小弹性。

评判标准：简单链性悬挂不大于30%；简单链性悬挂不大于10%。

7. 接触导线弯曲应力

弯曲应力的允许值为500微应变。

知识点五　牵引供电 SCADA 系统

一、牵引供电 SCADA 系统概念

数据采集与监视控制系统（Supervisory Control And Data Acquisition，SCADA），也常被称作远动系统，是以计算机为基础的电力生产过程控制与调度自动化系统。SCADA 系统的应用领域很广，它可以应用于电力系统、给水系统、石油、化工等领域的数据采集与监视以及过程控制等诸多系统中。SCADA 系统的工作流程如图 5-28 所示。

牵引供电系统中使用的 SCADA 系统主要监控牵引供电系统沿线各变电

所，分区所，开闭所的设备运行状态，完成遥控、遥调、遥测、遥信、遥视、保护及调度管理，辅助完成事故分析及处理等功能。

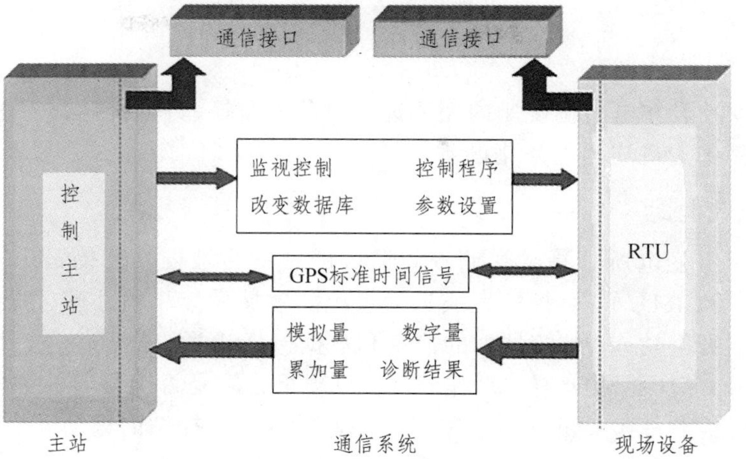

图 5-28　SCADA 系统的工作流程

（一）遥　控

遥控是从调度所发出命令以实现远方操作和切换。这种命令只取有限个离线值，通常只取两种状态指令，例如命令开关的“合”“分”指令。遥控分为单控、程控。

（二）遥　调

遥调是指调度所直接对被控站某些设备的工作状态和参数的调整，如调整变电所的某些量值（如变压器等可进行分级调整）。

（三）遥　测

遥测是将被控站的某些运行参数传送给调度所。

（四）遥　信

遥信是将被控站的设备状态信号远距离传给调度所。

（五）遥　视

遥视是将被控站设备的视频信号传送给调度所，进行远方图像监视。

二、SCADA 系统的组成

SCADA 系统由调度端、被控站及信道等组成。

1. 调度端

调度端设在电力调度所内完成远方对象的监控、数据统计及管理功能等，高速铁路中主机均为网络化设备。

2. 被控站

各牵引变电所、亭，受调度端监视的站称为被控站（Remote Terminal Unit，简称 RTU），被控站完成远动系统的数据采集、预处理、发送、接收及输出执行等功能。被控站内的信息和数据包括开关的位置信号、事故信号、预告信号（何种保护动作、动作时间、自动重合闸是否动作等）以及电度表、电压、电流和故障点的测量数据等。高速铁路中被控站的远动系统由综合自动化系统完成，牵引变电所综合自动化系统除具备常规远动终端 RTU 的“四遥”和事件记录远传以及其他数据通信功能。接收调度端远动装置发来的查询、遥控命令，经译码确认后执行，将被控站内的数据和信息编码发送给调度端。

3. 信　道

远动信息传输的介质（通路）称为信道，调度端与被控站是通过通道联系起来的。通道有有线、无线、光缆等多种形式。在高速电气化铁路中，信道主要采用光缆。音频信号或电码直接送别通信站，调制成光信号后传输到执行站附近车站，经光端机解调还原成音频或电码送到执行站。

三、牵引供电 SCADA 系统的基本功能

（1）牵引供电系统中使用的 SCADA 系统主要监控牵引供电系统沿线各变电所，分区所，开闭所的设备运行状态，完成遥控，遥测，遥信，遥调，遥视，保护及调度管理。

（2）故障定位，辅助完成设备维修，设备事故处理等功能。

（3）向其他系统提供共享数据，进行相关系统联动。

牵引供电系统采用调度所远方控制、所内集中控制、设备本体控制三级控制方式。正常运行时采用调度所远方控制，当设备维修时采用所内集中控制或设备本体控制。三种控制方式相互闭锁，以达到安全控制的目的。

复习思考题

1．牵引供电系统由哪几部分组成？分别有什么作用？

2．牵引供电系统有哪几种供电方式？直接供电方式和自耦变压器供电方式都有哪些特点？

3．牵引供电系统设备有哪些？

4．高速铁路接触网的受流特点有哪些？

5．高速铁路接触网的组成有哪些？

6．高速铁路接触网有哪几种常见的悬挂方式？它们有什么特点？

7．高速铁路接触有哪些主要结构参数？

8．受电弓的作用是什么？

9．高速铁路受流的特点有哪些？

10．高速受流对接触网的要求有哪些？

11．高速受流对受电弓的要求有哪些？

12．牵引供电 SCADA 系统的概念是什么？

13．牵引供电 SCADA 系统的组成和功能分别是什么？

项目六　高速铁路信号与列车运行控制系统

铁路信号系统是为了保证铁路运输安全而诞生的，它的作用是保证行车安全。没有铁路信号，就没有铁路运输的安全。在普通铁路上，信号系统主要由信号设备、车站联锁设备、区间闭塞设备组成，简称信、联、闭设备。

信号设备以地面固定信号机给出三种不同的信号显示——红、黄、绿，包括进站信号机、出站信号机、通过信号机、进路信号机、预告信号机、接近信号机以及各种调车信号机，还有各种信号表示器、信号标志。联锁设备以继电式电气集中为主，包括大站与小站电气集中联锁，包括继电器、轨道电路、电动转辙机、电器集中控制台、计算机联锁等。闭塞方式则以半自动闭塞和自动闭塞为主，其最高层次是三显示自动闭塞，包括半自动闭塞、自动闭塞、自动站间闭塞设备以及用于人工闭塞的闭塞电话等。列车运行时主要依靠司机人工确认信号、人工驾驶完成。

随着列车运行速度的提高，完全靠人工瞭望、人工驾驶已经不能保证行车安全了。当列车速度提高到 200 km/h 时，紧急制动距离将达到 2 km（常用制动距离超过 3 km），因此，国际上普遍认为当列车速度大于 160 km/h 时，必须装备列车运行控制系统（简称列控系统），以实现对列车间隔和速度的自动控制，提高运输效率，保证行车安全。要实现列车自动控制，需要解决许多关键技术问题，例如：车-地间大容量、实时和可靠的信息传输，列车定位，列车精确、安全控制等，需要车载设备、轨旁设备、车站控制、调度指挥、通信传输等系统良好的配合才能实现，以现代列车运行控制系统技术为核心的信号系统可以称作现代铁路信号系统。

高速铁路的信号系统设备必须具有更高的安全性、可靠性、可用性和可维护性，还应有极高的自动化、智能化水平，除了需要装备高性能的调度集中系统、自动闭塞系统、计算机联锁系统、信号集中监测系统、电源系统外，还应装备高速铁路必备的、可充分保证行车安全的列车运行控制系统（以下简称列控系统）或 ATP。高速铁路的信号与控制系统，是高速列车安全、正点运行的基本保证。为了使列控系统能全方位掌握控车所需的各种信息，信号系统必须实现信息化，即车载子系统、地面子系统（包括区间和站内）之间的关系不再独立分散，而是通过信号网络系统构成一个相互关联的整体。因此，高速铁路信号系统是一个以调度系统为龙头、区间闭塞和车站联锁系统为基础、通信网络为骨架，集调度指挥、行车控制、设备监测等功能于一体的综合自动化控制系统。

知识点一　高速铁路信号基础设备

高速铁路的信号基础设备，包括信号机、继电器、轨道电路、转辙设备、应答器及电子编码单元（LEU）、信号电源系统等。这些设备大部分与既有线的信号基础设备是相同的，主要是根据高速铁路的运营需要进行针对性设计，体现高速铁路的高可靠、高安全的要求。

一、信号基础设备

1. 信号机

信号是指示列车运行及调车作业的命令，有关行车人员必须严格执行。

高速铁路的信号机主要有进站信号机、出站信号机、进路信号机、通过信号机（包括防护分歧道岔的线路所通过信号机）、调车信号机等。其显示状态分为常态点灯和常态灭灯两种。

图 6-1　铁路信号机

高速铁路区间不设通过信号机，在闭塞分区分界处设置区间信号标志牌的 CTCS-2/CTCS-3 级区段车站的进站、出站、进路信号机以及线路所的通过信号机常态灭灯，仅起指示停车位置作用。遇下列情况时，上述信号机应转为点亮状态。

（1）接发未装设列控车载设备的列车时；

（2）接发列控车载设备发生故障的动车组列车时；

（3）需越出站界调车时。

2. 继电器

继电器是一种电磁开关，能以较小的电信号控制执行电路中的大功率设备，是实现控制和远程控制的重要设备。

电磁式继电器一般由铁芯、线圈、衔铁、触点簧片等组成。只要在线圈两端加上一定的电压，线圈中就会流过一定的电流，从而产生电磁效应，衔铁就会在电磁力吸引的作用下克服返回弹簧的拉力吸向铁芯，从而带动衔铁的动触点与静触点（常开触点）吸合。当线圈断电后，电磁的吸力也随之消失，衔铁就会在弹簧的反作用力下返回原来的位置，使动触点与原来的静触点（常闭触点）吸合。这样吸合、释放，达到了在电路中的导通、切断的目的。所谓继电器的“常开、常闭”触点，就是继电器线圈未通电时处于断开状态的静触点，称为“常开触点”；处于接通状态的静触点称为“常闭触点”。

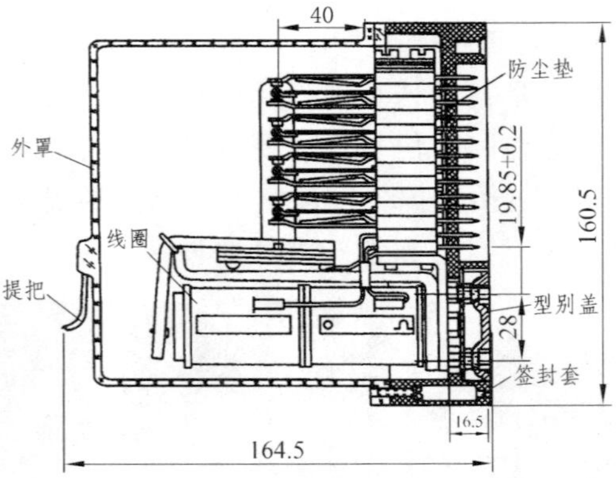

（单位：mm）

图 6-2　继电器

继电器与其他电器一起，可以组成程序控制线路，从而实现自动化运行。

3. 轨道电路

以钢轨为导体，两端加以机械绝缘（或电气绝缘），接上送电和受电设备构成的电路，称为轨道电路。也就是说，轨道电路是以一段铁路线路的钢轨为导体构成闭合电路，用于自动、连续检测这段线路是否被机车车辆占用，也用于控制信号装置或转辙装置，以保证行车安全的设备。轨道电路的组成及工作原理如图 6-3 所示。

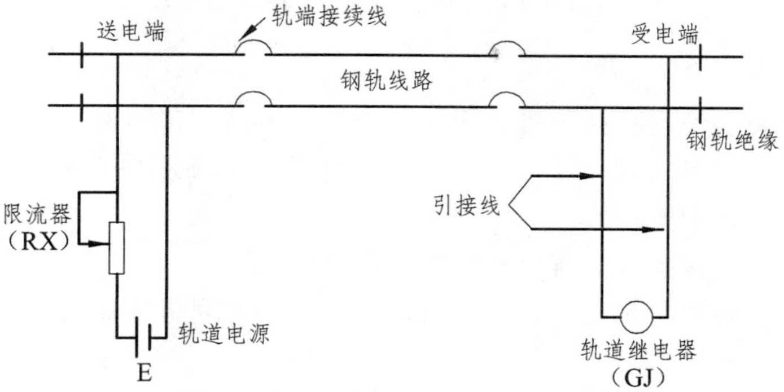

图 6-3 轨道电路原理图

轨道电路的主要工作状态有调整状态、分路状态、断轨状态。调整状态指轨道电路在没有机车车辆占用时，在任何不利的电源和天气条件下，接收端的继电器都处于励磁状态，发出轨道电路区段空闲的信息。分路状态指轨道电路被机车车辆占用时，在任何不利的电源和天气条件下，接收端的继电器都处于失磁状态，发出轨道电路区段被占用的信息。断轨状态指轨道电路任何部分出现故障时，接收端的继电器都处于失磁状态，发出故障信息。

在用电力牵引的铁路区段内，电力机车要利用钢轨作为一条回路使牵引电流返回牵引变电所。为了使这条返回的牵引电流不受闭路式轨道电路的钢轨绝缘的阻碍，往往采用双轨条轨道电路和单轨条轨道电路。

双轨条轨道电路：利用双轨条返回牵引电流的轨道电路。这种电路返回牵引电流在钢轨绝缘处是利用扼流变压器绕过轨端绝缘的。双轨条返回电流的轨道电路主要用在电力牵引区段区间，或站内正线准备给机车信号工作的轨道电路上。

单轨条轨道电路：利用单轨条返回牵引电流的轨道电路。这种电路以一根斜拉的导线连接钢轨，使返回的牵引电流能够绕过钢轨绝缘。它的优点是可以节省扼流变压器；缺点是返回的牵引电流因只在钢轨线路的一条钢轨里流过，干扰电压比较大。单轨条轨道电路主要用在有几条轨道同时返回牵引电流的车站。

电力牵引区段的轨道电路采用不同于牵引电流频率的信号电流，并在接收端装滤波器等，是防止牵引电流对轨道电路产生影响的有效措施。

ZPW-2000A 型无绝缘轨道电路是在中国引进法国的 UM71 轨道电路的基

础上改进的一种轨道电路制式。这种轨道电路是利用并联在钢轨两端的 LC 谐振槽路和一小段钢轨电感利用相邻区段发送不同频率,构成的电气绝缘节。它不但可以检测列车,而且可由钢轨线路向超速防护系统发送速度级别信息。

4. 转辙设备

转辙设备是道岔转换装置，用来实现转换道岔、锁闭道岔及反映道岔尖轨所处的位置，是实现车站信号自动控制及远程控制必不可少的设备。

转辙机的作用是：

（1）根据操作要求，将道岔转换至定位或反位。

（2）道岔转换至规定位置而且密贴后，自动实现机械锁闭，防止外力改变道岔位置。

（3）当道岔尖轨与基本轨密贴后，正确反映道岔位置，并给出相应表示。

（4）发生挤岔以及道岔长时间处于“四开”位置（尖轨与基本轨不密贴）时，及时发出报警。

铁路道岔转辙设备主要有电动、电液及电空转辙机。我国铁路广泛使用 ZD6 系列、ZDJ9、ZYJ7 等型号的电动转辙机。

图 6-4　电动转辙机

高速铁路主要使用 S700K 型电动转辙机。S700K 型电动转辙机主要由以下部分组成：

（1）动力传动机构。

有三相交流电机、齿轮组、摩擦连接器、滚珠丝杠、保持连接器、动作杆等。

（2）检测与锁闭机构。

有检测杆、叉形接头、速动开关组、锁闭块、锁舌、指示标等。

（3）安全装置。

有开关锁、遮断开关、连杆、手摇把孔挡板等。

（4）配线接口。

有电缆密封装置、插接件插座等。

5. 应答器及电子编码单元（LEU）

应答器是基于电磁耦合原理的高速点式数据传输设备，其在接收外来信息的同时，能向外发送单元反馈信息，构成瞬间双向通信，是列车运行控制系统中的关键组成部分，用于实现地-车间的数据传输，向列车提供所必需的各种点式信息。

应答器最早用于卫星通信和航空定位，20 世纪 70 年代才应用于铁路，在超速防护、防止冒进信号、道口信号及自动报警系统方面得到了广泛应用。从 20 世纪 80 年代开始，世界各国为提高行车速度，减少地面固定信号设备，开始了新一代列车控制系统的研究，取得了明显的效果，由应答器和计程器配套代替轨道电路检测列车位置的方法，被认为是新一代列车控制系统的主要特点之一。

在以无线通道作为列车与地面信号传递手段的高速列车控制系统中，应答器是实现列车与地面设备信息交换的重要手段。列车通过这些信息，经过无线数据网络，与车站或调度中心计算机共同完成列车自动控制、列车自动防护及列车位置追踪的功能。因此，应答器是实现无线综合列车控制与信号系统的关键设备。

（1）应答器的功能。

根据高速铁路列车的需要，应答器向列控车载设备传送以下信息。

① 线路基本参数。

如线路坡度、轨道区段长度、桥梁隧道等参数。

② 线路速度信息。

如线路最大允许速度、列车最大允许速度等。

③ 临时限速信息。

当由于施工等原因引起列车运行速度受限制时，向列车提供临时限速信息。

④ 车站进路信息。

根据车站接发车进路，向列车提供“线路坡度”“轨道区段”等线路参数。

⑤ 道岔信息。

给出前方道岔侧向允许列车运行速度。

⑥ 特殊定位信息。

如升降弓、进出隧道、鸣笛、列车定位等。

⑦ 其他信息。

固定障碍物信息、列车运行目标数据、连接数据等。

（2）应答器的分类和用途。

应答器部分地面设备包括有源应答器、无源应答器、LEU（地面电子单元）和应答器读写信息。

应答器从用途上可分为有源应答器和无源应答器。无源应答器存储固定信息，有源应答器通过电缆与地面电子单元（LEU）连接，可实时发送 LEU 传送的数据报文。从外形尺寸上分为标准尺寸应答器和缩小尺寸应答器。既有线提速设备采用缩小尺寸应答器。

有源应答器和无源应答器外观结构相同，无源应答器与外界无物理连接，负责向列车传送地面固定信息，这些信息是预先存在应答器内的。有源应答器通过电缆与 LEU 电缆连接，负责向列车传送实时可变信息，这些信息来自 LEU。电缆断线时发送自身预存信息。

图 6-5　高速铁路应答器

（3）应答器的工作原理。

应答器安装在两根钢轨中央，车载天线安装在列车底部，其主要工作原理是当列车经过无源应答器上方时，无源应答器接收到车载天线发射的电磁能量后，将其转换成电能，使地面应答器中的电子电路工作，把存储在地面应答器中的数据循环发送出去，直至电能消失（即车载天线已经离去）。平常处于休眠状态。当列车经过有源应答器上方时，有源应答器接收到车载天线发射的电磁能量后，将其转换成电能，使地面应答器中的发射电能工作，将 LEU 传输给有源应答器的数据循环实时发送出去，直至电能消失（即车载天线已经离去）。平常处于休眠状态。

当与 LEU 发生通信故障时，有源应答器变为无源应答器工作模式，发送并存储固定信息。

地面电子单元（简称 LEU）是一种数据采集与处理单元，根据外界变化的条件，选择存储在 LEU 中的其中一条报文传送给地面有源应答器进行发送，或将外部发送的应答器报文直接向有源应答器传送。

6. 信号网络系统

高速铁路信号系统大量采用计算机和通信网络技术，设备之间通信关系网络化。例如，我国高速铁路信号系统中的调度集中系统、信号集中监测系统、列控系统等均采用网络化结构，并分别组网。目前，信号系统的通信网络通道由通信专业提供，其中：调度集中系统、信号集中监测系统采用独立数字通道的环网结构，列控系统采用独立光纤的环网结构。

7. 信号电源系统

高速铁路的信号设备不仅具有极高的安全性，还必须具有极高的可靠性和可用性。为了保证信号设备工作的可靠性，信号电源系统应持续可靠地提供稳定的工作电源。因此，高速铁路的电源系统设备除了应冗余配置各种电源转换设备外，还应配置具备断电后持续供电的电池和 UPS 设备。

8. 计轴设备

计轴设备通过设置在区间两端的计轴点，对驶入和驶离区间的列车轴数进行记录，并经过传输线路将各自的轴数传递到对方站进行校核。只有当两端记录的轴数一致时，才认为列车完整到达，区间空闲。

中国早在 1966 年就开始探索用计轴方式来检查分界点间线路空闲状态，1978 年开始研制与半自动闭塞相配套的计轴设备，同年研制出一套样机，在现场进行了初步试验。在研制非电化区段用计轴设备的基础上，从 1981 年开始研制电化区段用的计轴设备，1983 年经铁道部通号公司和西安铁路局组织技术鉴定后，决定进一步扩大试用。

二、信号集中检测系统

高速铁路的信号系统由调度集中控制系统（CTC）、列控系统（CTCS）、车站联锁系统（CBI）、信号集中监测系统（CSM）、电源系统等构成。其中，列控系统又由地面和车载设备两大部分构成，主要包括无线闭塞中心(RBC)、临时限速服务器（TSRS）、列控中心（TCC）、ZPW-2000 轨道电路、应答器及电子编码单元（LEU）、GSM-R 无线通信系统、车载 ATP 设备等。

由于信号系统越来越复杂，功能越来越强大，在确保运输安全、提高运输效率方面发挥的作用越来越大，因此，对信号主体系统设备的在线实时监测更有必要；另外，高速铁路信号系统的设备越来越多，信号集中监测系统必须具备与更多系统和设备接口的能力，以便全盘掌握所有设备的工作状态，为电务维护维修提供基础资料。

目前，高速铁路的信号集中监测系统在保证行车安全、加强信号设备结合部管理、监测信号设备状态、发现信号设备隐患、分析信号故障原因、辅助故障处理、指导现场维修、反映设备运用质量、提高电务部门维护水平和效率方面发挥了巨大作用，已是不可或缺的重要行车设备。

三、车站联锁系统（CBI）

（一）联锁的基本概念

在铁路车站上，为了保证机车车辆和列车在进路上的安全，有效利用站内线路，高效率地指挥行车和调车，改善行车人员的劳动条件，通过技术方法使道岔、进路和信号机三者之间按照一定的程序、一定的条件建立起既相互联系又相互制约的关系，这种关系称为联锁关系（如图 6-6 所示）。为完成联锁关系而装设的信号设备被称为联锁设备。联锁设备包括机械、电气自动控制和远程控制等技术和设备。

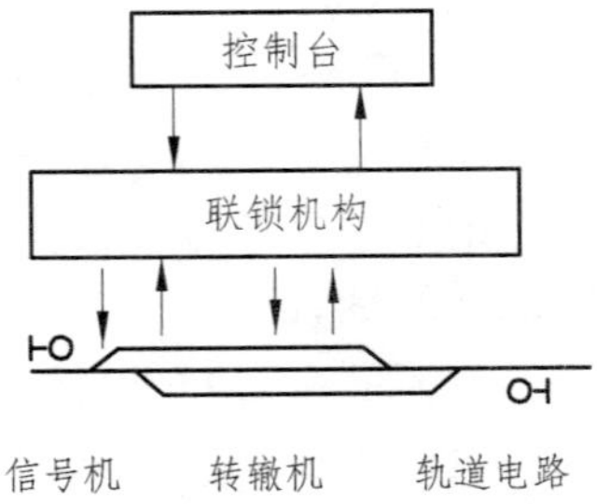

图 6-6　联锁关系示意图

列车进站的进路，或出站的进路，都是由道岔的不同开通位置所确定的。因此，在进路入口处须有信号机。进站信号机防护的进路范围为一整条站线，出发信号机防护的进路是离去区间，调车信号机则只是道岔区。当进路上的道岔开通位置符合进路要求，进路的线路空闲，并未安排同一股道的敌对进路，信号机才能开放，显示绿灯或黄灯；否则，信号机不能开放，即显示红灯，禁止列车进入。信号机开放后，进路上的道岔被锁在进路要求的位置；而敌对进路也必须锁闭，同时敌对进路的信号机不开放，显示红灯。列车驶入进路后，防护这条进路的信号机立即关闭，显示红灯，不允许其他列车再驶入。这种信号机、进路空闲情况和进路道岔的联锁关系，成为保证列车和机车车辆在车站范围内的运行安全，以及有效地利用车站行车设备，提高车站通过能力的重要措施。

（二）联锁的技术条件

为保证行车安全，各种联锁设备应满足下面的主要技术条件。

（1）当进路上的有关道岔开通位置不对或敌对信号未关闭时，该信号机不能开放。

（2）防护该进路的信号机开放后，该进路上的道岔不能扳动，其敌对信号机均不能开放。

（3）主体信号机未开放时，预告信号机不能开放，正线上的出站信号机未开放时，进站信号机不能显示正线通过信号。

（4）列车或机车车辆驶入进路后，防护该进路的信号机立即关闭，禁止其他列车或机车车辆再驶入。

目前我国使用的联锁设备按操纵的方式可以分为集中联锁和非集中联锁，按主要设备工作方式的不同可分为电锁器联锁、继电联锁和计算机联锁。

从 1856 年英格兰的布列克勒叶 · 阿姆斯车站装设由萨克斯倍（Sax by）首创的萨式联锁机开始，至今已有 100 多年的历史，联锁设备经历了机械联锁、电机联锁、电气联锁、电气集中联锁、计算机联锁的发展过程。

既有线的联锁设备中最常用的是继电联锁，它是在信号楼或车站值班员室集中控制信号机和道岔的联锁设备。在继电联锁设备中实现联锁的原件是继电器。

随着科学技术的进步，旧的联锁设备不断被安全可靠性更高、操纵和维护更简单、技术更先进的联锁设备代替。特别是电子计算机的广泛应用，使计算机联锁系统应运而生，实现了从有接点到无接点的变革，使联锁设备更加小巧而可靠。

计算机联锁是一种运用微型计算机对车站值班员的操作命令及现场表示信息进行逻辑运算，从而实现对信号机及道岔进行集中控制的车站联锁设备。

高速铁路联锁系统一般采用计算机联锁系统（**CBI**），其通信接口及处理能力都大大提高，系统硬件采用多重冗余结构，安全完善度等级必须满足 SIL4 级的标准。

（三）计算机联锁系统的工作原理

计算机联锁是由联锁控制用计算机，各种接口，输入、输出通道及外部设备，通过系统总线连接在一起的实时控制系统。由于涉及行车安全，系统的软、硬件设计必须遵循闭环工作的原理，如图 6-7 所示。硬件实现模块的闭环沟通，软件使整个系统闭环运转。每一个安全控制信息输出、信息输入的局部环节，系统内部的逻辑处理过程，控制监视机与联锁逻辑处理机之间的联系等，均按闭环原理工作。例如，执行表示机在输出控制命令时，一是要通过驱动板实现驱动信号、道岔、转辙机等现场设备；二是为了实现对现场设备执行情况进行监视，通过输入口采集回读信息。闭环控制中，系统中任何一部分发生故障，系统都可诊断出来并采取措施，进行记录和报警，直至切断输出控制电源以确保安全。

由于高速铁路运行间隔小、运行速度高，为提高系统对各种运行信息的响应速度，计算机联锁系统具有进路自动排列和进路储存功能。随着计算机技术发展，强化了人机工程的研究力度，提供现代化的声、像、图文显示，改善操作人员的工作环境和提高工作效率，控制方式已由传统的控制盘改为键盘、数字化仪、鼠标等。各国高速铁路均设立有集中的维护管理中心，以保证高速铁路的不间断运转。车站设维修管理终端，与中央调度所的维护管理中心联网，传送各种信号设备状态，联锁系统的运行信息、故障报警信息，维修人员可及时对设备进行干预及维护。

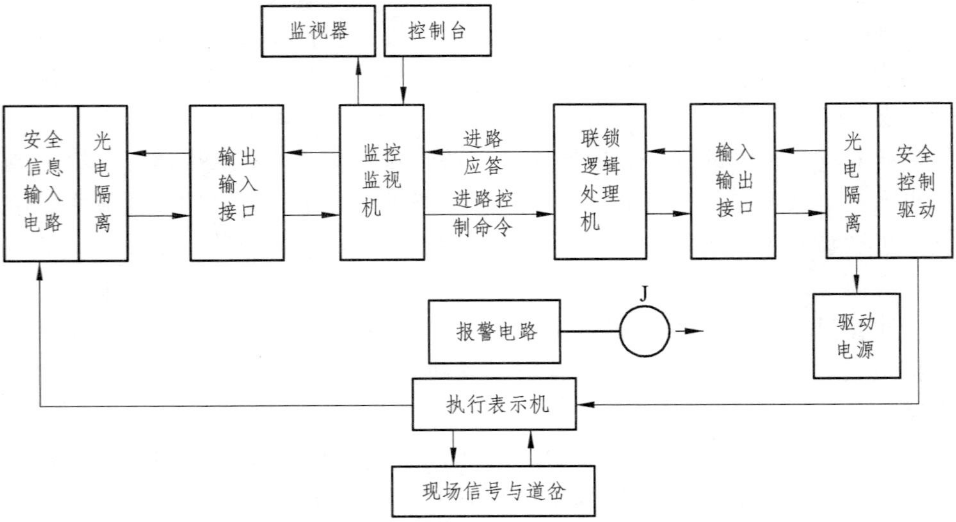

图 6-7　计算机联锁系统的工作原理

行车调度指挥系统发展到 CTC 系统以后，联锁系统必须与 CTC 接口，以实现对进路的自动控制；另外，为了满足列控系统的控制要求，联锁系统需要提供列车进路开通状况等信息，甚至还要配合列控系统的限速需要，接受其信号降级显示命令等。

四、无线闭塞中心（RBC）

（一）闭塞的基本概念

列车在区间运行时以站间区间、所间区间及闭塞分区作为行车间隔，为了列车运行安全，同一区间、同一时间内只允许一列列车运行，保证列车按照空间间隔运行的技术方法称为行车闭塞法，简称为闭塞。用以完成闭塞作用的设备称为闭塞设备。闭塞设备是保证区间行车安全、提高运输效率的信号设备。我国普通铁路单线区段主要使用半自动闭塞，双线区段主要使用自动闭塞。

高速铁路，特别是 CTCS-3 区段，无线闭塞中心（Raid Block Center）是 CTCS-3 级列控系统的地面核心，是基于信号故障安全计算机的控制系统。RBC 根据列车位置情况、运行情况、线路情况、调度命令及进路状态向所管辖区内的所有列车发出列车运行许可和列车控制信息。

（二）RBC 的功能与配置

RBC 的主要功能包括：通过列车的 CTCS 识别码获得列车的信息；通过轨道电路提供的列车占用信息跟踪区域内列车；根据微机联锁、轨道电路等系统提供的信息，生成管辖内每一列列车的运行许可；接收调度集中系统（CTC）提供的临时限速信息；向管辖内列车传送列车当前的运行许可、临时限速及线路参数。

综合考虑各种限制条件、运行调试和维修维护的便利性，RBC 主机一般集中设置。

RBC 设备采用硬件安全比较冗余结构，设备配置包括：无线闭塞单元（RBU）、协议适配器（VIA）、RBC 维护终端、司法记录器（JRU）、ISDN 服务器、操作控制终端和交换机等设备。

操作控制终端：RBC 操作控制终端由服务器和工作站组成，主要具备站场图形显示、进路及列车运行情况显示、列车的登记与注销、紧急操作以及 RBC 系统的维护与诊断等功能。

本地维护终端：每台 RBC 设有一个维护终端，为维护工程师及其他技术人员提供与 RBU 的接口。主要功能包括：监视 RBU 是否处于工作状态，还可以通过它切换 RBU 工作状态；告警提示；读取由 RBU 存储的诊断数据（包括来自安全传输单元的数据）；下载系统日志；设定时间和日期。

司法记录器：司法记录器将 RBC 所有状态以及列车报告的数据和状态均

记录下来，以备分析检查。

ISDN 服务器：通过 ISDN 服务器为 RBC 提供通话路由。

五、机车信号

1. 机车信号的作用

机车信号又被称作机车自动信号，设在机车司机室内，用来自动反映列车运行条件，指示机车运行。机车信号能复示地面信号机的显示，克服天气和地形地物的影响以改善司机瞭望条件。当列车速度超过司机辨认地面信号机显示的临界速度（160 km/h）时，机车信号则须作为主体信号来使用。

机车信号按照接收地面信号的时机，可分为点式、接近连续式和连续式三种。

（1）点式机车信号。

点式机车信号是在线路上的某些固定地点，如进站信号机外方 1 200 m 和 400 m 处通过地面设备向机车传递信息的，用于非自动闭塞区段。它利用地面感应器和机车感应器间的电磁耦合作用从地面向机车传递信息。但仅在个别地点有显示，不能有效地保证列车安全，已被淘汰。

（2）接近连续式机车信号。

接近连续式机车信号是指当机车到达进站信号机前方的接近区段，才可以连续地得到由地面传输来的用以控制机车信号显示的信号，直到正线股道。接近连续式机车信号用于半自动闭塞区段。

（3）连续式机车信号。

连续式机车信号在自动闭塞区段使用。因为自动闭塞区段每个自动闭塞分区都装设轨道电路，地面信息能利用轨道电路不间断地向机车传递，所以机车信号机可以连续地预告地面信号机的显示状态。

我国高速铁路均为双线电气化自动闭塞，使用连续式机车信号。

机车信号设备用于 CTCS-0 级和 CTCS-1 级。目前推广使用的是 JT1-C 系列机车信号车载设备。最高运行速度不超过 160 km/h 的机车，一般使用采用由机车信号和 LKJ 结合而成的系统。

2. 非列控车载设备控车下的机车信号显示意义

如图 6-8 所示，机车信号采用 8 个灯位，自上而下分别是绿灯（L）、半绿半黄灯（LU）、黄灯（U）、带“2”字的黄灯（U2）、半黄半红灯（HU）、双半黄灯（UU）、红灯（H）、白灯（B）。机车信号的显示，应与线路上列车接近的地面信号机的显示含义相符，共包含 11 种显示意义，如表 6-1 所示。无显示时，表示机车信号机在停止工作状态。

表 6-1　非列控车载设备控车下的机车信号显示及意义

机车信号显示	信号显示意义
绿灯	准许非列控车载设备控车的列车按规定速度运行，表示列车运行前方至少有三个经直向进路的空闲闭塞分区
半绿半黄灯	准许非列控车载设备控车的列车按规定速度注意运行，表示列车运行前方有两个经直向进路的空闲闭塞分区
带“2”字的黄色闪光	要求非列控车载设备控车的列车减速到规定的速度等级越过接近的地面信号机，表示列车运行前方有一个经直向进路的空闲闭塞分区，并预告次一个闭塞分区所在的进路开通经 18 号及以上道岔侧向位置，且进路允许速度不低于 80 km/h
带“2”字的黄灯	要求非列控车载设备控车的列车减速到规定的速度等级越过接近的地面信号机，表示列车运行前方有一个经直向进路的空闲闭塞分区，并预告次一个闭塞分区所在的进路开通经道岔侧向位置的进路[但不满足上述第（3）项条件]
黄灯	要求非列控车载设备控车的列车减速到规定的速度等级越过接近的地面信号机，表示列车运行前方仅有一个经直向进路的空闲闭塞分区
双半黄色闪光	要求非列控车载设备控车的列车限速运行（最高不超过 45 km/h），表示列车接近的地面信号机开通经 18 号及以上道岔侧向位置的进路，且进路允许速度不低于 80 km/h
双半黄灯	要求非列控车载设备控车的列车限速运行（最高不超过 45 km/h），表示列车接近的地面信号机开通经道岔侧向位置的进路[但不满足上述第（6）项条件]
半黄半红闪光	表示列车接近的地面信号机开通引导进路
半黄半红灯	表示列车接近的地面信号机处于关闭状态，要求及时采取停车措施
红灯	表示列车已越过地面上处于关闭状态的信号机
白灯	不复示地面上的信号显示，机车乘务人员应按地面信号机的显示运行

3. 列控车载设备下的“机车信号”显示

在 CTCS2/3 级系统中，在 ATP 车载设备控车下的“机车信号”称为车载信号，车载机车信号显示界面如图 6-9 所示，除了能显示表 6-1 所列的 11 种显示意义外，还可以增加 4 种显示意义，如表 6-2 所示。

图 6-8　机车信号

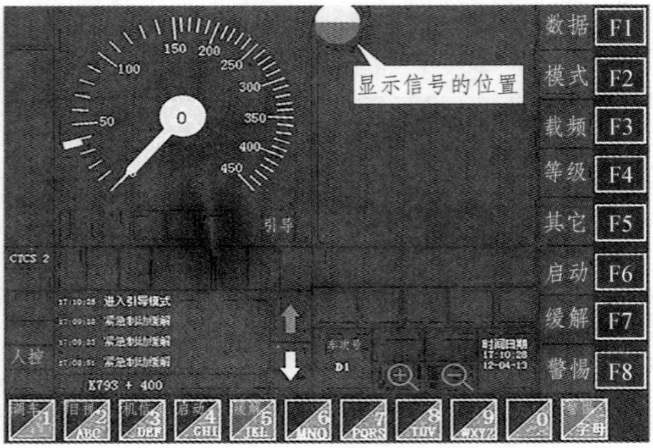

图 6-9　车载信号显示界面

表 6-2　列控车载设备控车下增加的信号显示及意义

车载机车信号显示	信号显示意义
带“5”字的绿灯	表示列车运行前方至少有七个闭塞分区空闲
带“4”字的绿灯	列车运行前方有六个闭塞分区空闲
带“3”字的绿灯	表示列车运行前方有五个闭塞分区空闲
带“2”字的绿灯	表示列车运行前方有四个闭塞分区空闲

从 20 世纪 80 年代开始，我国铁路在机车信号的基础上加装列车自动停车装置 ZTL，并且从 ZTL-1 型发展到 ZTL-3 型。该装置与机车信号的显示发生联系。当列车运行前方地面信号显示红灯时，机车信号立即显示禁止信号，同时在司机室内构成音响报警。司机应在规定时间内通过按压警惕按钮做出反应。如果司机失去警惕、精力不集中，未按压警惕按钮和采取有效制动措施，当报警时间超过规定时间后，自动停车装置会打开列车制动系统内的放风阀，强迫列车自动停车。

由于列车自动停车装置 ZTL 功能简单，使用中未能与列车运行中的速度控制发生联系，为有效地控制列车运行速度，减少列车超速或冒进信号引起事故的可能性，我国铁路又相继开发研制了列车运行监控记录装置（LKJ）和列车超速防护系统（ATP）。

六、列车运行监控记录装置（LKJ）

列车运行监控记录装置（LKJ）是机车自动停车装置（ZTL）的替代设备，是我国自行研制的用来保障列车运行安全和改善机车乘务作业管理的装置。其基本工作方式是将列车运行全线路的参数事先储存于主机中，作为监控工作的依据，并能与地面进行信息的交换，采用车载数据与地面信息相结合的控制模式。

1. LKJ 的作用

LKJ 能够监控列车运行速度，在司机欠清醒或失控的而情况下，对列车实施紧急制动。同时起到“黑匣子”的作用，记录列车运行、机车运用及司机操作。在保证列车运行安全、改善司机工作条件、提高机车运用管理水平方面发挥积极的作用。目前我国使用的监控装置以加强型列车运行监控记录装置（LKJ2000 型）为主。

监控装置用于 CTCS0/1 级。我国铁路规定监控装置由机务部门负责维护。

2. LKJ2000 的主要功能

（1）监控功能。

防止列车越过关闭的地面信号机，防止列车超过线路（道岔）允许的速度及动车组、机车、车辆的构造速度运行，防止机车以高于规定的限制速度进行调车作业，防止列车停车后发生逸溜，控制列车不超过临时限速。

动车组按 LKJ 方式行车时，列车最高运行速度为 165 km/h。装备在动车组上的 LKJ 设备，应按高于线路允许速度（以及动车组的运行允许速度）2 km/h 报警、5 km/h 常用制动、10 km/h 紧急制动的标准来设置模式曲线。通过小半径曲线、道岔侧线、施工限速地点时，装备在机车上的 LKJ 设备应按等于线路允许速度报警、高于 1 km/h 卸载、3 km/h 常用制动、6 km/h 紧急制动的标准来设置模式曲线。

（2）记录功能。

记录开、关机相关参数，机车乘务员输入参数、车次、司机号、运行参数（时间、线路公里标等）、事故状态、插件故障等。

（3）显示功能。

显示列车运行的实际速度及限制速度、距离前方信号机的距离及信号机的种类、运行线路情况、机车优化操作曲线及其他运行参数。

（4）地面分析功能。

将车载记录的列车运行数据经过翻译、整理，以主观的全程记录、运行曲线、各种报表的形式再现列车运行全过程，为机车现代化管理及事故分析提供可靠的依据。

LKJ 产生的列车运行记录数据是行车安全分析的重要依据，任何单位和人员不得更改。电务段、机务段应妥善保存 LKJ 列车运行记录数据及其格式处理文件，保存时间不得少于 3 个月。

3. LKJ2000 的系统构成

LKJ2000 型列车运行监控记录装置基本组成单元有主机箱（双机冗余）、屏幕显示器、事故状态记录器、速度传感器等。它的速度信息来自光电式速度传感器，机车信号信息来自通用式机车信号，压力监测除了检测列车管压力外，还检测机车制动缸的压力及均衡风缸压力。

当机车运行时，显示器窗口的机车图标静止不动，各信号机、各站标、道岔及限速曲线等逐渐向机车图标方向运行，并伴随界面及相应窗口显示变化。以图形方式预示运行前方的线路纵断面，如桥梁、坡道、车站、道岔、曲线等的限制速度，计算和给出允许司机操作的速度模式曲线并显示在显示器屏幕上。当列车速度接近或达到限制速度时，立即输出警惕、解除牵引力指令，与司机之间进行更好的信息交换，直至输出制动迫使列车停车。

LKJ2000 型列车运行监控记录装置可以用于各种型号的电力机车、内燃机车及动车组，适应自动闭塞和半自动闭塞方式，适应各种信号制式。该装置不仅适合运行于不同速度等级的线路上的各种等级的旅客列车及货物列车，还适合调车机车使用。

七、列车自动防护系统（ATP）

列车自动防护系统（Auto matic Train Protection，简称 ATP），又称超速防护系统，是指列车能根据自身的运行速度和前方列车位置及线路状态，对采取制动操作的时机做出逻辑判断、对列车运行速度进行实时控制的技术。

（一）ATP 的设备组成

1. ATP 组成

ATP 系统是由能实现列车占用检查、运行位置定位、信息传输等功能的地面信号设备，和能接收地面信息、计算速度控制曲线监控列车安全运行的车载信号设备构成。

2. ATP 功能

ATP 具有停车点防护、超速防护、测速测距、列车间隔控制（移动控制）、车门控制等功能。

（二）ATP 的分类

根据技术特点和用途，ATP 有不同的分类。

1. 按地面信息的传输方式

分为点式、连续式和点连式三种。

（1）点式 ATP 通过应答器接收地面信息，对列车运行与司机操作的监督是不间断的，有较好的安全防护效能。但存在接收信息不实时、不连续的问题，难以胜任列车密度大的情况。

（2）连续式 ATP 包括轨道电路、轨间电缆和无线通信等传输方式。其中采用轨道电路传输信息是最普遍的方式，但存在邻线、外界干扰的问题，传输性能不理想、传输距离受到限制；采用轨间电缆传输信息，存在电缆铺设与机械化养路作业的矛盾，造价和维修费用较高；采用无线通信传输信息，传输信息量大、安全性高、速度快、距离远，是一种更为理想的 ATP 系统。我国城市轨道交通、CTCS-3 级列控系统已经采用无线通信方式传输信息。

（3）点连式 ATP 利用轨道电路传输连续信息，应答器传输点式信息，构成列控系统，如 CTCS-2 级列控系统。

2. 按人机关系

分为设备优先控制（机控优先）和司机优先控制（人控优先）两种。

（1）设备优先控制是在列车速度高于目标速度后，ATP 立即进行的制动控制；当列车速度低于目标速度后自动缓解，司机不必参与。这种控制模式能最大限度地减轻司机负担，有利于缩短列车追踪间隔，但对设备本身的自动化程度及列车的制动缓解性能要求较高。

（2）司机优先控制是只有在列车速度超过安全运行所允许的速度时，ATP 才进行惩罚性的强迫制动，列车正常运行时，ATP 不干预司机操作。

3. 按列车速度防护模式

分为阶梯速度防护模式和曲线速度防护模式两种。

（1）阶梯控制方式。

阶梯控制方式不需要距离信息，而是在停车信号与最高速度间增加若干中间速度信号以实现阶梯控制。每个闭塞分区设计为一个目标速度，在一个闭塞分区中，无论列车在何处，都只按照固定的速度判断列车是否超速。阶梯控制又分为出口速度检查和入口速度检查两种方式。阶梯控制方式是早期采用的方式，因其轨道信息较少，设备比较简单，存在较多缺点，现在已经很少采用。

（2）曲线控制方式。

曲线控制模式又分为分级速度曲线控制方式和速度-距离模式曲线控制方式。

① 分级速度曲线控制模式。

分级速度曲线控制模式同阶梯控制方式一样，每一个闭塞分区只给定一个目标速度，但控制曲线将闭塞分区允许速度的变化连续起来，如图 6-10 所示。地面设备传送给车载设备的信息是下一个闭塞分区的速度、距离和线路条件数据，没有提供至目标点的全部数据，所以系统生成的数据是分级连续制动模式曲线。在此模式下，列车在一个闭塞分区中运行时，列控设备判定列车超速的目标速度不再是一个常数，而是随着列车行驶不断变化，是距离的函数。秦沈客运专线的列控系统采用的就是这种控制模式。

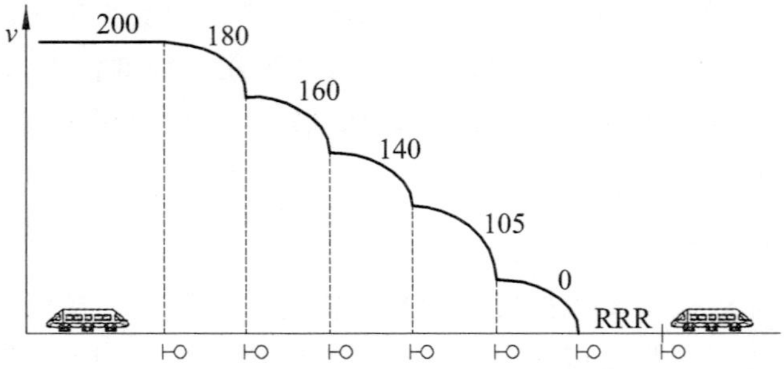

图 6-10　分级速度控制模式曲线

② 速度-距离曲线控制模式。

速度-距离控制模式，又称为一级制动模式，如图 6-11 所示，它不再对每一个闭塞分区规定一个目标速度，而是向列车传送目标速度、目标距离、限速条件、线路条件等，列车实行一次制动的控制方式。列车追踪间隔可以根据列车制动性能、车速、线路条件进行调整，可以提高线路的通过能力，是列车自动控制技术的发展方向。

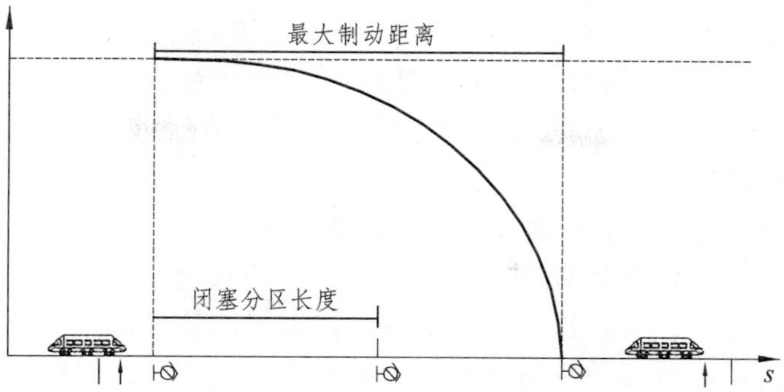

图 6-11　目标距离-速度控制模式曲线

为了实现这一方式，地面设备必须向列车发送前方列车的位置、限速条件等动态数据，以及线路条件等固定数据，CTCS-2/3 级系统均采用这种控制方式。

八、轨道车运行控制设备（GYK）

轨道车是铁路施工、维修作业、路料运输等部门广泛应用、不可或缺的专用车辆，运用机动灵活，配属于工务、电务、供电、工程等各单位。为了强化轨道车运输安全管理，在已有的 LKJ93A、LKJ2000-S 及轨道车运行监控设备（GYJ）的基础上，我国研发生产了新一代的轨道车运行控制设备（以下简称 GYK）。

在国家铁路营业线上运行的轨道车、养路机械、作业车以及其他具有 80 km/h 以上、120 km/h 以下自运行能力的检测、维修设备均应装备 GYK。GYK 能根据与先行列车之间的距离和进路条件，在车内连续地显示出允许的运行速度，列车按速度的显示自动或人工控制其运行。在该系统中，车载信号直接指示列车应遵守的速度，能有效防止人为操作失误导致列车“两冒一超”事故的发生。

1. GYK 基本构成

GYK 包括装设于轨道车上的主机、人机界面（DMI）、机车信号机、接收线圈、速度传感器、压力传感器、制动装置（电磁阀：包括紧急制动阀、常用制动阀、保压阀）、熄火装置、故障隔离装置、警惕按钮和轴温监测装置接口等设备。

2. 主要功能

（1）轨道电路信息接收功能。

能正确接收和显示移频、交流计数和微电子交流计数、ZPW-2000（或UM71 信息）和极频信息，以及 UM2000、单轨条移频信息等。能人工进行上行/下行频率选择，可提供速度等级信息、绝缘节信息和制式信息等。

（2）运行监控功能。

能根据控车数据、机车信号信息和前方目标距离，自动生成目标-距离模式曲线，采用分级速度控制方式，监控轨道车的安全运行；能根据机车信号信息进行限速控制，防止轨道车超速或越过关闭的信号机；防止轨道车运行速度超过线路允许速度、轨道车编组的最低构造速度及线路临时限制速度；防止轨道车以高于规定的调车运行速度进行调车作业，或以高于规定的限制速度进行区间施工作业等。

（3）警醒功能。

当轨道车速度大于 20 km/h 时，GYK 每间隔 120 s 进行报警，要求司机按压手动按钮或脚踩踏板进行应答，否则实施紧急制动，以保障安全。

（4）数据记录功能。

GYK 具有运行数据记录功能，能实时记录日期、时分、公里标、机车信号信息、轨道车工况、运行状态、检修人员/司机操作、系统自检、揭示信息等内容。可通过转储设备将记录的数据转录到地面计算机，通过分析软件进行统计、分析及打印。

（5）语音记录功能。

具有记录车机联控通话语音，并记录相应的日期、时分、公里标信息等功能。记录方式采用固定存储媒介，存储卡采用卡式插拔结构，便于信息的长久存储和提取。录音时间长达 60 h，可直接在显示器上选择文件回放，或转储后直接播放。

（6）人机交互功能。

具有参数输入及提示信息输入的功能，可选择按键手动输入和转储设备输入两种输入方式。DMI 可以显示日期时间、机车信号、目标距离、轨道车所在位置公里标、监控模式和制动状态、前进/后退指示、上行/下行指示、线路名称、机车信号制式、列车管风压、轴温等。具备声音提示功能及转储记录数据功能接口，对轨道车信号状况、限速值变化、乘务员输入信息等进行语音提示。

（7）自检功能。

包括轴温监测报警，进行信号自检、常用自检、紧急自检、试风自检等。

3. 控制模式

GYK 具有以下 5 种基本控制模式：正常监控模式、调车模式、目视行车模式、区间作业模式和非正常行车模式。

（1）正常监控模式。

正常监控模式用于轨道车在站间运行时的正常运行控制。轨道车按高于允许速度+1 km/h 报警、+3 km/h 常用制动、+5 km/h 紧急制动的方式，根据机车信号信息、速度信息生成分级控制曲线，司机依据人机界面（DMI）显示的轨道车运行速度、限制速度、目标速度和目标距离等控制轨道车运行。

（2）调车模式。

调车模式是轨道车进行调车作业的固定限速模式，限速值按牵引 40 km/h、推进 30 km/h、连挂 5 km/h 的标准进行设置。司机按压专用按钮转入调车模式。只有在轨道车停车时，司机才可以选择进入或退出该模式。

（3）目视行车模式。

目视行车模式是司机控车的固定限速模式，限速值为 20 km/h，用于出入库作业，以及行车时遇停车信号或停车控制时（当机车信号、速度信号故障时需先停车），通过司机操作转入目视行车，控制轨道车运行。在目视行车下，GYK 进行周期报警。

（4）区间作业模式。

区间作业模式用于轨道车进入封锁区间进行区间作业的控车模式，具有 5 种状态：区间作业的进入、返回、防碰、编组和 5 km/h 连挂。

区间作业进入是轨道车进入封锁区间作业的控车模式，区间作业返回是轨道车区间作业完毕返回车站的控车模式，区间作业防碰是轨道车在设定的作业起点和终点公里标范围内的控车模式，区间作业编组是轨道车区间作业完毕进行编组的控车模式，5 km/h 连挂是轨道车进行车组连挂的控车模式。

（5）非正常行车模式。

非正常行车模式用于轨道车在特殊情况时的控制，具有地面信号确认、路票行车、绿色许可证行车、引导进站等 4 种控车状态。

除上述 5 个基本工作模式外，GYK 另有补机模式和隔离模式等 2 种降级模式。

（1）补机模式。

补机模式在轨道车担当补机任务时使用。在补机状态下，GYK 只进行数据信息的记录工作，不控车。

（2）隔离模式。

当 GYK 设备故障时对轨道车实现紧急制动输出，可转入隔离状态。在该模式下，当轨道车出现轴温过高、风压不正常或为避免溜逸时都会发出相应警示，故又称为报警模式。

知识点二　CTC 系统

高速铁路行车密度大，列车最小追踪间隔时分只有 3 min，要求有极高的行车调度指挥水平。我国在早期对铁路线实施调度集中控制时，采用专用调度总机、车站独立分机设备，存在着无法解决的集中控制与频繁下放车站控制调车作业的矛盾。随着高速铁路的发展，单靠调度人员和车站值班员的人工操作已经不能满足高速度/高密度的要求，需要采用自动化、智能化的调度集中系统，系统应具备进路自动控制功能，实现从单一的行车控制向行车控制、安全监控、运营管理综合自动化方面发展。

具备分散自律功能的调度集中系统（CTC）综合利用了先进的计算机技术、网络通信技术和现代控制技术，采用智能化分散自律设计原则，以列车运行调整计划控制为中心，兼顾列车与调车作业，具有强大的运行图自动调整能力，能解决车站与调度所（调度中心）之间频繁交权的问题，实现列车运行的直接指挥与管理。

另外，高速铁路受各种原因的影响，局部线路有时需要临时限速，CTC 系统还承担着临时进行限速设置的任务。

一、CTC 调度系统概述

（一）概念

CTC（Centralized Traffic Control System，调度集中控制系统）是调度中心（调度员）对某一区段内的信号设备进行集中控制，对列车运行直接指挥、管理的技术装备。分散自律调度集中系统是综合了计算机技术、网络通信技术和现代控制技术，采用智能化分散自律设计原则，以列车运行调整计划控制为中心，兼顾列车与调车作业的高度自动化的调度指挥系统。

CTC 除了遥信功能外，主要完成遥控功能，即由列车调度员在调度所远距离地集中控制本区段内各站的信号机和道岔，办理接、发车进路。

（二）CTC 的基本功能

（1）列车运行实时显示、区段透明及语音提示。

（2）车次号追踪及早晚点显示。

（3）列车到发点自动采集及实际运行图自动描绘。

（4）行车计划自动调整与下达。

（5）调度命令与阶段计划下达。

（6）邻台间信息交换及分界口信息显示。

（7）车站行车日志自动生成。

（8）信号设备集中自动控制，列车进路按计划自动排路、自动触发等。

CTC 系统是铁路现代化的重要技术装备，是现代铁路综合信息化建设的重要内容，也是现代铁路的新型运输组织形式。它必须与我国铁路路情紧密结合，做到以 DMIS 为平台，以调度中心为核心，以行车指挥自动化为目标，实现铁路运输指挥的现代化。

（三）CTC 的基本特点

（1）高度的智能化。

涵盖行车调度自动化的全部内容：列车运行计划自动编制、列车运行计划自动调整、进路自动排列、自动触发、行车工作自动统计、自动传递行车信息等。

（2）调车作业的集中控制。

将沿线各中间站的调车作业实现调度集中控制，通过智能化的自律机将列车作业和调车作业合理排序，自律进行。

（3）实现车站作业无人化。

对于无客货运的车站，所有列车作业和少量的调车作业完全由调度集中控制。

（4）充分的资源共享。

利用调度集中系统的信息和信道资源，为站间透明、旅客向导等直接提供信息。

（四）CTC 系统的控制模式

CTC系统在信号设备控制与行车指挥方式上分为分散自律控制与非常站控两种模式。

（1）分散自律控制的基本模式是用列车运行图、列车运行调整计划自动控制列车运行进路，同时在分散自律条件下，调度中心具备人工办理列车、调车进路、车站具备人工办理调车进路的功能。

（2）非常站控模式是指当调度集中设备故障、发生危及行车安全的情况或设备维修天窗、临时施工需要时，脱离系统控制转为车站人工控制的模式。

二、CTC 系统的基本组成

CTC 系统由调度中心子系统、车站 CTC 子系统、网络子系统三部分组成。

（一）调度中心子系统

调度中心设备主要提供调度所有关人员的操作界面和培训功能。主要包括：列车调度员工作站、助理调度员工作站（兼控制工作站）、综合维修工作站、值班主任工作站、计划员工作站、统计员工作站、培训工作站和绘图仪等。

1. 列车调度员工作站

主要用于实时监控管辖范围内列车运行状态，制定、调整和下达列车运行阶段计划，生成列车实绩运行图，下达调度命令，与相邻区段列车调度员进行信息交换。

2. 助理调度员工作站（兼控制工作站）

主要用于助理调度员根据列车调度员安排的运行调整计划和调度员的口头指令，进行车站的列车进路自动排路的监督和必要的人工干预；提供车站的按钮操作界面，可直接遥控车站的进路和其他信号设备；必要时，用于无人车站的零星调车作业计划的编制与调整工作。

3. 综合维修工作站

主要用于综合维修调度员办理车站设备日常维护、天窗修、施工以及故障处理方面的登、销记手续，并具有设置临时限速、区间、股道封锁等功能。

4. 值班主任工作站

供值班主任（值班副主任）了解调度集中区段的列车实绩运行图、车站接发车作业情况和调车作业情况，并可发布调度命令及其他管理信息。

5. 计划员工作站

供计划调度员了解调度集中区段的列车实际运行图、车站接发车作业情况和调车作业情况，并可发布日计划及其他管理信息。

6. 培训工作站

主要用于为调度所各级调度指挥人员提供系统岗位技术培训。

（二）车站 CTC 子系统

车站 CTC 子系统主要包括自律机、采集板和输出板、车站值班员工作站、电务维护终端、网络设备、电源防雷设备等。

1. 自律机

自律机是分散自律型调度集中系统的车站核心设备，主要用于以下场景。

（1）接收存储调度中心的列车运行计划、调车作业计划等，并可以自动按计划进行进路排列，驱动联锁系统执行，接收调度中心和车站值班员的直接控制操作指令，经与列车计划以及联锁关系检查，确认无冲突后驱动联锁系统执行。

（2）对信号设备的表示信息进行分析，确认进路的完整性和信号的正确性，并能对不正常的情况进行处理。

（3）对车次号进行安全级管理，实时接收车站信号设备状态表示信息，跟踪列车及调车作业，收集行车运行实际数据，并上传至调度中心。

（4）接收邻站的实际和计划运行图以及设备状态信息，接收调度中心和本站值班员的进路人工干预，并调整内部处理流程。

2. 采集板和输出板

用来进行开关量的采集和控制命令的输出。

3. 车站值班员工作站

车站值班员工作站主要用于：

（1）调阅与签收基本图、日计划、阶段计划、车站调车计划、调度命令。

（2）显示本站及邻站站场和区间列车运行状态。

（3）直接控制进路、道岔、人工解锁、设备封锁等按钮。

（4）输入、修改并确认本站车次号。

（5）行车日志的自动记录、存储、打印，列车编组和站存车的输入上报，调车计划的编制和打印。

（6）监视和控制本站自律机的计划执行和进路办理，本站非正常情况的报警等。

4. 电务维护终端

电务维护终端主要用于监视车站 CTC 系统的运行状况，对所有操作控制命令、设备运用情况、故障报警信息和车站网络运行状态等进行分类存储、查询和打印，供电务维修人员参考使用。

此外，还有网络设备和电源防雷设备等。

（三）网络子系统

网络子系统是由网络通信设备和传输通道构成的双环自愈网络，应采用迂回、环状、冗余等方式提高其可靠性。

CTC 基本组成框架如图 6-12 所示。

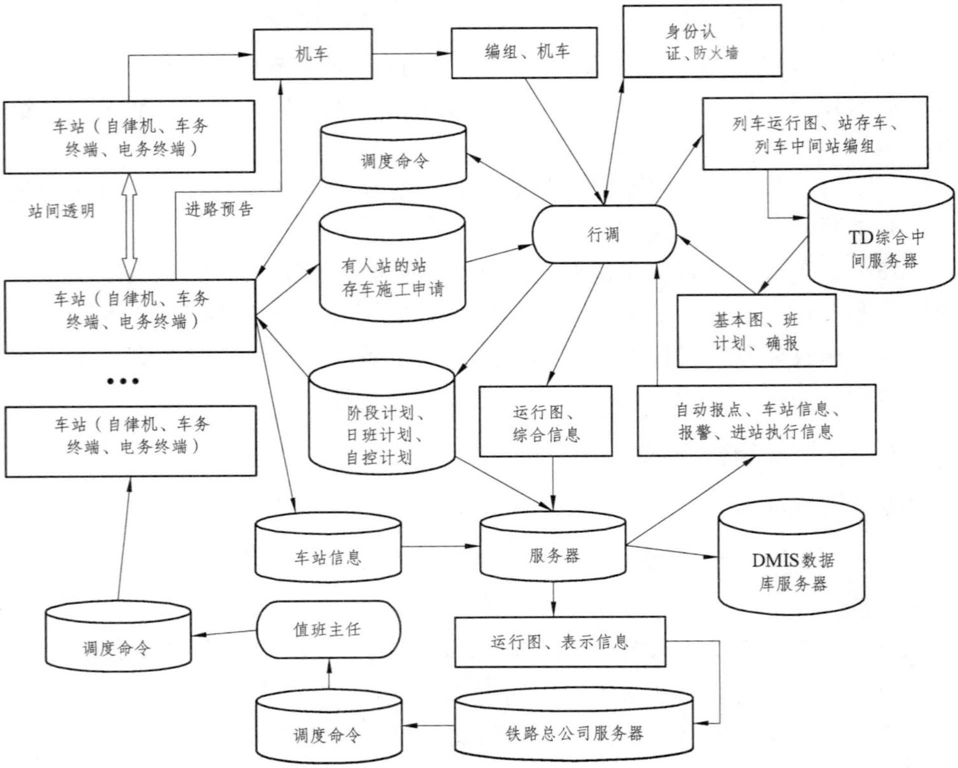

图 6-12　CTC 基本组成框架图

知识点三　列车运行控制（CTCS）系统

列车运行控制系统是用来实现列车间隔控制和速度控制、保证行车安全和提高运输能力的安全控制系统，具有线路空闲检测、危及行车安全因素的检测和间隔控制、速度控制等功能。

一、高速铁路采用列控系统的必要性

传统的行车方式是司机按照地面信号驾驶列车，要正确识别、理解信号并及时执行，行车安全由司机保证。

铁路沿线设置的闭塞分区长 1.5～2 km，当列车运行速度超过 200 km/h 时，司机每 20 多秒就要辨认一次信号显示，频繁的瞭望信号会使司机疲劳，识别信号的错误率会显著增加，为防止司机因失误影响行车安全，将区间通过信号从简单的“红灯停、绿灯行”转变为速度信号是高速铁路必须采取的措施。为此，需要使车载信号设备把地面传送上来的信号直接转变为对列车制动系统的控制，由高可靠、高安全的智能设备来保证列车安全运行。

世界各发达国家都积极发展和使用列控系统。我国在参照欧洲铁路列车运行控制系统（ETCS）技术规范的基础上，结合我国高速铁路的实际，研发了中国列车运行控制系统 CTCS（Chinese Train Control System），并在全路发展和装备列车。它以分级的形式满足不同线路运输需求，在不干扰机车乘务员正常驾驶的前提下，有效保证列车运行安全。

二、CTCS 系统的构成

CTCS 系统构建的原则是以地面设备为基础，车载与地面设备统一设计。图 6-13 是 CTCS 系统结构示意图。

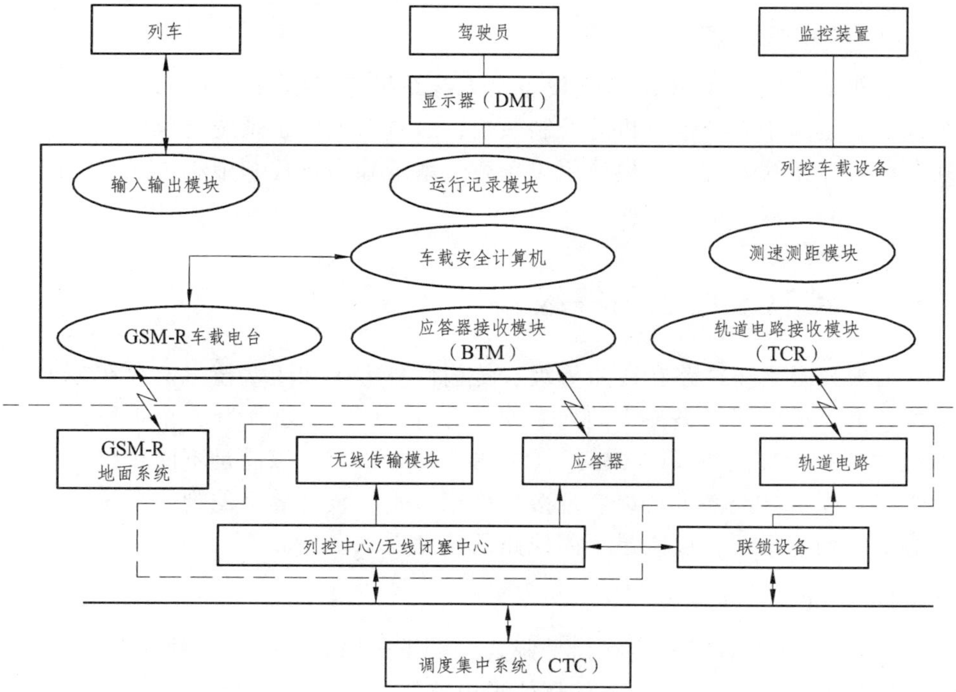

图 6-13　CTCS 系统结构示意图

CTCS 的体系采用 4 层体系结构，分别为铁路运输管理层、通信网络传输层、地面设备层和车载设备层。如图 6-14 所示。

铁路运输管理层	
通信网络传输层	
地面设备层	车载设备层

图 6-14　CTCS 体系

1．运输管理层

运输管理层是行车指挥中心，通过通信网络实现对列车运行的控制。

2．通信网络层

通信网络层分布在各个层面，以无线和有线的方式实现数据的传输。

3．地面设备层

地面子系统由应答器、轨道电路、无线通信网络（GSM-R）、车站列控中心（TCC）/无线闭塞中心（RBC）组成。其中 GSM-R 不属于 CTCS 设备，却是 CTCS 系统的重要组成部分。

4．车载设备层

车载子系统由 CTCS 车载设备、无线系统车载模块两部分组成。CTCS 车载设备是基于安全计算机的控制系统，通过与地面子系统交换信息来控制列车运行。无线系统车载模块用于车载子系统和列车控制中心（或无线闭塞中心）之间的双向信息交换。

三、CTCS 的应用等级

因为我国高速铁路在线路等级、传输信息方式和闭塞技术上存在很大差异性，为了适应不同条件下的列车安全运行，CTCS 划分为 5 个等级，依次为 CTCS-0、CTCS-1、CTCS-2、CTCS-3、CTCS-4，以满足不同线路条件下的需要。同一条线路上可以实现多种应用级别，较高等级的列控系统兼容较低等级的列控系统，以满足不同线路的速度需求。

1．CTCS-0 级

CTCS-0 级兼容既有线路信号制式，适用于 120 km/h 以下的既有线区段。地面设备采用国产轨道电路，依靠轨道电路完成列车占用检测及完整性检查；

车载设备由通用机车信号搭配列车运行监控记录装置（LKJ）组成，依靠机车信号和地面信号确认运行条件。

2. CTCS-1 级

CTCS-1 级面向 160 km/h 以下的既有线区段，在既有设备基础上强化改造，达到机车信号主体化要求，增加点式应答器，实现列车运行安全监控功能。地面设备采用 ZPW-2000 型轨道电路搭配应答器的方式完成车地通信，车载设备由主体机车信号搭配加强型列车运行监控记录装置（LKJ2000）组成。

3. CTCS-2 级

CTCS-2 级适用于 200 ~ 250 km/h 的提速线路和新建高速铁路，是基于轨道电路和点式应答器传输信息的列车运行控制系统。地面设备采用 ZPW-2000 型轨道电路和应答器完成车地通信，车载设备由列车自动防护系统（ATP）+LKJ2000 组成，采用准移动闭塞，地面可不设通过信号机，机车乘务员凭车载信号行车。如杭深、南广、兰新客专等。

4. CTCS-3 级

CTCS-3 级面向 250 km/h 及以上的新建线路或特殊线路，是基于无线通信（GSM-R）传输信息并采用轨道电路等方式检查列车占用的列车运行控制系统。采用准移动闭塞，地面可不设通过信号机，机车乘务员凭车载信号行车。如京广、京沪、沪昆客专等。

京津城际铁路的列控系统由于没有 GSM-R、RBC 设备，介于 CTCS-2 和 CTCS-3 之间，故称为 CTCS-3D 列控系统。CTCS-3D 在 CTCS-2 级基础上，以基于应答器的 ETCS-1 点式系统为原型，补充轨道电路连续信息，集成 ETCS 和 CTCS 应答器信息，基于轨道电路实现列车占用及空闲检查，由应答器和（或）轨道电路传输列车行车许可并采用目标距离连续速度模式监控列车安全运行。

5. CTCS-4 级

CTCS-4 级面向高速新线或特殊线路，是完全基于无线通信的列车运行控制系统，是中国高速铁路列控技术发展的方向。CTCS-4 级采用移动闭塞或虚拟闭塞，由地面无线闭塞中心（RBC）和车载验证设备共同完成列车占用检测及完整性检查，应答器提供列车用于测距修正的定位基准信息，地面不设轨道电路和通过信号机，机车乘务员凭车载信号行车。

高速铁路线路上究竟应该采用何种 CTCS 等级主要取决于线路允许速度的需要。我国 250 km/h 以下铁路一般采用 CTCS-2 级列控系统；250 km/h 铁路根据实际要求既可以采用 CTCS-2 级列控系统，也可以采用 CTCS-3 级列控系统；300 km/h 及以上铁路普遍采用 CTCS-3 级列控系统。

四、CTCS 系统可以实现的功能

为了满足高速铁路列车安全运行的需要，CTCS 系统应具备以下功能。

（一）列车超速防护

列车控制系统的地面控制中心应能根据联锁数据、环境检测其器状态和列车运行状态、线路数据、限速条件等生成列车安全运行信息，并通过连续式信息传输媒体发送给移动列车。数据由车载设备实时处理后生成速度控制曲线，当列车超过速度限制范围时，列车制动系统即自动实施制动，实现列车的超速防护。

列车超速防护是列车安全运行的基本保障。防护内容包括：防止列车冒进停车信号；防止列车运行速度超过线路允许速度，包括曲线限速、道岔侧向通过限速等；防止列车运行速度超过临时限制速度；防止列车运行速度超过自身允许速度。

（二）列车运行自动控制

列车运行控制系统的地面控制中心应能根据调度计划、列车的实际位置、实时速度信息等条件，自动生成列车运行速度调整指令，并即时发送给列车。车载系统向司机提供指令显示，指挥司机驾驶列车，保证列车正点运行。

考虑到功能扩展的需要，车载接收装置应能直接与控制设备相连接，达到系统升级为列车自动驾驶的功能。

列车运行控制系统提供的运行指令主要有：加速指令、减速指令、常速运行指令。

（三）连续式双向信息传输

列车运行控制系统可以利用轨道电路实现连续式双向信息传输。

地对车的传输内容包括：超速防护的安全信息；列车运行控制信息及辅助信息等。

车对地传输内容包括：用于超速防护计算的列车基本数据；列车实际运行状态信息等。

（四）列车的定位与测速

列车走行距离的测量结果将直接影响实际目标距离的确定，实际运行速度的测量结果又与列车的制动相关，因此列车定位与测速系统应保证有足够的测量精度。

（五）列车的占用和出清检查

区间线路应利用轨道电路式计轴设备实现列车的占用与出清检查，为信号联锁和列车控制提供安全输入信息。

（六）列车运行信息显示

车载设备应提供实时的列车运行显示，其内容包括：目标速度、目标距离、允许速度、实际速度。

速度控制命令显示包括：加速、减速、常速运行。

辅助显示内容包括：与电气牵引相关的信息、轴温检测信息、超速信息、制动信息、缓解信息、设备故障信息等。

（七）环境状况监测

系统应能对沿线环境实时监测，管理好各类环境状况检测器，生成车站控制中心和维护系统报警显示所需要的信息，报警时由列车控制系统自动生成限速命令。

（八）列车状态检测

列车状态检测包括轴温检测等，它产生车站控制中心和维护系统报警所需信号，并由列车控制中心产生相应的控制命令。

（九）人员和设备的防护

当线路施工或有事故发生时，列车控制系统应允许车站值班员通过人机交互平台下达局部限速控制命令，对人员或设备进行防护。

（十）与相邻列车控制中心的信息交换

相邻列车控制中心应通过信息通道相互连接，交换必要的信息。所交换的信息分为以下两类。

（1）信号安全信息，即与行车安全有关的联锁信息和列车控制信息，以保证速度控制的连续性。

（2）非信号安全信息，即车站行车管理信息等，以保证调度指挥的一致性。

由于以上两类信息的安全级别不同，所以应采用不同的信息传输通道。

（十一）系统诊断

无论是车载系统还是地面控制系统，都应具有硬件和软件的诊断功能，可以实现冗余设备的故障转换，提供维护信息，以便实现及时维护，提高系统的可用性。

（十二）系统维护

维护中心负责系统地面设备维护和管理工作，记录设备故障信息。各车站维护中心互相连接，形成维护网络，维护信息资源共享，可以实现异地维护与诊断。

五、CTCS-2 级列控系统

CTCS-2 级列控系统是基于轨道电路和应答器传输列车行车许可信息，并采用目标距离连续速度控制模式监控列车安全运行的列控系统，机车乘务员凭车载信号行车。

（一）CTCS-2 级列控系统组成

CTCS-2 级列控系统由地面设备和列控车载设备两大部分组成，如图 6-15 所示。

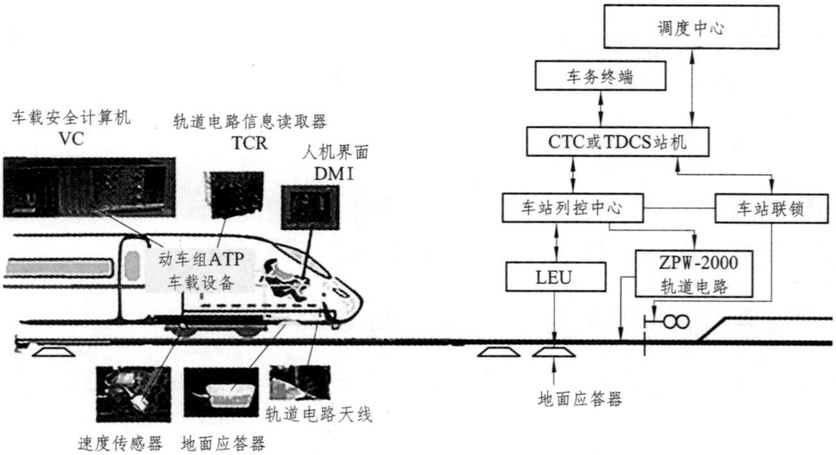

图 6-15　CTCS-2 级列控系统组成图

1. 地面设备

地面设备由车站列控中心（TCC）、临时限速服务器（TSRS）、地面电子单元（LEU）、应答器、ZPW-2000 系列轨道电路、车站计算机联锁等组成。

（1）车站列控中心（TCC）。

TCC 作为地面设备的核心控制设备，分别与车站计算机联锁、CTC 或 TDCS、微机监测、地面电子单元（LEU）等设备进行信息交换，根据列车占用情况及进路状态，产生控制行车的许可信息及进路相关的线路静态速度曲线，通过轨道电路及应答器传给列车，控制列车的运行。

（2）临时限速服务器（TSRS）。

TSRS 集中管理临时限速命令，向 TCC 传递临时限速信息。在 CTCS-2 级系统中也可以不专设 TSRS，由 CTC 完成这部分功能。

（3）地面电子单元（LEU）。

LEU 与有源应答器连接，周期接收来自 TCC 的报文，并独立地驱动 4 个有源应答器，向有源应答器发送进路股道、临时限速信息报文。当 LEU 与 TCC、车站联锁等设备发生通信故障时，有源应答器可以自动切换到无源应答器工作模式，发送缺省报文；当 LEU 与有源应答器间发生通信故障时，LEU 可以向车站列控中心、车站联锁等发送故障信息，并给出报警信号。

（4）应答器。

① 应答器的存储信息。

点式应答器主要用于列车与地面之间的信息交换，在 CTCS-2 中用它来检测列车位置。应答器可存储 1023 位数据的报文，利用应答器主要可以传送以下信息。

a. 线路基本参数。

如线路坡度、轨道区段长度、轨道区段编号等。

b. 线路速度信息。

如线路最大允许速度、列车最大允许速度等。

c. 临时限速信息。

如因施工、天气等原因引起的临时限速信息。

d. 车站进路信息。

如接发车进路信息，以及相关的线路参数。

e. 道岔限速信息。

如给出前方道岔的侧向限速值。

f. 特殊定位信息。

如变相点、进出隧道、列车停位等。

g. 其他信息。

如固定障碍物信息、列车运行目标数据、链接数据等。

② 应答器组的设置。

应答器根据设置地点及传输信息的不同分为有源应答器和无源应答器两种，有源应答器提供临时限速和进路信息。无源应答器提供线路允许速度和闭塞分区长度等。应答器根据作用分别设置在车站进站口、出站口及区间。CTCS-2 级高速铁路的应答器布置如图 6-16 所示。

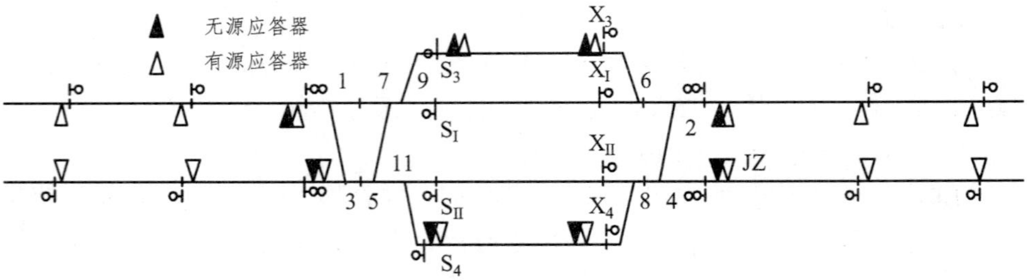

图 6-16 CTCS-2 级高速铁路应答器布置示意图

a. 车站进出口处。

分别设置由 1 个有源应答器和 1 个无源应答器构成的应答器组，进口处的应答器与总出站口应答器相链接。

b. 出站信号机处。

高速铁路每架出站信号机（正线除外）处设置由 1 个有源应答器和 1 个无源应答器构成的应答器组，该处应答器与总出站口应答器链接。

c. 区间。

每两个闭塞分区分界处设置由单个无源应答器构成的应答器组，存储正、反向前方 10 个轨道区段的线路信息和定位信息，此类应答器组之间互相链接。区间应答器组提供的线路参数范围与下个同方向区间应答器组提供的线路参数范围内至少应有一个列车安全制动距离的重叠，故区间一处丢失，不影响列车正常运行。

d. 在两个区间应答器组之间的闭塞分区入口处增设由单个无源应答器构成的应答器组，用于列车定位，以减少列车在区间走行时的距离累积误差。该定位应答器的设置也是兼容 CTCS-3 级的需要，因为在 CTCS-3 级系统中，列车每通过一个闭塞分区的应答器，需要与无线闭塞中心（RBC）进行呼叫应答。

e. 在等级转换边界处增设 3 个无源应答器，用来提供等级预告、等级转换命令。

应答器组内相邻应答器间的距离应为（5 ± 0.5）m。应答器组间间距不宜小于 200 m，困难情况下不宜小于 100 m。

（5）轨道电路。

中国 CTCS-2 级列控系统采用的轨道电路有 ZPW-2000A 型和 ZPW-2000K 型两种，实现列车占用检查、提供列车运行前方空闲闭塞分区数量。

2. 车载设备

车载设备同时配备列车自动防护设备（ATP）和加强型列车运行监控记录装置（LKJ2000）两套列控设备进行安全防护。在 CTCS-2 区段由 ATP 防护安全，当列车下线行驶在 CTCS-0/1 级区段，或在 CTCS-2 区段 ATP 发故障时，由 LKJ2000 防护安全。车载 ATP 设备包括车载安全计算机（VC）、轨道电路信息读取器（TCR）及天线、应答器接收单元（BTM）及天线、列车接口单元（TIU）、记录单元（DRU）、人机界面（DMI）和测速设备（雷达传感器和速度传感器）组成。

（1）车载安全计算机（VC）。

VC 是列控车载设备的核心处理单元，负责从 ATP 各个模块获取信息，生成制动模式曲线，必要时通过故障-安全电路向列车输出制动信息，控制列车安全运行。

（2）轨道电路信息读取器（TCR）及天线。

TCR 通过 TCR 天线接收、解调轨道电路信息，并将解调的信息及时传送给 VC 和 LKJ。

（3）应答器接收单元（BTM）及天线。

BTM 通过 BTM 天线接收、解调地面应答器信号，通过一个专用信息接口和 VC 同步。同时它还提供通过应答器中点时的确切时间，能够让 ATP 车载设备在几厘米的准确范围内进行列车定位校准。

（4）列车接口单元（TIU）。

TIU 提供 VC 与列车相关设备之间的接口。

（5）记录单元（DRU）。

DRU 用于记录列控车载设备的数据和控制信息。

（6）人机界面（DMI）。

DMI 通过声音、图像等方式将 ATP 车载装置的状态通知司机，司机可以通过 DMI 上的按键切换 ATP 装置的运行模式或输入必要的信息，以实现司机与 VC 之间的信息交互。

（7）测试设备（速度传感器和雷达传感器）。

速度传感器根据测量列车走行距离，测算出列车运行速度并累计列车走行距离，低速时测量精度高。雷达传感器通过测量发射波和反射波之间的频差，计算出列车的运行速度，并累计求出走行距离。高速时测量精度高，且不受列车空转打滑的影响。

（二）CTCS-2 级的工作原理

CTCS-2 级列控系统的车载 ATP 设备以列控中心（TCC）的信息作为列车运行指令的信息源，通过轨道电路和应答器获取前方运行区段的运行线路参数和临时限速信息，通过应答器、速度传感器等设备自动校核列车走行位置、获取列车数据，生成控制速度和目标距离模式曲线控制列车安全运行。

1. CTCS-2 级的工作流程

（1）调度中心下达运行图至 CTC 分机，CTC 分机实时向车站计算机联锁下发进路命令、向车站列控中心下达临时限速信息。

（2）车站计算机联锁采集轨道电路的列车占用信息、道岔位置并进行处理。

（3）计算机联锁按照 CTC 下达进路的命令，控制道岔、信号机，排列进路。

（4）计算机联锁将进路信息发送给列控中心。列控中心根据进路信息和临时限速信息，生成轨道电路编码和临时限速报文。

（5）列控中心将轨道电路编码发送给轨道电路，临时限速报文发送给有源应答器，无源应答器存储线路静态参数。

（6）车载设备接收到轨道电路码序和应答器报文后，ATP 获取空闲闭塞分区的数量、闭塞分区的长度、线路允许速度和临时限速信息，结合动车组参数计算生成目标距离控制模式曲线，监控列车的安全运行。

2. 列车行车许可

在 CTCS-2 级列控系统中，行车许可是列车在线路上允许运行的凭证，列车只能在行车许可范围内运行。轨道电路以码序的形式向车载 ATP 提供空闲闭塞分区数量，应答器向车载 ATP 提供闭塞分区长度和线路允许速度，ATP 根据上述数据综合计算出列车的行车许可，生成速度控制曲线。

（三）CTCS-2 级间转换

装备 CTCS-2 级列控车载设备的动车组同时装设 LKJ 设备。列车跨线运行时，列控系统需要切换到不同的 CTCS 等级，称为 CTCS 级间转换。CTCS-2

级间转换原则上在区间自动进行，中途不需要列车停车，并给司机提供相应的声光警示，由司机按压确认按钮，解除警示。自动转换失效时，司机根据车载 ATP 或 LKJ 的相应警示信息，手动进行切换。

为此，在 CTCS-2 级和 CTCS-0/1 级区段边界增设特殊用途的 CTCS 级间切换应答器。级间切换点设置三个无源应答器，分别是正向预告点应答器、切换执行点应答器和反向预告点应答器，预告点和执行点设有间距，一般为 240 m。当列车通过预告点应答器时，列控 ATP 接收到级间切换预告信息，并给司机提示，当列车越过切换执行点应答器时向列控 ATP 提供完整的级间切换信息，自动实现级间转换。CTCS-2 级间转换示意图如图 6-17 所示。

为保证控车权可靠平稳交接，控车权的交接以车载 ATP 为主。在级间转换时，若列车已触发制动，则需保持制动作用完成，直到停车或列车发出缓解指令后，司机才可手动转换。

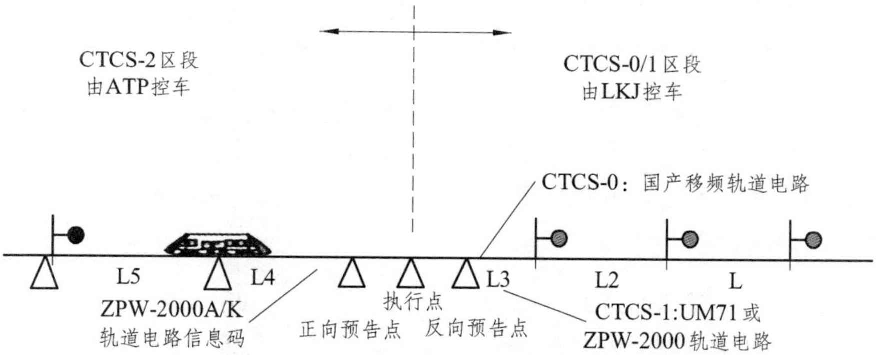

图 6-17　CTCS-2 与 CTCS-0/1 级间转换示意图

（四）CTCS-2 级的临时限速

临时限速（TSR）由调度中心集中管理，列车调度员通过铁路调度指挥系统（TDCS）、分散自律调度集中系统（CTC），向临时限速管辖车站及邻站下达限速调度命令。临时限速报文预先编制，并存储在列控中心（TCC）中。受报文数量的限制，临时限速区段的起点、长度、速度等参数需要归档处理，所以列车调度员需要对临时限速命令也进行归档处理，并要求实际设置的临时限速区必须覆盖调度命令要求设置的临时限速区范围。

双线站间区间范围内一个运行方向只允许设置一个区间或站内临时限速，列控限速按档可分为 5 个不同的限速等级，最低限速等级为 45 km/h，其次为 60、80、120、160 km/h。若遇限速小于 45 km/h 的特殊情况，司机按调度命令控车。

临时限速的起点里程和限速长度精度为 100 m，限速区长度分为 9 档：100 m、300 m、500 m、800 m、1 000 m、1 200 m、1 500 m、2 000 m、2 200 m，限速区长度超过 2 200 m 时，按照区间限速处理，或司机按调度命令控车。

因线路改造等原因，使线路里程产生不连续的处所，称为铁路线路里程断链。断链前后两里程之差小于实际长度时为长链，反之为短链。为了正确反映线路里程实际情况，在断链前后和断链里程范围内须设置百米标。对于断链范围内的公里标，按百米标归档即可，有断链时归档后需涵盖短链区域。

列控限速数据包括线路号、相关受令车站、限速位置、限速值、限速执行方式、开始和结束时间，侧线限速应增加车站号信息。调度中心向车站下达临时限速调度命令，经车站值班员签收，车站值班员签收时须确认限速起终点里程、速度、长度、车次、执行时间等，方可传至 TCC，TCC 根据限速命令从数据库中选择相应的临时限速报文，经 LEU、有源答器车地通信至列车。

（五）CTCS-2 级车载 ATP 的工作模式

列控车载设备的工作模式分为：CTCS-2 级工作状态和机车信号工作状态。

ATP 最重要的功能是超速防护，在 CTCS-2 级工作状态下，针对不同的运行工况，车载 ATP 设备提供了完全监控、部分监控、引导接车、目视行车、调车、隔离和待机等 7 种工作模式。

1. 完全监控模式（FS）

当车载 ATP 具备控车所需的轨道电路信息、应答器信息、列车数据等基本数据时，ATP 可转入完全监控模式，它是列车的正常运行模式，如图 6-18 所示。在此模式下，由 ATP 生成目标距离模式曲线，通过人机界面（DMI）显示列车运行速度、允许速度、目标速度和目标距离等信息来控制列车安全运行。

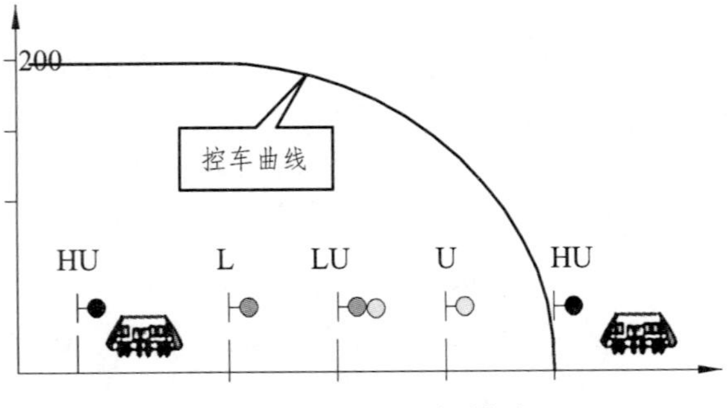

图 6-18　完全监控模式

2. 部分监控模式（PS）

当 ATP 接收到轨道电路允许行车信息，而缺少应答器提供的线路数据或限速数据时，ATP 将处于部分监控模式，产生固定限速，监控列车运行。部分监控模式对应两种运行工况。

（1）连续两组及以上应答器线路数据缺失。

当列控车载设备运行在完全监控模式、缺失两组及以上应答器的线路数据时，从已知线路数据的始端开始，列控车载设备在部分监控模式下工作，如图 6-19（a）所示。在此模式下，列控车载设备无法详细确定增加的位置，但可以通过接收轨道电路信息来获得相对距离，ATP 根据线路最不利条件，产生监控速度曲线（最高限制速度 45 km/h），监控列车运行。

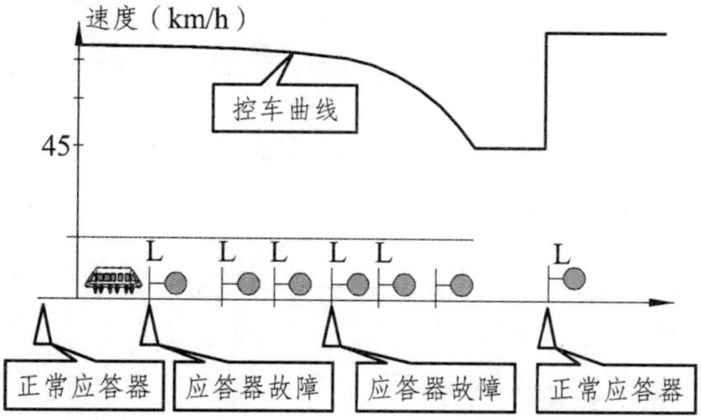

（a）部分监控模式-应答器信息丢失

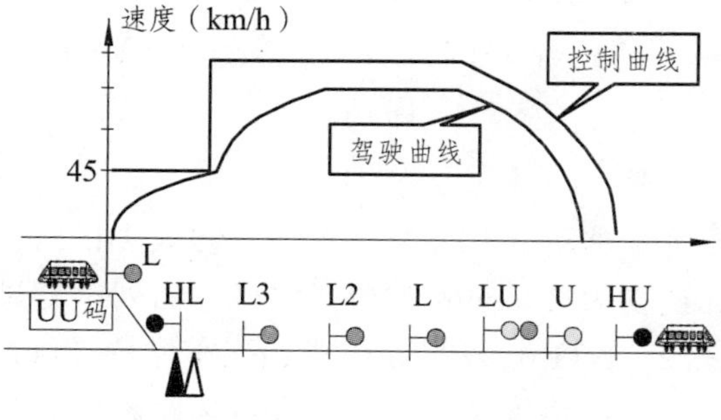

（b）部分监控模式-侧线发车

图 6-19

（2）侧线发车工况。

在待机模式下，司机按下启动键，列控车载 ATP 根据侧线发车股道轨道电路信息和道岔侧向限速要求，形成并保持固定限制速度（45 km/h 或 80 km/h）至出站口，控制列车运行，如图 6-19（b）所示。

3. 引导模式（CO）

（1）引导接车工况。

车站开通引导接车进路，ATP 从轨道电路接收 HB 码，越过进站信号机后，自动转入引导模式生成固定限速（20 km/h）的模式曲线，如图 6-20（a）所示。在此模式下，司机必须在每 60 s 内或运行 200 m 以前按压警惕按钮，否则 ATP 将触动紧急制动。

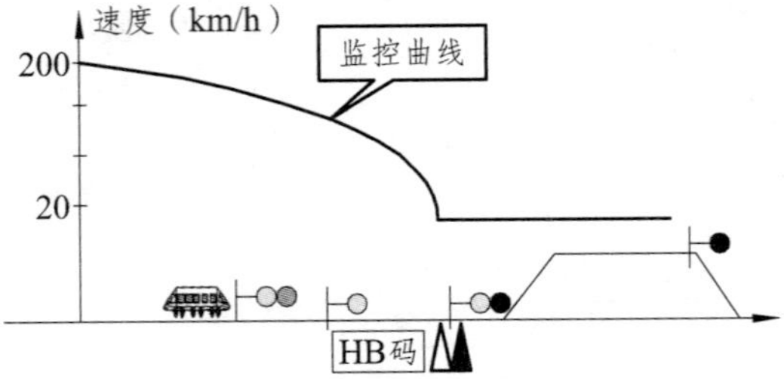

（a）引导接车工况

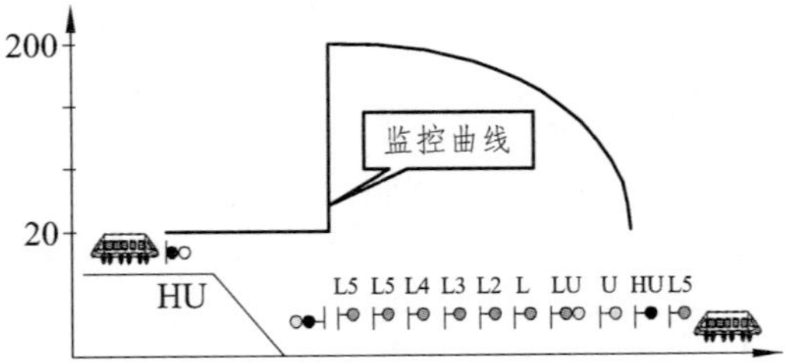

（b）引导发车工况

图 6-20

（2）引导发车工况。

车站开通引导发车进路，ATP 从轨道电路接收 HB 码，生成目标点在出站信号机处、目标速度为 20 km/h 的模式曲线，当列车越过出站信号机后，进入咽喉区无码区段，ATP 转入引导模式，列车保持 20 km/h 的限速；行至出站口接收到连续轨道电路等信息后，产生目标距离模式曲线并自动转为完全监控模式。如图 6-20（b）所示。

4. 目视行车模式（OS）

当 ATP 接收到禁止信号或无信号时，列车停车后，根据行车管理办法（含调度命令），司机按压目视键，ATP 生成固定限制速度（20 km/h）的控制曲线，控制列车运行，如图 6-21 所示。在目视行车模式下，司机必须在 60 s 内或运行 200 m 以前按压警惕按钮，否则 ATP 将触动紧急制动。

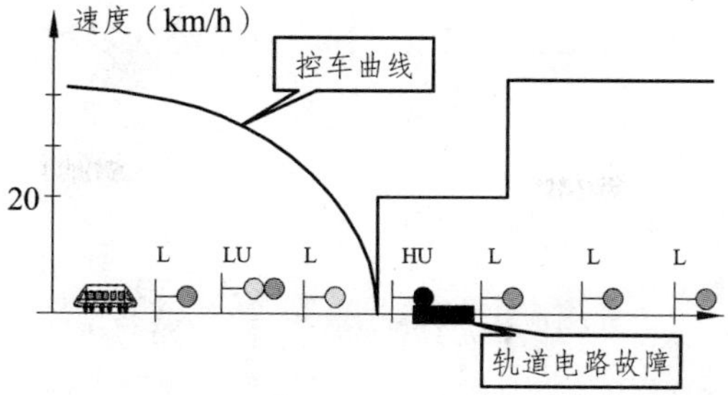

图 6-21　目视行车模式

5. 调车监控模式（SH）

进行调车作业时，司机按压调车键后，转为调车模式，ATP 生成固定调车限制速度的控制曲线，监控动车组调车，如图 6-22 所示。牵引运行时，限制速度为 40 km/h；推进运行时，限制速度为 30 km/h。调车一旦超过相应限制速度，ATP 输出制动。当从车站进、出站端的应答器接收到调车危险信息时，ATP 输出紧急制动。调车结束后，要求司机手动退出调车模式。

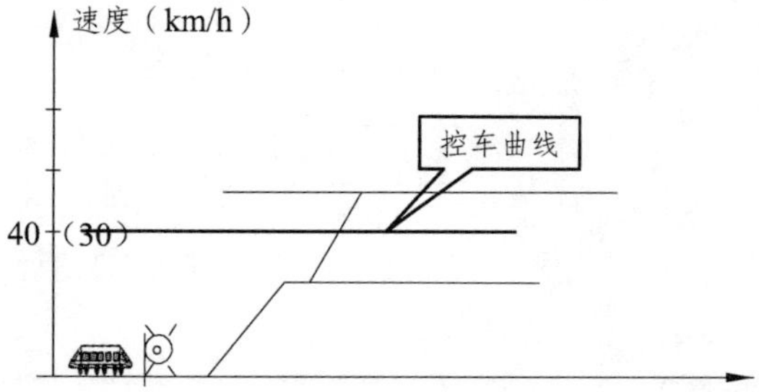

图 6-22　调车监控模式

6. 隔离模式（IS）

当 ATP 车载设备故障，列车制动停车后，根据规定，司机将隔离开关操作到隔离位置时，会隔离 ATP 的制动输出，ATP 转入隔离模式，ATP 控制功能停用，在该模式下司机按调度命令行车。若仅应答器接收单元（BTM）失效，ATP 提供机车信号，可人工转换为 LKJ 控制列车。

7. 待机模式（SB）

待机模式是 ATP 接通电源后的默认模式。列控 ATP 自检后，自动处于待机模式。在此模式下，ATP 正常接收轨道电路信息及应答器信息，但不进行速度比较等控制，同时，为避免列车发生溜逸，还无条件地输出制动。

进入列控车载设备的工作模式需要具备一定的条件，当条件发生变化时，相应工作模式也要发生变化。有些工作模式可以直接转换，但有些工作模式必须间接转换。

六、CTCS-3 级列控系统

CTCS-3 级列控系统是基于无线通信系统（GSM-R）实现车-地信息双向传输，轨道电路实现列车占用检查，应答器实现列车定位，无线闭塞中心（RBC）生成行车许可，并将行车许可、临时限速及线路描述信息等，通过连续的无线通信传送给车载设备，并具备 CTCS-2 级功能的列车运行控制系统。

（一）CTCS-3 级列控系统的结构及功能

CTCS-3 级列控系统由列控车载设备和地面设备组成，如图 6-23 所示。

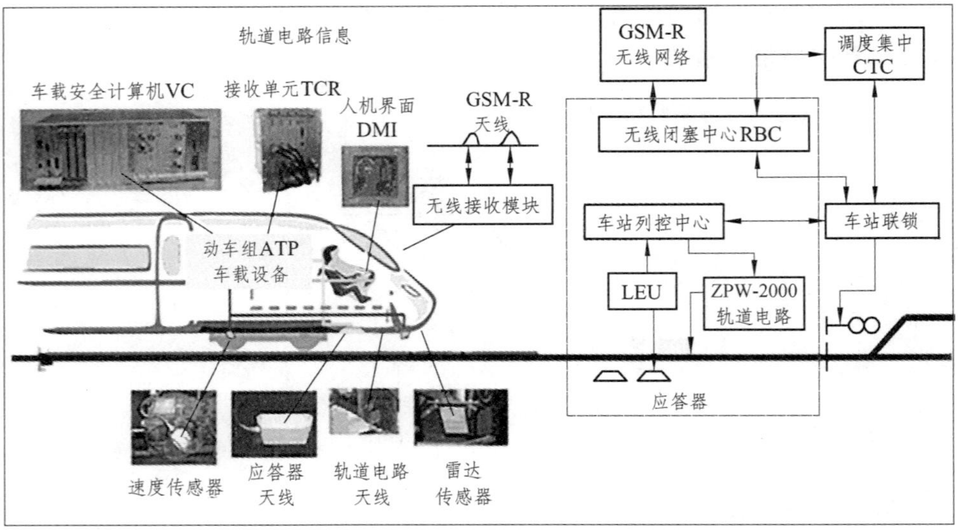

图 6-23　CTCS-3 级列控系统构成图

1. 地面设备及功能

列控地面设备由车站列控中心（TCC）、临时限速服务器、ZPW-2000 系列轨道电路、应答器、无线闭塞中心（RBC）、GSM-R 接口设备等组成。

（1）车站列控中心（TCC）。

TCC 实现轨道电路编码功能，并向 RBC 传送列车占用信息；能通过地面电子单元（LEU）及有源应答器向 CTCS-3 级后备系统（CTCS-2 级），传送临时限速信息和进路信息。RBC 可集中设置，也可分散设置。

（2）临时限速服务器（TSRS）。

TSRS 集中管理列控系统的临时限速命令，分别向 RBC、TCC 传递临时限速信息，并将 TCC 和 RBC 的执行结果反馈给 CTC。它具有以下主要功能。

① 具备列控限速调度命令的存储、校验、撤销、拆分、设置、取消的管理功能。

TSRS 接收调度台对临时限速的下达、取消和撤销（删除）等操作命令，能根据临时限速取消命令，对已处于执行状态的临时限速进行取消命令的验证和取消操作的功能。临时取消命令须与要取消的临时限速设置命令参数一致。TSRS 具备根据临时限速删除命令，对未执行的临时限速进行删除操作的功能。

② 具备列控限速设置时机的辅助提示功能。

TSRS 能根据临时限速命令的计划开始时间，提前一定时间向 CTC 发送激活提示，并间隔一定时间重复提示，直至确认或超出该限速命令计划的结束时间。对超出限速计划结束时间仍未执行的临时限速命令，向 CTC 发送“超时未设置”的提示。TSRS 仅对本调度台下达的限速设置命令，提供激活时机和设置时机的辅助提示，仅对由 TCC、RBC 验证通过的正线（不包括侧线道岔区）限速设置命令给出设置时机提示。

（3）ZPW-2000 系列轨道电路。

ZPW-2000 系列轨道电路的作用是监督列车占用和发送闭塞分区空闲信息，以满足后备系统的需要。

（4）应答器。

应答器向 CTCS-3 级控制单元传输定位、级间转换和 RBC 切换、建立无线通信等信息；同时向 CTCS-2 级控制单元传送线路数据、线路允许速度、临时限速、过分相等信息。应答器设置满足 CTCS-3 系统兼容 CTCS-2 系统的要求。

（5）无线闭塞中心（RBC）。

RBC 根据轨道电路、联锁进路等信息生成行车许可；通过 GSM-R 无线通信系统将行车许可、线路参数、临时限速传输给 CTCS-3 级车载设备；通过 GSM-R 无线通信系统接收车载设备发送的位置和列车数据等信息。

（6）GSM-R 接口设备。

GSM-R 接口设备用来连接 RBC 和 GSM-R 网络。

GSM-R 不属于 CTCS 设备，却是 CTCS 系统的重要组成部分，用于实现车载设备与地面设备之间连续、双向、大容量信息传输。

2. CTCS-3 级列控车载设备

CTCS-3 级列控车载设备主要由车载安全计算机（VC）、轨道电路信息读取器（TCR）、应答器信息接收单元（BTM）、列车接口单元（TIU）、记录单元（DRU）、人机界面（DMI）、GSM-R 无线通信单元（RTU）等部件组成。

（1）车载安全计算机（VC）。

VC 包括 CTCS-3 级和 CTCS-2 级两个控制单元，两者独立设置，同时运行。CTCS-3 级控制单元，负责在 CTCS-3 级线路正常运行时的核心控制功能；CTCS-2 级控制单元，负责后备系统的核心控制功能。两者共用 DMI、TIU、测速测距模块、BTM、速度传感器及雷达传感器。CTCS-3 级控制单元连接 GSM-R 单元，并负责系统总线管理及统一对外输出。CTCS-2 级控制单元连接 TCR，从 TCR 获得行车许可信息。

当 CTCS-2 级控制单元设备控车的时候，CTCS-2 级控制单元根据接收到的轨道电路信息和应答器信息计算限速曲线，对列车的速度进行监控，并把相关信息通过 DMI 进行显示。CTCS-3 级控制单元为 CTCS-2 级控制单元监控功能的实现提供辅助和监管功能：监视整个系统（包括 CTCS-2 级设备）的状态是否安全；控制系统的启动、自检；提供列车接口的访问通道、制动的控制和速度传感器的访问通道。

在 CTCS-3 级控制单元设备控车时，CTCS-2 级设备仍正常接收轨道电路信息和应答器信息，并根据接收到的地面信息计算限速曲线，根据列车实际运行速度和限速曲线进行比较。但计算和比较结果不作为控车的依据，也不传送至 DMI 显示，仅作为 CTCS-3 级控制单元的备用，在 CTCS-3 级转换到 CTCS-2 级时能马上投入控车和送 DMI 显示。

（2）轨道电路信息读取器（TCR）。

TCR 通过 TCR 天线接收轨道电路信息解调后发送给 VC。

（3）应答器信息接收单元（BTM）。

BTM 通过与 BTM 天线连接，接收应答器信息，解调、校核后传输给 VC。

（4）列车接口单元（TIU）。

TIU 提供 VC 与列车相关设备之间的接口。

（5）记录单元（DRU）。

DRU 记录与列车运行安全有关的数据，在需要时可将其下载进行数据分析。

（6）人机界面（DMI）。

DMI 实现司机与车载设备之间的信息交互。

（7）GSM-R 无线通信单元（RTU）。

RTU 通过与 GSM-R 车载电台连接，实现车地双向信息传输。

3. CTCS-3 级与 CTCS-2 级的比较

CTCS-3 级与 CTCS-2 级列控系统有相同之处，也有不同之处，具体比较如表 6-3 和表 6-4 所示。

表 6-3　CTCS-3 级与 CTCS-2 级相同点

项目	CTCS-3 级与 CTCS-2 级的相同处
运行方式	正线双向运行，正向按准移动闭塞追踪运行， 反向按自动站间闭塞运行的要求
监控列车方式	以目标距离连续速度控制模式、设备制动优先的方式监控列车安全运行
配套系统	CTC、车站联锁、信号集中监测
车载设备	除 CTCS-3 级还配有 GSM-R 车载电台、RTU 外，其他设备都相同
列车定位	车载设备依据地面应答器收到的信息，并以此为基准点 通过测速设备测量列车运行距离，以此来获得列车位置
轨道电路	均由轨道电路实现列车占用检查

表 6-4　CTCS-3 级与 CTCS-2 级不同点

项目	CTCS-3 级	CTCS-2 级
适用范围	300 km/h 以上客运专线，250 km/h 铁路	200 ~ 250 km/h 提速干线及客运专线
车地信息通道	连续、双向、大容量 GSM-R 及部分应答器	轨道电路及应答器
地面主要控制设备	RBC	TCC
备用系统	CTCS-2 级	LKJ
临时限速服务器	必须设	可由 CTC 完成
临时限速	通过 GSM-R 传给车载设备	由应答器传送给车载设备
区间地面信号机	不设，只设停车标志	设，常态灭灯
车站地面信号机	设，常态灭灯；或不设，只设停车标志	设，常态点灯
发送分相区信息	RBC	应答器
工作模式	7 种	另外有 PS 和 CS 模式

（二）CTCS-3 级列控系统的工作原理

在 CTCS-3 级列控系统中，移动授权是列车在线路上允许运行的凭证，列车只能在移动授权范围内运行。以区间运行列车尾部所占用闭塞分区起点处，作为列车移动授权的起点，沿列车运行方向授权范围至行车许可指定的移动授权终点。其工作原理简要归纳为以下几点。

（1）调度中心下达运行图和临时限速至车站 CTC 分机，CTC 分机实时向车站联锁下发进路命令，向无线闭塞中心（RBC）和车站列控中心（TCC）下达运行图和临时限速信息。

（2）车站联锁采集轨道电路的列车占用信息、道岔位置并进行处理。

（3）计算机联锁按照 CTC 下达进路的命令，控制道岔、排列进路。

（4）Z 计算机联锁将进路信息发送给 RBC/TCC。RBC 通过 GSM-R 网络得知管辖区域内的列车运行情况，从而得到轨道电路占用信息。

（5）RBC 根据轨道电路、联锁进路信息，结合运行时刻表、线路数据、临时限速等信息，生成列车的移动授权，通过 GSM-R 告知列车。

（6）列车通过移动授权得到目标速度、目标距离、线路数据，结合自身制动性能产生一次制动曲线，监控列车运行。

（三）CTCS-3 级列控系统的应答器设置

1. 应答器设置的一般规则

（1）地面应答器设置应同时满足 CTCS-2 级列控系统的需求，并集成 CTCS-3 级和 CTCS-2 级报文。

（2）应答器组设置应满足应答器容量要求，当应答器容量不能满足要求时，应增加组内应答器数量，但组内应答器数量不宜超过 3 个。

（3）应答器组一般应由两个及以上应答器构成，仅用于定位的应答器组可为单个应答器。

（4）应答器组内相邻应答器间的距离应为 5 ± 0.5 m。

（5）设置在闭塞分区入口处的应答器组距调谐单元（BA）或机械绝缘节 200 ± 0.5 m（从靠近绝缘节的应答器计算）。

（6）设置在进站信号机处的应答器组距调谐单元（BA）或机械绝缘节的距离宜为 25 ± 0.5 m（从靠近绝缘节的应答器计算）。

（7）设置在车站的应答器组中的有源应答器宜靠近信号机侧。

2. 应答器组设置

CTCS-3 级列控系统和 CTCS-2 级列控系统一样，在车站进出口（进站信号机）处、出站信号机处（无转线作业的正线除外）、区间均需设置应答器组，区别是 CTCS-3 级列控系统的区间应答器组在每个闭塞分区入口处都要设置，而且由 2 个及以上无源应答器组成，而 CTCS-2 级列控系统中每两个闭塞分区入口处才设置由 1 个无源应答器组成的区间应答器组。

除此之外，CTCS-3 相较 CTCS-2，还增设了很多其他类型的应答器组，以实现不同的功能。

（1）定位应答器组设置。

CTCS-2 级列控系统的定位应答器组，只设置在两相邻区间应答器组之间的闭塞分区入口处，而 CTCS-3 级列控系统除了需在两相邻区间应答器组（这两个应答器组之间的距离大于 1 500 m）中间，增设由 1 个无源应答器构成的单应答器组外，在车站进站信号机（含反向）外方 230 m 处、车站各股道中间均需设置单应答器组，用于列车停车定位。对于车站无接发车作业的正线出站信号机外方 25 m 处，需设置由两个无源应答器组成的应答器组，用于列车定位和方向识别。

定位应答器组根据设置位置，可提供线路里程、车站名称、桥梁和隧道名称等辅助信息。

（2）中继站应答器组设置。

在上下行线路靠近区间中继站的两端，各设置一组中继站应答器组。每个应答器组由 1 个有源应答器和 1 个无源应答器组成，两个应答器之间的距离为 100 m。其中，无源应答器发送线路数据信息，有源应答器发送应答器链接和临时限速信息。

（3）等级转换应答器组设置。

CTCS-3 级列控系统的等级转换应答器组与 CTCS-2 级有很大的不同，其等级转换应答器组的设置如图 6-24 所示。

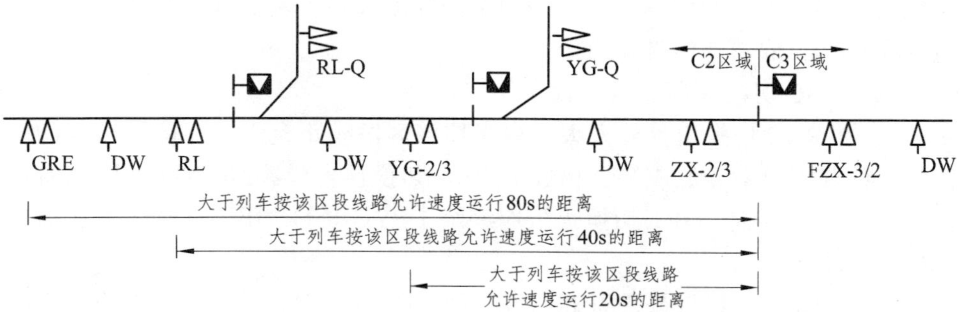

图 6-24　等级转换应答器组设置示意图

① 在 GSM 覆盖区域 C2→C3 转换边界外方，大于列车按该区段线路允许速度运行 80 s 的距离处，根据需要设置由两个无源应答器组成的 GSM-R 网络注册应答器组【GRE】，用于 C3 车载设备的 GSM-R 无线网络注册。可与设置在闭塞分区入口处的应答器组共用。

② 在 C2→C3 转换边界外方，大于列车按该区段线路允许速度运行 40 s 的距离处，设置由两个无源应答器组成的 RBC 连接应答器组【RL】，用于列车呼叫 RBC 并建立连接。该应答器组须冗余设置，可与设置在闭塞分区入口处的应答器组共用。

③ 在 C2→C3 转换边界外方，大于列车按该区段线路允许速度运行 20 s 的距离处且其内方的 C3 为唯一进路，应设置由两个无源应答器组成的 C2-C3 等级转换预告应答器组【YG-2/3】，用于列车定位。

④ 在距 C2-C3 等级转换边界（25 ± 0.5 m）处，设置由两个无源应答器组成的 C2-C3 等级转换执行应答器组【ZX-2/3】，作为正向 C2→C3 等级转换的执行点，发送 C2→C3 的有条件等级转换和 C3→C2 的等级转换信息。

⑤ 当有反向行车时，在距 C2-C3 等级转换边界另一侧（25 ± 0.5 m）处，设置由两个无源应答器构成的 C3-C2 等级转换执行应答器组【FZX-3/2】，作为反向 C3→C2 等级转换的执行点，发送 C3→C2 的等级转换或 C2→C3 有条件等级转换信息。

⑥ 当区间 RBC 连接应答器组前方有联络线时，在靠近联络线道岔处，设置由两个无源应答器构成的 RBC 连接取消应答器组【RL-Q】，用于当列车经联络线道岔驶离 C3 区段，越过该应答器组后，取消车载与 RBC 的连接。

⑦ 当区间等级转换预告应答器组前方有联络线时，在靠近联络线道岔处，设置由两个无源应答器构成的等级转换预告取消应答器组【YG-Q】，其与等级转换预告应答器组之间的距离，小于等级转换预告应答器组与等级转换执行应答器组间的距离，用于当列车经联络线道岔驶离 C3 区段，越过该应答器组后，取消等级转换命令。

（4）RBC 切换应答器组设置。

① 在 RBC 切换边界外方大于列车按该区段线路允许速度运行 40 s 的距离处，设置由两个无源应答器构成的 RBC 切换预告应答组【YG-R】（当有反向行车时，为反向 RBC 切换预告应答组【FYG-R】），用于向列车发送前方 RBC 连接信息。

② 在 RBC 切换边界外方和内方（25 ± 0.5 m）处，分别设置由两个无源应答器构成的 RBC 切换执行应答器组。RBC 切换执行应答器组【ZX-R】用于发送正向正线线路数据和 RBC 切换信息；RBC 切换执行应答器组【FZX-R】

用于发送反向 RBC 切换信息。

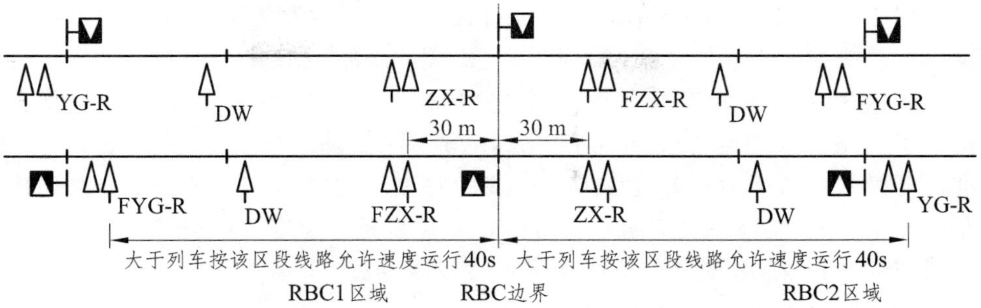

图 6-25 RBC 切换应答器组设置示意图

（5）自动过分相应答器组设置。

① 设有分相区预告应答器组，但并不单独设置，当用于提供线路参数的区间应答器组和车站应答器组的数据范围覆盖分相区时，这些应答器组除发送“特殊区段”信息外，还兼作分相区预告应答器组。

② 在距分相区为列车按该区段线路允许速度运行 5～6 s 的距离处，设置由两个无源应答器构成的过分相执行应答器组（反向相应位置处也需设置），用于列车进入分相区的精确定位和发送过分相执行信息。

对于 CTCS-3 级列控系统，至分相点距离、分相区长度等分相区信息，与列车行车许可一起由 RBC 提供给列车，而自动过分相过程与 CTCS-2 级系统一致。

（6）调车应答器组设置。

对于有调车作业并有可能危及正线列车运行安全的调车信号机外方（15 ± 0.5）m 设置调车应答器组，由一个有源应答器和一个无源应答器组成，当调车信号机关闭时，该应答器组发送调车危险信息。

在 CTCS-3 级高铁线路上，除应设置上述应答器组外，根据需要可以设置进路应答器组、大号码道岔应答器组等。

（四）CTCS-3 级列控系统车载设备的控车模式

CTCS-3 级列控车载设备按 CTCS-3 级控车时的模式有完全监控、引导、目视行车、调车、休眠、隔离和待机 7 种模式；CTCS-3 级列控车载设备按 CTCS-2 级控车时的模式，除了上述 7 种模式外还有部分监控和机车信号两种模式。

（1）完全监控模式（FS）。

当车载设备具备列控所需的列车参数、行车许可和线路数据等全部基本数据时，列控车载设备根据控车数据自动生成目标距离连续速度控制模式曲线，司机依据人机界面显示的列车运行速度、允许速度、目标速度和目标距离等信息控制列车运行。FS 是列车的正常运行模式。

运行速度 250 km/h 及以下，完全监控模式下 CTCS-2/3 级列控车载设备按高于线路允许速度 2 km/h 报警、5 km/h 常用制动、10 km/h 紧急制动的标准设置模式曲线。运行速度 250 km/h 以上，完全监控模式下 CTCS-3 级列控车载设备（含 CTCS-2 级后备功能）按高于线路允许速度 2 km/h 报警、5 km/h 常用制动、15 km/h 紧急制动的标准设置模式曲线。

（2）引导模式（CO）。

是在进站或出站建立引导进路后，列控车载设备进入引导模式。在引导模式下，车载设备按固定限制速度 40 km/h 监控列车运行，司机负责在列车运行时检查轨道占用情况。

（3）目视行车模式（OS）。

当地面设备故障、列控车载设备显示停车信号或位置不确定时，在停车状态下司机按规定操作转入目视行车模式。在目视行车模式下，列控车载设备按固定限制速度 40 km/h 监控列车运行，列车每运行一定距离（300 m）或一定时间（60 s），司机便需确认一次。

（4）调车模式（SH）。

当动车组进行调车作业时，司机按压专用按钮使列控车载设备转入调车模式。SH 模式是动车组进行调车作业的固定限速模式，限速值为 40 km/h（或 30 km/h）。只有在列车停车时，司机才可以选择进入或退出调车模式。与 CTCS-2 级控车不同，当 CTCS-3 级控车时，只能在车站内转入调车模式，因为需经 RBC 同意，列控车载设备转入调车模式后与 RBC 断开连接，退出调车模式后再重新与 RBC 连接。

（5）休眠模式（SL）。

当列控车载设备上电时，执行自检和外部设备测试正确后，首先自动处于待机模式，当本务端的驾驶台开启后，非本务端列控车载设备进入休眠模式。在休眠模式下，列控车载设备仍执行列车定位、测速测距、记录等级转换及 RBC 切换信息等功能。当动车组列车立即折返时，非本务端升为本务端后，车载设备可自动进入正常工作状态。

（6）隔离模式（IS）。

当列控车载设备停用时，需在停车的情况下，根据规定，司机操作隔离装置，隔离列控车载设备的制动功能，列控车载设备进入隔离模式。在隔离模式下，车载设备不具备安全监控功能。列控车载设备应能够监测隔离开关状态。

（7）待机模式（SB）。

当列控车载设备上电，执行自检和外部设备测试后，自动处于待机模式。在待机模式下，车载设备禁止列车移动，列控车载设备正常接收轨道电路及应答器信息。

（8）部分监控模式（PS）。

该模式仅用于 CTCS-2 级控车。在 CTCS-2 级，当 ATP 接收到轨道电路运行行车信息，而缺少应答器提供的线路数据时，车载 ATP 转入部分监控模式。在该模式下，车载 ATP 产生一定范围内的固定限制速度 45 km/h，监控列车运行。

（9）机车信号模式（CS）。

该模式仅用于 CTCS-2 级控车。当列车运行到地面设备配置未装备 CTCS-2/3 级列控设备的区段时，根据行车管理办法（含调度命令），经司机操作后，列控 ATP 进入机车信号模式，按最高限制速度 80 km/h 监控列车运行，并显示机车信号。当列车越过禁止信号时触发紧急制动。

在机车信号模式下，司机负责以地面信号显示为行车凭证驾驶列车运行并根据地面情况进行处理。在调车、休眠、隔离模式外，司机停车后按压“机信”键，会转入机车信号模式。

知识点四　国内外高铁信号与控制系统的发展

高速铁路的信号与控制系统，是高速列车安全、正点运行的基本保证。因此，世界各国发展高速铁路，都十分重视行车安全及其相关支持系统的研究和开发工作。高速铁路的信号与控制系统是集微机控制与数据传输于一体的综合控制与管理系统，是当代铁路为适应高速运营、控制与管理而采用的最新综合性高等技术，国外常常称其为先进列车控制系统（Advanced Train Control Syste ms）。如北美的先进列车控制系统（ATCS）和先进铁路电子系统（ARES），欧洲列车控制系统（ETCS），法国的实时追踪自动化系统（ASTREE），日本的无线列车控制系统（CARAT）等等。

ARES 系统是为了提高铁路运输的安全和效率而研制的两种基本控制系统之一。它采用全球定位卫星接收器和车载计算机，通过无线通信与地面控制中心连接起来，实现对列车的智能控制。全球定位卫星系统定位精确，误差不超过 1 m。

ATCS（即先进列车控制系统）则采用设置在地面上的查询应答器（Transponder），而不用全球定位卫星。应当指出，ARES 和 ATCS 的功能不限于列车自动驾驶，它们的潜力还很大。计算机还可以在 30 s 内，计算出一条铁路线的最佳运行实时计划，以便随时调整列车运行，达到安全效率和节能的最佳综合效果。

日本在东海道新干线采用了 ATC 系统，法国 TGV 高速线采用了 TVW300 和 TVM430 系统，德国在 ICE 高速线上采用了 LZB 系统。这些系统的共同点是新系统完全改变了传统的信号控制方式，可以连续、实时地监督高速列车的运行速度，自动控制列车的制动系统，实现列车超速防护；另外，通过集中运行控制，系统还可以实现列车群体的速度自动调整，使列车均保持在最优运行状态，在确保列车安全运行的条件下，最大限度地提高运输效率，进而系统还可以发展为以设备控制全面代替人工操作，最终实现列车控制全盘自动化。

一、基于无线通信的信号系统

随着高速铁路技术的发展，基于轨道电路的列车控制系统的一些不足之处在实际应用中也逐渐显露出来，例如：轨道电路传输环境恶劣、传输信息量小、速率低，不能满足铁路运输信息化的发展要求；闭塞分区长度按能保证最小制动性能列车能在红灯前安全停车的距离划分，限制了区间通过能力的进一步提高；适应能力差，列车速度提高后，为保障安全，必须增加信号显示数目甚至重新分割轨道电路，这需投入大量资金，改造的同时会影响既有线路上列车的运行；轨道电路设备更新、维护费用高等。国外于 80 年代初，开始研究基于无线通信的铁路信号系统 TBS（Trans mission Based signalling），希望通过 TBS 能够降低系统造价、节约能源、缩短列车间隔时分、增强铁路运输管理能力、增加旅客乘坐的舒适性。

TBS 是基于“列车命令”的控制系统，列车在区间运行时，通过全球定位系统（GPS）或信标、计轴装置实现列车位置和速度的测定，车载计算机通过天线将列车位置、速度信息发射出去。车站的无线接收装置接收到信息后，将信息输入调度控制计算机中进行处理，计算机根据该列车与前行列车间的距离、区间参数（如：弯道、坡度等）、列车参数（列车长度、牵引重量、制动比能）计算出列车到达下一个目标前的最大允许速度，并通过无线信道发送给列车，列车收到速度信息后，车载计算机判断列车实际运行速度是否大于最大允许速度，如大于，则提醒司机注意，如果司机未及时作出响应（制动），就可将列车速度降低到最大允许速度以下，TBS具有以下几个特点：

（1）主控中心依据列车自身及前行列车的运行状态，及时调整自身的运行，可以取消地面信号机、轨道电路、固定分区，适应混运型区段，提高线路的通过能力。

（2）取消了部分地面信号设备和装置，降低了系统安装、维护费用。

（3）车上-地面可靠信息量加大，主控中心可以更精确地控制列车按运行图运行，减少了列车在区间运行时不必要的加速、制动，节省能源，增加旅客乘坐舒适度。

（4）主控中心可实时获取线路上所有运行列车的状态信息，通过与DMIS系统接口，实现计算机辅助列调，自动调整运行图，增强铁路运输管理能力。

二、TBS中的关键问题

列车速度的提高要求对列车实施更精确的控制，而精确控制的前提条件是车上-地面可靠信息量的加大。目前，主要有以下几种车上-地面信息通道：

（1）轨道电路，如：交流计数、移频。轨道电路的缺点是传输信息量小，传输环境恶劣，只能使用较低的信息发送频率，从而导致电码传输速度无法满足高速列车速度控制的要求，难以利用轨道电路实现车上-地面的信息传递。

（2）用应答器或环线装置传递点式数据。缺点是信息在列车驶过下一个应答器后才能得到更新，这种时间上的延误，会给高速列车运行造成不利的影响。

（3）采用轨间电缆实现车上-地面双向信息传输。与采用音频轨道电路相比，优点是传输信息量大、抗干扰能力强、能适用于不同速度和不同性能的混运型区间。缺点是防盗困难、易受工务作业的干扰、设备费用高等。

在高速铁路的未来发展中，必须研究和应用更加自动化、智能化、集成化的信号系统，以满足高速铁路更快速、安全、经济的要求。

课后思考题

1. 高速铁路的信号系统主要由哪些部分组成？
2. 高速铁路信号机的显示状态有哪几种？进站、出站、进路信号机以及线路所的通过信号机遇到什么情况应转为点亮状态？
3. 什么是继电器？其作用是什么？

4．什么是轨道电路？其工作原理是什么？

5．什么是应答器？应答器的用途和工作原理是什么？

6. 什么是联锁？联锁的技术条件有哪些？高速铁路是如何实现联锁的？

7．计算机联锁的组成和工作原理是什么？

8．什么是闭塞？高速铁路是如何实现闭塞的？

9．什么是列车运行控制系统？我国铁路列控系统是如何分级的？

10．列车运行控制模式有哪几种？各种模式的特点是什么？

11．什么是机车信号？它主要分为哪几类？

12．LKJ2000 型列车运行监控记录装置的主要功能是什么？

13．什么是 GYK？其主要功能是什么？

14．什么是 CTC 系统？其主要功能是什么？

15．什么是列车自动防护 ATP 系统？它的地面信息传输方式分为哪几种？

16．什么是 CTCS-2 级列车运行控制系统？它的主要特点是什么？

17．CTCS-2 级列车运行控制系统的主要设备有哪些？

18．CTCS-2 级列车运行控制系统的基本功能是什么？

19．CTCS-2 级列车运行控制系统车载设备的主要工作模式有哪些？

20．什么是 CTCS-3 级列车运行控制系统？它的主要特点是什么？

21．CTCS-3 级列车运行控制系统的地面设备主要有哪些？其主要功能是什么？

22．CTCS-3 级列车运行控制系统车载设备的主要功能是什么？

23．CTCS-3 级列车运行控制系统车载设备的主要工作模式有哪些？

项目七　高速铁路通信系统

铁路运输生产的特点是“点多线长、高度集中、统一指挥”。我国的铁路分布在960万平方千米的辽阔土地上，铁路运输企业的各个部门、单位分布在国家东西南北的铁路沿线。要想让每天数以千计的列车安全、有序、高效地运行，铁路必须实行高度集中、统一指挥的组织模式。为了有效地指挥列车运行，发布有关命令，以及实现运输企业内各业务部门、各工种之间的密切配合与协同作业，将铁路运输生产的各个环节联系成一个整体，从而保证行车安全，提高运输能力和工作效率，必须设置一整套完善、先进的铁路通信系统。

高速铁路通信系统是高速铁路的神经系统，是高速铁路重要的关键技术，是高速铁路发展的重要推动力。高速铁路通信系统有三方面的功能：第一个方面，为高速铁路列车控制系统、安全保障系统、客票及旅客服务系统、办公自动化系统、防灾及安防系统等提供业务传送及组网通道；第二个方面，为高速铁路提供有线、无线一体化的移动调度指挥通信平台及运营维护公务联络通信手段；第三个方面，可以为高速铁路企业提供高质量会议图像传输业务，实现统一的实时办公。

知识点一　高速铁路通信系统的组成

一、铁路通信设备的种类

铁路通信就是以语言、文字、数据、图像等形式，将铁路运输中需要传输的相关信息进行传送，以实现运输组织与生产管理的集中和统一。

（1）按照信息传递的方式，铁路通信分为电话通信、数据通信和电视电话会议三类。

（2）按服务区域和范围，铁路通信可分为长途通信、地区通信、区段通信和站内通信等四类。

① 长途通信是经过长途传输设备连接的铁路电话、电报和数据通信，

使用人工交换机和长途自动交换机，存储程序控制电子交换机也用于长途交换。

② 地区通信为同一地区的铁路系统用户间的通信，主要采用电话通信，通过长途交换设备可接入长途通信网，设置市话中继线可接入市话系统。地区通信一般使用电缆传输，将广泛采用存储程序控制数字交换机。

③ 区段通信为铁路沿线各部门用于指挥、调度、行车、管理等公务的专用通信系统，包括调度电话、站间行车电话、基层业务电话、区间电话和列车预报确报电报等。

④ 站内通信用于铁路站场各种作业指挥和生产联系，采用站场有线电话、站场无线电话、站内电报和电视，以及站场扩音和信息控制。

（3）按业务性质，铁路通信可分为公用通信、专用通信和数据传输。

铁路专用通信一般是指专门用于组织、指挥铁路运输及生产的专用通信设备。这些设备专用于某一目的，接通一些指定用户，一般不与公务通信的电报、电话网连接。

传统的铁路专用通信业务包括：干、局线通信，区段通信，站场通信，无线专用通信，应急通信和列车通信等。

（4）按传输方式分，铁路通信可分为有线通信和无线通信两大类。

高速铁路通信系统属于铁路通信系统，包括有线通信部分和无线通信部分，其中有线通信部分与非高速铁路通信系统区别不大，区别主要体现在无线通信部分。

二、铁路专用通信的组成

根据通信服务范围及业务的不同，常用的铁路专用通信设备分为以下七大类。

（一）列车调度电话

列车调度电话供列车调度员与其管辖内所有的分机进行有关列车运行的通话使用。在列车调度回线上，只允许接入与列车运行直接有关的车站值班员、车站调度员、机车调度员等的电话。列车调度电话的显著特点是调度员可以对个别车站呼叫，也可以对成组车站呼叫或者对全部车站集中呼叫。列车调度员可以与车站通话，任何车站也可以方便地对列车调度员进行呼叫并通话。

（二）无线调度电话

1. 列车无线调度电话

列车有线调度电话仅供列车调度员和车站值班员之间进行通话。而列车无线调度电话则可供列车调度员、机车调度员、车站值班员等调度指挥人员和列车司机进行通话。这对于提高运输效率，缩短运行时间，及时掌握和调整列车运行状态都有重大意义。同时，列车在运行过程中发生临时故障，或区间线路、桥隧出现不正常现象时，司机可以及时报告调度员或邻近的车站值班员，也可以通知邻近区段的司机，以便及时采取措施，更好地确保行车安全。如图 7-1 所示。

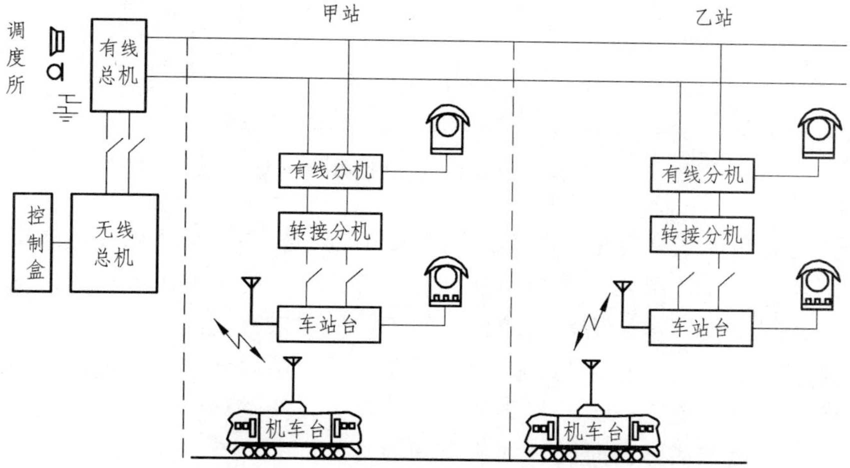

图 7-1 列车无线调度电话的组成

车站值班员和司机通话时，车站值班员的语音电流经车站固定电台调制后，通过无线变换为电磁波向周围区间辐射，一旦该电磁波在此区间内被机车上的电台所接收，就能进行通话联络。

铁路局调度员呼叫司机时，要通过车站的有线/无线转接设备把调度控制台和车站无线连接起来，发出电磁波，进行通话。

司机呼叫铁路局调度员时，一种方式是自动转接，另一种方式是在征得车站值班员的同意后，由车站值班员按下专门的按钮，将车站的固定电台与调度所的通信线路接通，然后司机才能和调度员通话。

需要注意的是，机车电台只能在某区间呼叫邻近的车站，若机车在第二站与第三站间运行，只能和第二站或第三站的车站电台通话，而不能和第一站、第四站或调度所直接通话。

2. 站内无线调度电话

站内无线调度电话是为车站值班员、驼峰值班员等站内编组和解体作业的指挥人员和车站调车机车司机相互通信而设置的。采用站内无线调度电话通信时，在车站调度员室和驼峰值班员室有固定无线电台，在调车机车和驼峰机车司机室内装有机车电台，如图 7-2 所示。

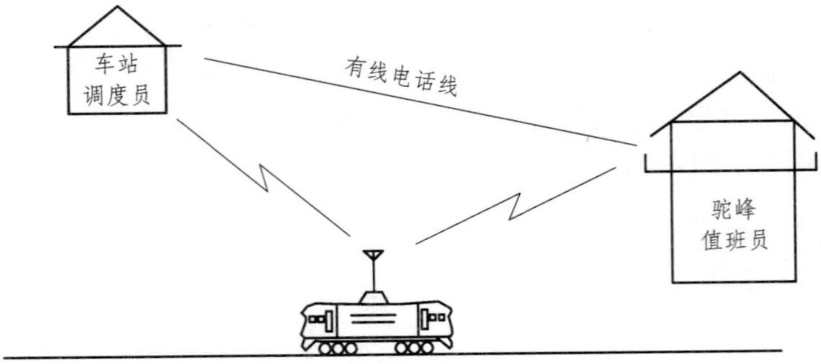

图 7-2 站内无线调度电话组成

通过站内无线调度电话，车站调度员可以直接和调车司机取得联系。及时了解现场作业情况及存在的问题，并向有关人员提出解决问题的措施，特别是在天气不良、辨认信号比较困难的条件下，依靠无线调度电话可以更好地防止事故的发生，确保调车安全。因此，采用站内无线调度电话后，站内的调车工作和其他工作会变得更加方便、灵活，能够更充分地提高调车机车的效率，缩短车辆停留时间，加速车辆周转。

（三）专用电话系统

凡是与铁路运输有关的一切通信设施，均统称为铁路专用通信。高速铁路专用电话系统主要包括区段数字通信、区间通信及无线数据通信系统。

1. 区段数字通信

高速铁路设有综合调度中心，在车站信号室内有调度集中分机，在电务、工务、机务、水电维修部门也设有分机或控制终端，它们之间通过主干传输系统提供数字通信互联，形成专用通信。

综合调度系统专用的数据通信加上传统的调度电话业务以及图像业务综合成区段数据通信，可采用现代数据通信技术（如 IP 技术、VPN 技术等）来实现多媒体业务。

2. 区间通信

区间通信是为区间作业人员提供对外联系的通信设施。

高速铁路站间距可达 20 ~ 70 km，区间通信非常必要，区间通信主要包括以下内容。

（1）车站信号室之间，车站信号室与区间信号室之间，区间信号室之间列控安全数据传输。

（2）区间联锁系统主站与相邻从站或区间渡线控制点之间的安全数据传输。

（3）天气、地震、线路安全检测站与站终端的数据传输。

（4）列车轴温检测站的数据传输。

（5）电力遥控终端数据传输。

（6）区间工务人员及应急抢线通信。

（7）常设线路监视系统及救灾监视用图像传输。

（8）通信、信号维护用通信通道等。

3. 高速列车无线数据通信

高速列车无线数据通信用来进行高速列车与地面的无线数据传输，以实现高速铁路的行车安全、运输管理、旅客服务。高速列车无线数据通信具体包括如下内容：

（1）文本方式的调度命令。

（2）车次号、列车速度、列车位置核查。

（3）列车运行时的安全状态。

（4）车辆维修信息。

（5）旅客服务信息等。

4. 专用基础网络

是指信号专用光纤网，把联锁和列控系统、列控系统各信号室设备之间，联锁系统主站与分站之间以及 CTC 各系统之间用网络联系起来，称为 CTC-LAN、E1-LAN 和 ATC-LVN。采用先进的网络技术可以简化信号系统设计，便于系统升级，减少配线和电缆，从而提高了信号系统的安全性、可靠性和可维修性。

（四）地区电话

地区电话是供同一城市各铁路单位相互之间进行公务联系使用的电话，

是铁路企业的“市内电话”。

（五）局线和干线长途电话

局线长途电话是供铁路局范围内各单位相互之间进行公务联系使用的通信设备。干线长途电话是供铁路总公司和铁路局及铁路局相互之间进行公务联系使用的通信设备。

（六）列车确报电报、电话

列车确报电报、电话是供相邻编组站与区段站之间及时传递有关列车编组顺序的资料，以便对方站能准确、及时地掌握车流情况而使用的通信设备。

（七）铁路站场通信系统

铁路站场通信系统也是铁路专用通信的一部分，它主要是解决站场工作人员相互通信的设备。包括站场电话系统、站场扩音对讲系统、站场无线电话系统和客运广播系统。

1. 站场电话

站场电话供站内运输人员指挥站内行车和调车作业以及联系车站日常运输组织工作使用。

2. 站场扩音对讲系统

包括行车作业使用的对讲设备和供调车作业使用的对讲设备，并且可向室外扩音。

3. 站场无线电话

站场无线电话是供站场流动作业人员之间和流动人员与固定作业人员之间互相联系，以保证作业安全和提高作业效率而使用的设备。

4. 客运广播系统

客运广播系统供客运作业人员使用。为了便于客运服务，客运扩音设备常采用分路输出，分别向候车室、各站台、站前广场等处进行广播。它已成为客运站不可缺少的设备之一。

三、高速铁路通信系统的组成

为了满足高速铁路通信要求，通信系统把通信技术、计算机及网络技术结合在一起，构成了一个基于普通铁路通信基础、适应高速铁路运营特性的综合性高速铁路通信系统。

高速铁道通信系统各子系统包括传输系统、电话交换及接入系统、数据通信系统、专用移动通信系统、调度通信系统、会议电视系统、应急通信系统、综合网管系统、时钟及时间同步系统、通信电源、电源及环境监控系统、综合视频监控系统、通信防雷等。

（1）传输子系统为其他通信子系统和信号系统等提供信息传输及交换信道。该系统由光数字传输设备及光纤环路组成。

（2）无线通信子系统为固定用户（如调度员、车站值班员等）与移动用户（如列车司机、维修、公安等流动人员）之间提供通信手段，它对行车安全、运营效率、服务质量、应付突发事件提供保证。该系统由数字集群设备组网。

（3）程控电话子系统是供工作人员与内部及外部进行公务通信联系的通信子系统。该系统由数字程控交换机网络构成。

（4）数字专用调度电话子系统是列车运行调度指挥、电力调度、防灾救护及维修等部门提供作业指挥而设置的专用直达电话系统。该系统由数字调度主系统、分系统、前台及分机组成。

（5）闭路电视监视子系统为控制中心的调度员、各车站值班员、列车司机等提供有关列车运行、防灾救灾以及旅客疏导等方面的视觉信息。该系统由图像摄取、图像显示及录制、车站控制、中心控制、视频信号传输等部分组成。

（6）广播子系统用于向旅客通告地铁列车运行以及安全、向导等服务信息，向工作人员发布作业命令和通知。该系统由中心控制设备、车站及车辆段广播设备以及传输接口组成。

（7）通信电源由交流电源切换及配电屏、电源、高频开关电源和蓄电池组组成。

（8）其他系统包括光缆光纤监测、动力环境监测、时钟等。

知识点二　高速铁路调度通信系统

一、铁路调度通信系统的发展简介

铁路调度通信系统是运输指挥的重要基础设施，对铁路运输指挥与安全生产起着至关重要的作用。为了指挥列车运行，保证运输安全，铁路上历来有一套完善的调度指挥系统，铁路调度系统按机构分为铁路总公司调度和铁路局调度两级。

铁路调度通信网的网络结构根据铁路运输调度体制，分为干线、局线、区段三层，各层网络自成系统，独立组网，铁路局和铁路局下属的调度区段为各层网络的相切点。

（一）铁路总公司干线调度通信网

铁路总公司运输指挥中心设数字交换机，用数字中继通道与各铁路局运输指挥中心的数字调度交换机相连，相邻铁路局的数字调度交换机之间也以数字中继通道相连作为直达路由，从而组成一个复合星型网络结构的干线调度通信网。

（二）铁路局局调通信网

铁路局的干线调度数字交换机用数字中继通道与各调度区段数字调度交换机（也可利用区段数字调度设备）相连，构成星型网络结构的局调调度通信网。不在调度区段指挥中心所在地的局调分机，利用区段数字调度通信或专线延伸至区段站、编组站、中间站。

（三）区段调度通信网

铁路局下属的调度区段运输指挥中心设区段数字调度机（俗称主系统），与所辖区段沿线各中间站车站数字调度机（俗称分系统），用 2M 数字通道呈串联型逐站相连，并由末端车站环回，组成一个 2M 自愈环。区段内所有调度业务（行调、货调、电调、无线列调）纳入 2M 数字环内，一种调度业务固定占有一个共线时隙。

高速铁路通信系统的调度通信系统在高速铁路建设以及安全运行中起着至关重要的作用。为适应在高速铁路 GSM-R 大环境下铁路有线、无线调度通信统一的要求，GSM-R 调度通信系统中的固定用户接入系统（FAS）得到了广泛的应用。

二、系统构成

在高速铁路中，调度通信系统采用的是 FAS 固定用户接入系统。FAS 调度系统分为调度所 FAS 和车站 FAS。GSM-R 调度通信系统构成及组网方式如图 7-3 所示。

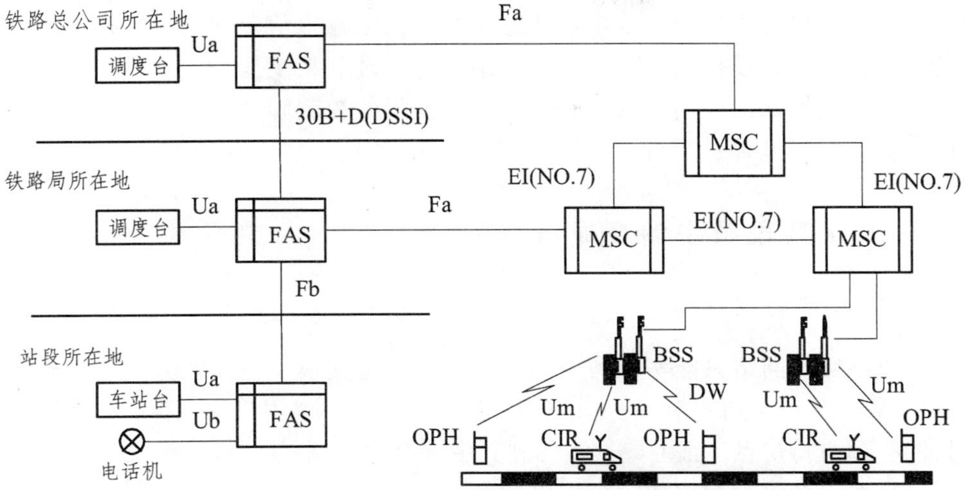

图 7-3　GSM-R 调度通信系统构成及组网方式示意图

调度通信系统由调度所型调度交换机、车站型调度交换机、调度台、值班台、其他各类固定终端（电话分机）、网管终端及录音仪等设备组成。通过调度所调度交换机与 GSM-R 系统互联，实现有线和无线调度业务互通（列车及相关作业人员配置移动终端）。

三、铁路调度数字通信基本原理

铁路数字调度通信系统的主要技术特征是采用数字交换技术。

（一）数字传输系统

模拟话音信号在发送端经过抽样、量化和编码以后得到了脉冲编码调制（PCM）信号，此过程称为模拟话音信号数字化，该数字信号经过传输线路送到对端。在接收端将收到的 PCM 码组还原成模拟话音信号。

（二）数字交换系统

信令是通信网中交换局和用户终端之间及各交换局间在完成各种呼叫接

续时所采取的一种通信语言。

（1）交换网络实现交换机内用户间或用户与中继线间话音信号的交换。

（2）接口把来自用户或中继线的各种不同的输入信令和消息转换成统一的机内信号，以便控制单元和交换网络进行处理和接续。

（3）交换机的控制系统实现对整个交换机的控制和处理。其功能可分为两大类：呼叫处理；运行、管理和维护（OAM）。

（三）区段数字调度通信

1. 数字会议电话

数字交换网络只能实现两个用户间话音的全交换（通话双方均能听到对方讲话），及一个用户对多个用户的广播式交换（一个用户为主持，其他用户只能听到主持讲话，而主持只能听到其中一个人讲话），完成三个或三个以上用户全双工会议交换由数字会议电话完成。

2. 数字交叉连接（DXC）的运用

数字交叉连接是指数字交换设备（或数字交叉连接设备）的两个端口用固定或半固定的方式连接起来，以达到两个端口直通的目的。在数字交换设备内，数字交叉连接通过网络管理或维护终端做数据建立或拆除。

3. 数字共线原理

主系统和分系统 1 通过一条 E1 线连接，分系统 1 再以 E1 线连接分系统 2，依次类推，分系统 n 最后以 E1 线连接到主系统，从而使整个系统构成一个环路。环路中各时隙可分为共线时隙、站间时隙、远程调度时隙，从业务上分别用于调度业务，每种调度业务只占用一个时隙。

四、铁路调度通信组网

（一）干线调度通信网

由设在铁路总公司的 Hicom 382 数字调度交换机为汇接中心，与设在各铁路局的 Hicom 372 数字调度交换机用 2M 数字中继通道相连接。相邻铁路局的 Hicom 372 数字调度交换机之间也用 2M 数字中继通道相连作为直达路由，从而构成一个复合星形网络的干线调度通信网。

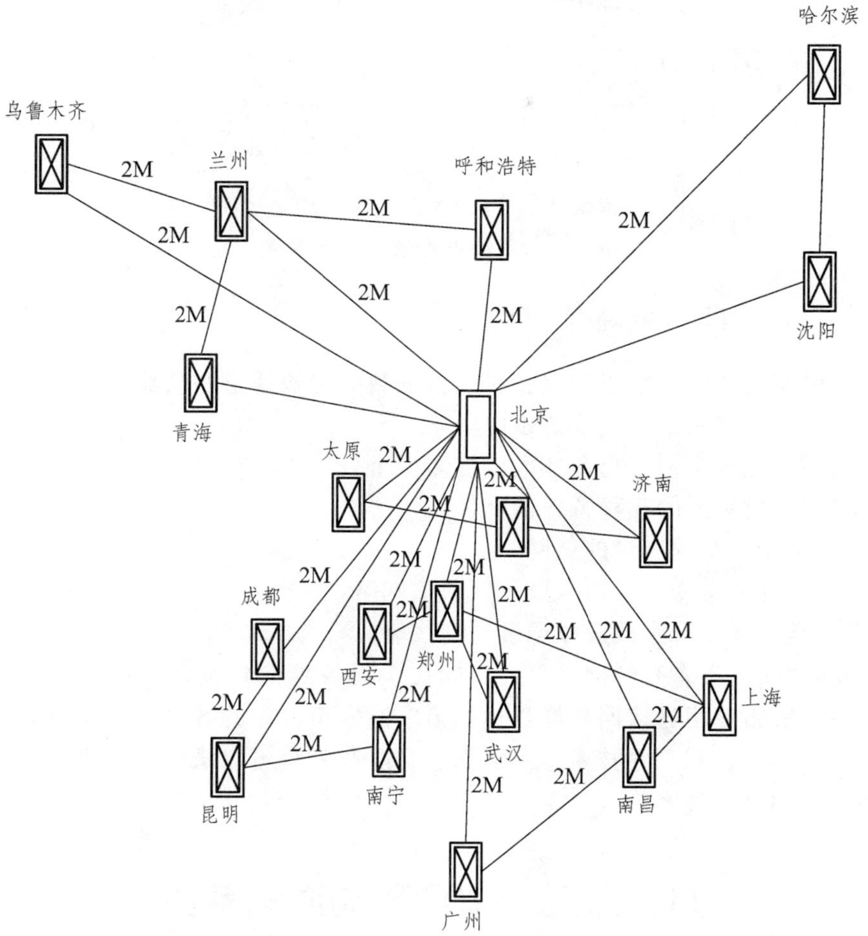

图 7-4　复合星形网络的干线调度通信网示意图

（二）局线调度通信网

铁路局的局线调度通信网络，在铁路局汇接中心利用干调 Hicom 372 调度交换机或另设数字调度交换机与设在各铁路调度区段的数字专用通信系统组成。

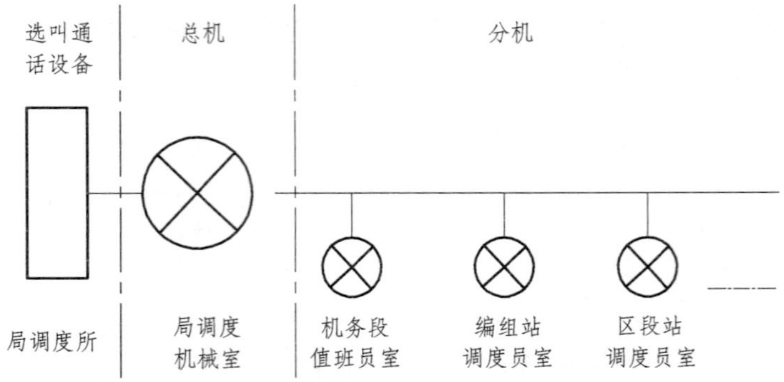

图 7-5　局线调度通信网示意图

（三）区段调度通信网络

区段调度通信网络组网时，必须根据数字传输通道和铁路运输区段的实际情况，综合考虑如何组成 2M 自愈环。

（1）首先确定一个自愈环内串接多少个分系统（车站）。

（2）需要考虑的几种特殊情况。

① 枢纽列车调度台的组网。

② 具有分支铁路线的区段调度通信网络。

③ 具有分流线路的区段调度通信线路。

④ 中间站没有光纤网络单元（ONU）设备或 2M 通道的处理。

高速铁路专用通信网建设目标是追求高安全可靠的效益，反映到通信网的技术选择上，就是在技术运用成熟、具备高安全可靠措施的前提下，积极稳妥地采用高新技术。

知识点三　综合移动通信系统

铁路移动通信系统（railway mobile communication system）是铁路部门专用的移动通信系统。它是铁路通信网的重要组成部分，可与铁路有线网、公众电话网互联，并具有接入其他话音、数据网络的能力。

20 世纪 50 年代，铁路移动通信在中国得到发展，铁路车站值班员和编组场内线路值班员开始使用列车无线调度电话和站内无线电话，采用工作频率为 2 MHz 和 40 MHz 的电子管设备。70 年代初，全部改用 150 MHz 和 450 MHz 频段的晶体管设备。80 年代初，在编组场上推广应用携带小型的 150 MHz、450 MHz 的站内无线电话。铁路沿线维护作业人员的无线电话也相继推广使用。养路、施工的报警无线装置也得到迅速的发展和应用，并进行了山区隧道区段的列车无线调度电话试验。

目前，铁路移动通信系统是由各种类型的无线电构成的，包括对讲机、寻呼机、无线列车调度系统、模拟集群通信系统等。综合应用的多种业务的数字专用移动通信系统将是铁路移动通信系统的发展方向。

一、特　点

特点有：移动通信的覆盖范围为铁路沿线的狭长地带和站场、车站所在地的区域，既要面状覆盖又要链状覆盖；铁路沿线地形复杂、无线电传播环境恶劣，加之列车的快速移动，通信传输的连续性和可靠性至关重要；在传输调度、控制指令时，对实时性、可靠性要求极高；铁路用户分布的不均性，即在枢纽地区用户密度高，而区间用户密度低等。

二、主要业务

（1）地面铁路维护、工程施工、安全检查、铁路公安等人员与站台值班人员的通信联系。

（2）地区与站场的调车、列检、客货运组织等生产指挥通信。

（3）行车调度员和车站值班员对司机的列车无线调度通信。

（4）不同列车的司机、列车乘务员、乘警、乘客等相互之间或与地面工作人员的通信联系。

（5）用于包括列车自动控制、防护和铁路沿线各道口控制在内的无线遥控等。

（6）用于通过列车车次、机车号的功能识别码呼叫。

三、GSM-R 系统

GSM-R 是专门为铁路通信设计的综合专用数字移动通信系统。它是以移动交换中心（MSC）为平台的移动通信网络和以固定用户接入交换机（FAS）为平台的有线通信网络互联互通，是移动通信网络和有线通信网络的结合体，是有线调度通信与无线调度通信的融合，实现站车通信一体化，从而形成现代化的调度通信、公务移动、信息传输、列车传输一体化的通信系统。

GSM-R 技术起源于欧洲，是国际铁路联盟（UIC）和欧洲电信标准协会

（ETSI）专为欧洲铁路无线移动通信开发的在公网 GSM 的基础上，增加了相应的铁路专用调度通信功能的一个数字制的铁路指挥调度通信系统。目前已经有十几个国家铁路制定了 GSM-R 网络建设规划，发展迅速。

通过多年的研究开发和多条试验线的实施，中国铁路已经建设了适合中国铁路实际情况的 GSM-R 系统，GSM-R 得到了广泛的应用和发展。

（一）GSM-R 系统业务

GSM-R 基于 GSM 的基础设施及其提供的先进语音呼叫业务（ASCI），其中包含增强型多优先级与强拆（eMLPP）、语音组呼（VGCS）和语音广播（VBS），并提供铁路特有的调度业务，包括：功能寻址、功能号表示、接入矩阵和基于位置的寻址；并以此作为铁路行车信息化平台。适用于铁路专用调度通信的需要，主要提供列车调度、养护维修作业通信、应急通信等语音通信功能，可为列车自动控制与检测信息提供数据传输通道。因此，GSM-R 的业务模型可以概括为：

GSM-R 业务=GSM 业务+语音调度业务+铁路应用

1. GSM 业务

GSM 业务包括电信终端业务、电信承载业务和补充业务。

2. 先进语音呼叫业务（ASCI）

（1）增强型多优先级与强拆（eMLPP）。

把各种铁路业务预先定义为 7 个业务等级 A、B、0、1、2、3、4 级。当网络出现无空闲业务信道状态时，高优先级呼叫可立即打断低优先级呼叫。

（2）语音组呼（VGCS）。

主叫用户呼叫属于预定义组呼区和组 ID 的被叫用户。在 VGCS 中需要预先设置调度员和业务用户（被叫用户）。所有业务用户在组呼进行中只占用一个业务信道，且在同一时间只能有一个业务用户讲话。

（3）语音广播（VBS）。

与 VGCS 具有相似的业务功能，只是业务用户没有讲话的权利。

3. 铁路基本业务

（1）功能寻址。

允许通过功能呼叫用户，而不是通常情况下的按照用户使用的终端设备进行寻址。功能寻址通过编制功能号实现，以保证用户功能号码与物理终端之间的独立性。

（2）功能号表示。

将铁路用户根据其当前行使的功能进行编号，号码需要注册和注销。

（3）接入矩阵。

接入矩阵定义网络中的签约用户之间是否可以进行呼叫。

（4）基于位置的寻址。

由移动用户发起，并将用于预定功能的呼叫路由到与该用户当前所处位置相关的目的地址。例如：司机呼叫调度员或车站值班员时，网络将根据司机当前所处位置确定接听的调度员或车站值班员。

4. 铁路特定应用功能

GSM-R 系统在提供话音、数据业务的同时，针对铁路运用提供了功能寻址、基于位置的寻址、广播呼叫、紧急呼叫、直通模式等特殊功能。提供的铁路特定应用功能如下。

（1）调度通信。

利用 GSM-R 进行调度通信系统组网，即可以完全利用无线方式（也可以同有线方式结合起来），共同完成调度任务，实现列车调度、货运调度、牵引变电调度通信及其他调度通信等业务。

① 调度台呼叫机车台。

在线运行的机车台通过智能网注册车次功能号码，车次功能号在机车担当牵引任务时有效。列车在线运行期间，调度员需要在和司机通话时通过拨打机车台注册的车次功能号呼叫司机，这种方式的调度免去了记忆烦琐的机车台 MSISDN 号码。

② 司机呼叫调度员。

司机拨打短号码 1200 呼叫调度员，不需记忆每个调度台的 ISDN 号码，智能网根据司机当前所在的位置，自动接续当前位置对应的调度台。

③ 语音组呼类业务。

网络可以把不同专业的铁路运维人员进行编组（通过 HLR 中的用户属性），根据业务需要分组、分区域进行通话。

（2）列车自动控制。

利用 GSM-R 提供车地之间双向安全数据传输通道，代替目前的轨道电路传输色灯信号，并通过 GSM-R 传输系统获得由 GPS 或其他的定位服务提供的准确定位信息。

我国铁路基于 GSM-R 传递列车控制信号的有青藏线的 ITCS、大秦线的

LOCOTROL，还有武广、郑西线的 CTCS-3，这种业务方式需要给通信双方分配一条永久在线的数据电路，来保证数据传输的实时可靠，传输速率为 4.8 kbps 或 9.6 kbps。这种方式适用于数据量不大但对数据的实时性要求高的列控业务。

（3）机车同步控制。

利用 GSM-R 网络提供可靠数据传输通道，采用无线通信方式实现机车间的同步操作，控制信息传输，并保证操作的可靠性。

（4）调度指令传输。

基于 GSM-R 电路交换技术构建列车调度系统调度命令子系统，或采用 CPRS 分组交换通信方式实现调度命令的数据传输，可以加速调度命令传递过程，提高工作效率。

在机车运行过程中，调度员会不断地根据线路的运行情况向机车发送调度命令，根据线路等级不同，调度命令发送方式也不同。传统方式是进行语音呼叫，通过对话的方式传达调度命令。GSM-R 系统应用后，利用 GRRS 技术实现了用调度台给机车台发送调度命令数据的目的。目前利用 GPSR 数据业务的，除调度命令外还有无线车次号校核、CIR 出入库检测等。

（5）车次号传输与列车停稳信息传输。

基于 GSM-R 电路交换技术（或 CPRS 技术）的数据采集传输应用系统，可实现 GSM-R 车次号传输与列车停稳信息的数据传输，保证铁路运输管理和行车安全。

（6）尾部风压反馈传输。

基于 GSM-R 通信网络，列车尾部风压状态可随时通过列尾装置传输，机车司机随时可以查询、反馈列尾工作状态；在复线区段或临线，追踪列车之间不会干扰；在隧道内也能传输数据。将尾部风压数据反馈传输通道纳入 GSM-R，可避免单独投资及单独组网建设，同时利用 GSM-R 强大的网络功能，能克服原有的抗干扰性差、信息无法共享等缺点。

（7）调车机车信号和监控信息系统传输。

GSM-R 调车机车信号和监控系统的主要功能是提供调车机车信号和监控信息传输通道，实现地面设备和多台车载设备间的数据传输，存储进入和退出调车模式的有关信息，构成铁路站场通信系统的重要组成部分。

（8）区间移动公（工）务通信。

使用 GSM-R 作业手持台代替区间通话柱，可满足紧急救援、应急抢险通信指挥的需要，方便灵活；同时还可以实现区间作业人员的移动通信。

（9）铁路紧急救援移动服务。

当自然灾害或突发事件影响铁路运输时，基于 GSM-R 移动通信的应急通信系统可迅速准确、可靠畅通、机动灵活地实现铁路应急通信。

（10）旅客业务。

利用 GSM-R 数据通信业务，每列旅客列车都能与地面中心维持一条实时双向数据传输通道，所有与旅客有关的移动信息服务数据（车-地和地-车）都可以通过这条通道进行传输，为旅客提供优质服务，增加旅客的舒适性。如购票服务、预定服务、时刻表信息以及与公网通信等。

（二）GSM-R 系统组成

GSM-R 系统一般由 7 个子系统组成：交换子系统（SSS）、基站子系统（BSS）、通用分组无线业务系统（GPRS）、移动智能网系统（IN）、固定用户接入交换机（FAS）系统、运行与维护子系统（OMC）及终端子系统。

1. 交换子系统

交换子系统包括：网关移动交换中心（GMSC）、移动交换中心（MSC）、访问位置寄存器（VLR）、归属位置寄存器（HLR）、鉴权中心（AuC）、组呼寄存器（GCR）、网络互联功能模块（IWF）、短消息中心（SMSC）、确认中心（AC）、固定用户接入交换机 FAS 等设备。主要完成业务交换及用户数据、移动性管理、安全性管理功能，由以下一系列功能实体构成：移动业务交换中心（MSC）、拜访位置寄存器（VLR）、归属位置寄存器（HLR）、鉴权中心（AuC）、互连功能单元（IWF）、组呼寄存器（GCR）、短消息服务中心（SMSC）、确认中心（AC）、移动智能网（IN）。各功能实体之间通过 No.7 信令协议互相通信。

2. 基站子系统

包括基站收发信机（BTS）、基站控制器（BSC）以及编译码和速率失配单元（TRAU）、小区广播短消息中心（CBC）等设备。BSS 通过无线接口直接与移动台相接，负责无线信号发送接收和无线资源管理；与 MSC 相连，实现移动用户之间或移动用户与固定网络用户之间的通信连接，传送系统信号和用户信息等。BSS 由基站控制器（BSC）、编译码和速率适配单元（TRAU）、基站收发信机（BTS）、弱场设备等功能实体构成。

3. 通用分组无线业务子系统

实现 GSM-R 系统的分组无线数据传输业务。主要包括网关支持节点 GGSN、业务支持节点 SGSN、分组控制单元 PCU、域名服务器 DNS 等设备。GPRS 子系统负责为无线用户提供分组数据承载业务。GPRS 子系统包括核心层和无线接入层。核心层由 SGSN、GGSN、DNS、RADIUS 等功能实体组成。无线接入层由 PCU、基站、终端等组成。GPRS 无线接入层组网应充分利用 GSM-R 系统的设备资源，保护投资；与 GSM-R 系统共用频率资源；利用 GSM-R 系统的基站实现无线覆盖，不单独增加 GPRS 系统基站。

4. 移动智能网子系统

智能网系统提供的业务包括：功能寻址、基于位置的寻址、基于车次功能号的动态组呼、自动获取调度中心 IP 地址、灵活的呼叫限制等。主要包括业务交换点（SSP）、智能外设（IP）、业务控制点（SCP）、业务管理系统（SMS）等设备。

5. 固定用户接入交换机子系统

包括铁路总公司 FAS、铁路局 FAS、铁路站段 FAS。

6. 运行与维护子系统

包括无线网络管理子系统（OMC-R）、交换网络管理子系统（OMC-S）、数字业务管理子系统（OMC-D）、直放站及中继器管理子系统（OMC-T）、FAS 网管系统等。

7. 终端子系统

终端是供 GSM-R 系统用户直接操作、使用，用来接入 GSM-R 网的设备，包括固定终端、移动终端等设备。

固定终端包括：调度终端、车站终端及其他用户电话，以及呼叫记录和录音系统等设备。

移动终端：由移动设备和 SIM 卡组成。包括：机车综合通信设备、列控数据传输设备、便携台等。

全国 GSM-R 网络结构示意图如图 7-6 所示。

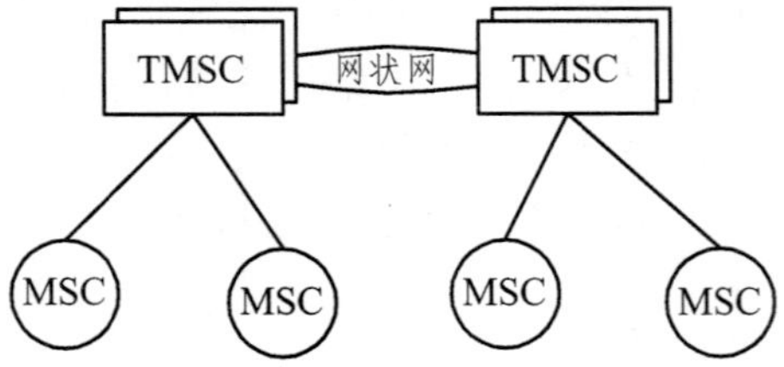

图 7-6　全国 GSM-R 网络结构示意图

GSM-R 核心网采用二级网络结构，设立移动业务大区汇接中心（TMSC）

和本地网端局（MSC）。

全路在沈阳、北京、上海、武汉、成都、兰州等地设置大区汇接中心（TMSC），负责汇接所在区域的电路交换信息和转接长途的来去话务量。根据话务量的大小，TMSC 可以单独设置，也可是既作移动端局，又作汇接中心的移动业务交换中心。

MSC 则结合具体线路、业务模型和用户容量等，合理选择设置地点，一般设在各路局。各移动业务本地网的每个 MSC、GMSC 至少与两个 TMSC 相连，TMSC 之间为网状。任意两个移动端局间若有较大业务量时，均可建立直达中继。覆盖区相邻的两个 MSC 间设置直达中继。

（三）GSM-R 的技术优势

GSM-R 系统是我国从欧洲引进的铁路专用移动通信系统，能够满足列车运行速度为 500 km/h 时的无线通信要求，且安全性好。GSM-R 系统用于实现铁路移动通信，其优势主要体现在以下几点。

1. 以公众移动通信产业链为支撑，基础技术较完善，发展有保障

GSM-R 技术基于 GSM 技术。GSM 技术先进、成熟，在世界范围内得到成功运行，为 GSM-R 奠定了良好的技术基础。铁路调度通信用户和其他普通用户均可采用 GSM 终端，降低了设备和系统的投入成本，有利于网络的规模发展和效益。

2. 具有良好的接续性能

GSM-R 系统的集群模式的快速呼叫建立时间能够满足铁路调度用户的需求。GSM-R 系统能够提供数字集群功能，能提供无线列调、编组站调车通信、应急通信、养护维修组通信等语音通信功能。此外，GSM-R 系统还可以作为信号及列控系统的信息平台。

3. 可改进网络的服务质量和可靠性

GSM-R 技术可为高速列车提供清晰的语言和数据服务，形成综合业务的移动通信系统，最大限度地为铁路运输生产提供服务；满足铁路调度指挥现代化、运输管理信息化的需要，提高铁路技术装备水平。

4. 基于强大的智能技术平台，可提供各类铁路特色业务

GSM-R 移动智能网的功能为：可以管理移动用户功能号码的注册、注销和查询过程；管理具有不同功能角色的移动用户之间的呼叫过程或固定用户

与移动用户之间的呼叫过程，在功能号码与 MSIDN 号码之间进行翻译，实现功能寻址和位置寻址。

5. 可作为 CTCS-3 级和 CTCS-4 级列控业务的通信平台

采用 GSM-R 实现车地间双向无线数据传递，代替目前的用轨道电路传输色灯信号指令，是实现基于通信技术的列车控制系统的关键技术，它具有明显的优势。

（1）基于 GSM-R 传输平台，提供车-地间双向安全数据传输通道。

（2）无盲区、设备冗余、实现加密。

（3）满足列车控制响应时间的要求。

6. 具有后向兼容性

GSM-R 技术在我国发展迅速，且可与先进的网络技术（软交换、智能网、全光技术）同步发展，与 3G、4G 以及 5G 移动通信有着良好的向后兼容性。

知识点四　铁路应急通信

铁路应急通信系统是当发生自然灾害或突发事件等紧急情况时，为确保铁路运输实时救援指挥的需要，在突发事件救援现场内部、现场与救援指挥中心之间以及各相关救援指挥中心之间建立的语音、图像等通信系统。应急通信系统平时为铁路抢险救灾、应对突发事件提供通信保障，战时为铁路的抢修（建）提供指挥联络，是铁路战备通信系统的重要组成部分。

铁路应急通信作为应对突发性事件的响应机制，一直都是铁路行车安全保障的重要一环，随着列车运行速度的不断提高，应急通信要求也更加严格，尤其是需要多部门联合应急指挥时，传统的应急通信手段，在调度能力、快速响应等方面已经力不从心，同时，针对铁路沿线，如隧道、弯道等地段也急需要最后一公里的视频覆盖，为指挥任务提供实时的决策信息。因此，一套有效的、健全的铁路应急通信系统的组网就显得十分重要。

一、系统组成

应急通信系统由应急救援中心通信设备、传输网络、应急通信接入设备三部分构成。应急通信接入设备含应急现场设备、应急抢险电话设备、图像采集发送设备。

CTT2000C 铁路应急中心通信系统，采用计算机技术、软交换通信技术、视频图像处理技术，可迅速建立多个事发现场、各级应急指挥中心、相关信息系统之间的视频图像、语音、数据信息通信，将应急现场的视频、图像实时接入和转发至各级应急指挥中心，并提供实时浏览、分发、AV 输出、存储、回放、归档、远程管理等多种业务应用，同时为应急指挥提供各种应急数据、语音调度指挥的基本业务和补充业务。为各级领导提供实时的、直观的决策依据以及方便、快捷、可靠的应急指挥平台。

CTT2000C 系统能够适应铁路应用环境复杂、通信距离漫长、通信接口种类繁多的实际需求，解决了现有的应急指挥通信系统通信业务功能少、通信速度慢、通信效果差、互联互通难的问题。

二、系统功能

（一）视频图像服务功能

（1）多厂家编码器同时兼容。
（2）视频图像实时接入。
（3）视频图像解码显示。
（4）视频图像解码输出。
（5）远程实时浏览。
（6）现场设备远程控制。
（7）录像存储。
（8）抓图。
（9）回放。
（10）转发上传服务。
（11）分发服务。
（12）视频窗口切换。
（13）双向语音对讲。
（14）录像归档管理。
（15）用户分级管理。
（16）设备分组管理。
（17）权限分类管理。
（18）设备工作状态显示功能。
（19）静图接入、显示、存储、转发、归档、打印业务。

（二）语音指挥功能

（1）应急指挥基本业务。

主叫、被叫、自动语音提示、来电显示、通话记录。

（2）应急指挥补充业务。

① 单呼、组呼、会议、广播、录音、强插、强拆、监听、静音、转移、转接、代接、等待、保持、紧急呼叫、录音通知、自动应答、单键呼叫、热线电话、通信录点击呼叫。

② 与数字调度网、自动网、中心操作台/指挥台、中心应急电话、事发现场 VOIP 语音设备形成互联互通的交换网络。

③ 呼叫优先级管理。

④ 号码智能匹配功能。

⑤ 现场设备号码自动分配。

⑥ 设备工作状态显示功能。

（三）数据通信服务功能

突发事件现场、应急指挥中心、应急指挥分中心、其他相关信息系统之间的各种数据通信。

复习思考题

1. 什么是铁路通信？其用途和种类有哪些？
2. 什么是铁路专用通信？其作用和种类有哪些？
3. 什么是高速铁路调度通信系统？其系统由哪些部分组成？
4. GSM-R 是什么？其具有哪些功能？在实际工作中如何使用？
5. GSM-R 系统由哪些部分组成？其技术优势主要表现在哪些方面？
6. 铁路应急通信的作用是什么？铁路应急通信的系统组成及功能有哪些？

项目八　高速铁路环境保护与安全

铁路环境保护是整个社会环境保护的重要组成部分。我国高速铁路的快速发展以及高速铁路的开通运营对我国社会经济的发展起到了极大的促进作用，同时不可忽视的环境污染问题也随之而来。作为新兴的高新技术产业，建设出与自然相和谐，与环境相适应的运输环境是高速铁路发展过程中必须要解决的问题。

知识点一　概　述

环境保护是一项范围广泛、综合性强的系统工程，其主要任务是运用环境科学的理论和方法，在合理利用自然资源的同时，认识和掌握环境污染及环境破坏的根源及危害，有效预防环境质量的恶化，及时治理和控制环境污染，实现人类与自然的和谐发展。

铁路环境保护是整个社会环境保护的重要组成部分。在铁路修建过程中，工程建设对沿线地面径流、植被、野生动物活动等生态环境产生一定的影响，施工线路长，土石方工程量大，房屋拆迁、农田水利改修、施工干扰等对人类的生存环境，都有很大影响。铁路线路和车站分布在全国各地，环境保护的范围点多、面广、线长。列车在铁路线路上不间断地运行，排放污染物随列车运行流动和扩散。铁路运输生产日夜不间断，对环境影响的持续时间长。铁路运输生产过程复杂，作业环节和涉及的部门众多，环境保护工作要贯穿运输的全过程，这些问题都进一步增加了环境保护工作的复杂性。因此，环境保护是铁路可持续发展的重要保障，铁路环境保护工作任务艰巨。

一、铁路环境保护工作

我国铁路环境保护工作从 20 世纪 70 年代开始，主要有以下几方面的成效。

（一）健全铁路环境保护管理体系

原铁道部设立了环境保护办公室，负责铁路行业（包括铁路运营与铁路建设）环境保护的监督管理，制定铁路行业环保规章制度；各铁路局设立了环保办公室，负责管辖范围内运营中的线路的环保监督管理，组织污染源的治理，同时设立环境监测站，对铁路污染情况进行测试；铁路勘测单位设立环境工程处，负责铁路建设项目的环境评价和环境工程设计工作，落实环境影响评价中的环保措施。

（二）制定了铁路环保的规章制度

如铁路环境保护规定；铁路环境保护计划管理办法；铁路建设项目环境影响评价管理办法；铁路建设项目环境保护“三同时”（同时设计、同时施工、同时投产）管理办法；铁路环境保护监察管理办法等。同时还制定有一系列的铁路环境标准。

（三）健全了环保的监督管理

原铁道部按时下达铁路运营中的环保计划指标，各铁路局将上述计划指标分解落实到重点排污单位，坚持环保目标责任考核制度，同时对运营中出现的环境污染问题进行检查。

（四）对固定污染源进行达标治理

对运输系统的机务段、车辆段建立污水处理设施，开展货车洗刷污水及废渣的治理排放工作。

（五）对流动污染源进行控制

实现牵引动力内燃、电气化，加大对运输噪声、振动、电磁干扰等的治理，强化旅客列车垃圾管理，采取措施对旅客列车粪便排污进行治理。

（六）加强铁路建设环境保护管理

贯彻落实环境影响评价法，严格执行建设项目环境管理“三同时”制度，提高设计、建设和施工单位的环保意识。

二、高速铁路环境保护的主要内容

高速铁路的环境保护除具有与一般铁路环境保护相同的特点以外，其重点内容还体现在以下几个方面：

1. 治理噪声污染

高速铁路列车速度高达 300 km/h 以上，其噪声强度随速度的提高而上升，例如德国的 ICE 噪声峰值声级为 93dB，法国的 TGV 噪声峰值声级高达 97dB。这个声级大大超过我国目前铁路边界噪声限值标准 70 dB，因此，控制噪声是高速铁路环保的头等任务。国外测试资料还表明，轮轨噪声与集电系统噪声是高速铁路主要的噪声源。因此，降低轮轨噪声和集电系统噪声是控制高速铁路噪声污染的关键所在。

2. 控制振动污染

高速铁路列车运行产生环境振动，这种振动的振级与列车速度成正比。根据日本对新干线的测试，距线路 20 m 处，当列车速度大于 160 km/h 时，受振级为 70 ~ 95 dB，速度提高到 200 km/h 以上时，这个振级将超过我国规定的铁路干线两侧 80dB 的规定。因此，控制振动对环境的污染也是高速铁路建设的一项重要任务。国外建设高速铁路的实践表明：路基的地质条件、动车组走行部分的结构以及受振点离线路的距离是影响振级大小的主要因素。因此，保持路基稳定，加强轨道的弹性设计，采用性能良好的轻型动车组等，是控制高速铁路振动污染的主要方向。

3. 防止电磁干扰

高速铁路采用电力牵引，可实现大气污染的零排放。但是，电化区段对城市居民区的环境影响，除上述噪声污染和振动污染以外，电磁干扰也会随之而来，这不仅使沿线两侧的有线、无线通信声音失真，还会使电视画面紊乱而无法收看。产生电磁干扰的主要原因是电力机车受电弓离线率的影响。因此，改进受电弓的结构和受流条件，采用屏蔽电缆或光缆传送电视信号等成为控制电磁干扰的主要任务。

4. 保护生态环境

高速铁路建设规模大、占用农村和城市用地多，且需经过繁华的城市区和经济带，对自然生态环境和城市生态环境（水土流失、植被和农田水利的破坏、城市房屋建筑物的拆迁、城市景观、日照、施工的干扰、野生动物的生存环境）都将造成很大影响。因此，研究和采取保护生态环境的措施，在高速铁路建设中具有重要的意义。

5. 处理列车垃圾

高速列车以舒适、便利的优越性而吸引众多的旅客。为此，列车生活垃圾的处理，如车厢粪便的收集、废水的排放、“白色污染”的治理等成为保证高速铁路环境（包括列车车厢和沿线路况）清洁卫生、高度文明的重要内容。

为实现上述任务，高速铁路的环保工作要贯彻“全面规划、合理布局、综合利用、保护环境、造福人民”的方针，在进行高速铁路可行性研究或初步设计的同时，必须进行环境影响评价，提出工程对环境的影响分析专题报告，拟定环境保护的对策和建议，并估算用于环境保护工程的费用，将其列入工程概算，使高速铁路的环保工作落到实处。

知识点二　高速铁路的噪声及其控制

一切对人们生活、工作、学习和健康有妨碍，令人厌烦的声音统称为噪声。噪声对人的健康有重大影响，它不但会损伤人的听觉，而且对神经、心脏、消化系统也有不良影响。噪声影响人的睡眠和休息，试验证明，达到 45 dB 的噪声就开始对正常人的睡眠产生觉醒反应；在白天，噪声达到 100 dB 时，人们就会感到吵闹不安，甚至难以忍受。噪声会使人烦恼、疲劳发困、反应迟钝，影响工作效率；噪声还会影响儿童的智力发展，据调查，在吵闹环境下儿童的智力比安静环境下低 20%；噪声对自然界的生物也有影响，强噪声会使鸟类羽毛脱落，甚至内脏出血而死亡；高强度噪声能损坏建筑物，160 dB 以上的高强度噪声会使金属结构疲劳。高速铁路的噪声一般都在 90 dB 以上，而且穿越人口稠密的城市。

工业企业的噪声一般可归纳为三种：一是空气动力性噪声，如各种风机、空气压缩机、汽笛等所产生的噪声；二是机械噪声，如各种车床、电锯、铁路车轮滚动所产生的噪声；三是电磁性噪声，如发电机、变压器、电力机车集电系统产生的噪声等。高速铁路的噪声，上述三种兼而有之。

一、噪声源

高速铁路由于具有高速、高架、电气化等特点，其辐射噪声与普速铁路有所不同，主要体现在噪声源及辐射强度等方面。高速铁路的噪声主要由轮轨噪声、集电系统噪声、空气动力噪声、基础建筑物激励噪声和来自动力源及车上设备的机械噪声等组成。

1. 轮轨噪声

动车组轮对在沿钢轨运动过程中，轮轨之间因滚动、滑动、撞击、摩擦产生的轰鸣、冲击和尖叫声称为轮轨噪声，是高速铁路的主要噪声源，它产生的噪声来自三个方面。

（1）车轮通过钢轨轨缝、道岔以及擦伤后的车轮在钢轨上滚动时产生的冲击声；

（2）车轮与钢轨粗糙的接触表面相互作用后所产生的轮轨振动轰鸣声；

（3）车轮通过小半径曲线时，轮缘挤压外轨以及内侧车轮踏面在钢轨上滑动所产生的摩擦噪声。

2. 集电系统噪声

凡由动车组受电弓引发的声音，统称为集电系统噪声，它产生的噪声来自三个方面。

（1）受电弓沿接触网导线滑动而引发的机械滑动声；

（2）受电弓离线时产生的电弧放电噪声；

（3）整个受电弓与导线滑动过程中产生的风切声。

3. 空气动力噪声

在高速铁路上行驶的动车组，会使车体表面出现空气流中断，并因此引起涡流，从而产生空气动力噪声。这种噪声与列车的行驶速度、车体表面的粗糙程度以及车体前端是否流线化等因素有关。

4. 基础建筑物激励噪声

高速铁路的路基、高架混凝土桥、钢桥隧道等建筑结构在振动状态下均可成为二次辐射噪声源，这种二次激励噪声的声源主要来自两个方面。

（1）车轮与钢轨间冲击振动的轮轨噪声经由轨道传向周围建筑物，产生第二次辐射振动，它与噪声的传播经路密切相关。

（2）桥梁噪声，它是建筑物噪声的主要声源，由于高速铁路往往需要高架，声源位置较高，噪声传播距离较普通铁路要远，影响面广，尤其是高速铁路会穿越城市人口稠密区，影响更大。桥梁噪声的大小与桥梁类型有关，板式结构的钢梁桥噪声最大。

5. 其他机械噪声

其他机械噪音来自动力源，如电动机、压缩机、冷却风扇等，车上设备如空调机组及其通风管道、车内电器等也产生机械噪声。高速铁路噪声源分布如图 8-1 所示。

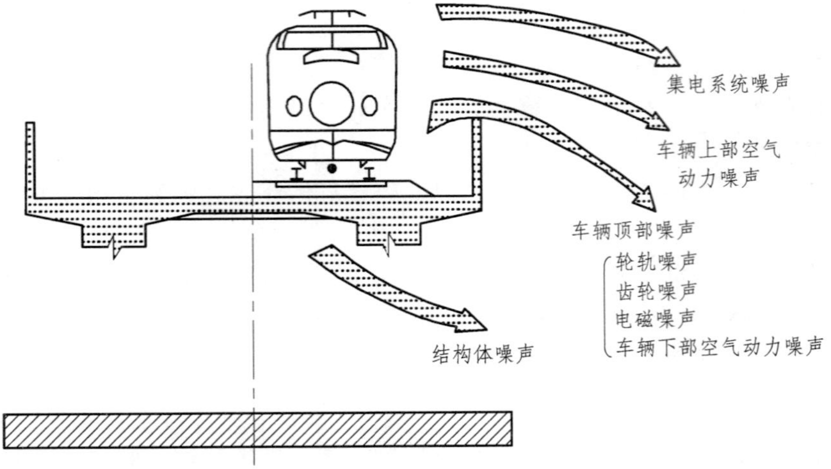

图 8-1　高速铁路噪音源示意图

影响高速铁路噪声值的主要因素有列车运行速度，钢轨顶面与车轮接触面的粗糙度，受电弓与受电弓罩的形状，车辆表面的平滑程度。世界上各国主要高速铁路的噪声强度见表 8-1。

表 8-1　高速铁路噪声强度表（单位：dB）

高速铁路类型	速度（km/h）			
	200	250	270	300
日本新干线	85～90	90	91	92
德国 ICE	85	89	91	93
法国 TGV/A	92	93	96	97

注：测量点距轨道中心线 25 m，不设隔音屏障。

根据日本的测试结果，上述 4 种噪声源的强度及占总声级的比重见表 8-2 中的数据。随着列车速度的提高，噪声强度也会随之增加。表中的数据表明，速度较低时，轮轨噪声所占的比重最大，而速度达到 240 km/h 时，集电系统噪声增大，与轮轨噪声一起成为主要的噪声源。进一步的研究和测试表明，列车速度接近或超过 300 km/h 时，空气动力噪声随列车速度增大，幅度大于其他噪声源，成为高速铁路噪声的重要部分。因此，高速列车在不同速度段中，不同类型的噪声所占比例不同，列车噪声具有不同的特性，高速铁路噪声污染防治应从噪声源入手，掌握形成机理与规律，从而制定相应的降噪措施。

表 8-2　主要噪声源的强度及所占比重　　dB

声级及比重		速度/（km/h）					
		190		210		240	
		声级	比重/%	声级	比重/%	声级	比重/%
声源种类	集电系统噪声	71.5	18	74	23	77.5	35
	轮轨噪声	77	63	78	58	79	50
	建筑物激励噪声	70	13	71	11	72	10
	空气动力噪声	<67	<6	<70	<8	<73	<5
	总声级	79		80.4		82	

注：测试条件：① 未研磨的板式轨道；② 混凝土高架桥；③ 垂直式隔音屏障；④ 测点距线路中心线 25 m，高于地面 1.2 m。

二、噪声环境评价标准

不同国家不同发展阶段的高速铁路，在噪声水平和控制技术上有很大差异。尤其是铁路噪声所受的影响因素颇多，在产生和传播的过程中，不同的线路结构、桥梁结构、不同的建筑群类型和布局以及不同的动车组等均对噪声的大小及范围有较大影响。因此，确定噪声控制标准是一项比较复杂的任务。世界各国高速列车典型速度对应的峰值声级见表 8-3。

表 8-3　世界各国高速列车典型速度峰值声级

国别	日本	法国	德国
速度/（km/h）	200	270	300
声级/dB	87	97	93

由表中数据可见，法国 TGV 的噪声水平最高，日本新干线和德国 ICE 噪声水平基本相当。法国东南线高速铁路沿线多为人烟稀少地带，噪声控制问题不是很迫切，故其噪声级较高。而日本新干线沿线人口稠密，噪声干扰问题十分突出，对噪声治理也十分重视，其控制的声级也相对较低。目前，日本制定的高速铁路环境噪声标准限制如表 8-4 所示。

表 8-4　日本新干线铁路环境噪声标准

区域	限值/dB	备注
Ⅰ（居住区）	≤70	户外高于地面 1.2 m 处测得
Ⅱ（工业、商业、少量居民的混合区）	≤75	

我国目前的铁路噪声标准规定，新建铁路（含新开廊道的增建铁路）距铁路外侧轨道中心线 30 m 处昼间不应大于 70 dB 及夜间等效连续 A 声级场不应大于 60 dB。城市环境区域、混合区（指一般商业与居民混合区）的标准为：白天为 60 dB，夜间为 50 dB。

三、噪声控制技术

控制噪声是建设高速铁路时环境保护的重要任务，高速铁路噪声的控制措施大体分为 4 个方面的内容。

（一）声源降噪措施

（1）降低钢轨和车轮表面的粗糙度，对轮轨表面进行打磨，保持平滑完好状态。这项措施在日本新干线应用，可使噪声衰减 36 dB。

（2）铺设超长无缝线路可减少车轮对钢轨接缝的冲击声；采用 60 kg/m 及以上的重型钢轨，保持线路方向顺直，减轻高频振动对道床的影响，提供高速行车所需的平滑运行表面。

（3）采用防震钢轨。日本在新干线上采用的防振钢轨是用橡胶从钢轨头部以下将整个轨腰部位包覆直至轨底的上部表面，使橡胶件与钢轨组成一个整体，在高架桥上采用这种防振钢轨，可降低噪声约 4 dB。

（4）铺设大号码可动心轨道岔。采用 18 或 38 辙叉号以上的可动心轨道岔，加大道岔的导曲线半径，消除道岔有害空间，以减少车轮对道岔的冲击噪声。

（5）在高架桥上采用混凝土平板道床结构，平板道床下面设有 25 mm 厚的橡胶防振垫，并在桥的两侧设置高度为 1.9 m，厚度为 10 cm 的钢筋混凝土隔声屏障。

（6）用混凝土桥代替钢结构桥。由于钢结构桥受激励后自身振动的辐射噪声很大，采用有道床的预应力混凝土桥代替钢桥，可使噪声下降 10 ~ 20 dB。

（7）采用动力集中型动车组，可减少整个动车组受电弓的数量，从而减轻受电弓离线时产生的电弧放电噪声。改进受电弓与受电弓架罩形状，采用低噪声绝缘子，可以降低受电系统的空气动力噪声。

（8）动车组头部流线化。列车在高速运行时空气阻力明显增加并与速度的平方和车体迎风的截面积成正比。动车组车体头部的流线化，将使空气阻力系数减少 0.5 以上，既可减少空气阻力，同时也将大大降低风切噪声。

（9）采用盘式制动方式代替闸瓦制动，不仅可以减少闸瓦对车轮的磨耗，而且可以避免制动时的尖锐噪声。

（10）提高列车车厢表面的平滑度，车棚结构低噪声化，缩小车窗及车门高低差，减小表面摩擦系数。如将高压电缆接头安装于车体内，车辆门窗表面与车体表面齐平，取消突出车体表面的扶手，采用插塞式车门等。

（11）改善转向架导向性能，装设防滑器以减少车轮踏面擦伤等，也可使噪声衰减。

（二）传播途径上的降噪措施

（1）设置隔声屏障，在线路两侧距轨道中心线 3.5 m 处设置高约 2.0 m，用混凝土、砖面或复合材料建成的直立式、倒 L 形或 Y 形隔声墙，将噪声源和接收者分开，隔离噪声的传播，如果在屏障内侧加设吸声材料，降噪效果将更加明显。

（2）将高速铁路线路设在路堑内，其降噪的效果取决于路堑的深度和宽度，路堑越深，噪声频率越高，则降噪效果越好。

（3）在转向架上安装隔声板，在车体下部悬挂车裙，车裙内侧覆盖吸声材料，以减轻轮轨噪声向路旁的辐射。

（4）将车厢的侧板做成内倾式，倾角为 3° ~ 5°，可减少空气的阻力，减轻对窗玻璃的压力。

（5）采用人工隧道通过城市人口密集地区。

（三）受声点的防护措施

（1）高速铁路选线尽可能绕避噪声敏感区，如城市居民区、文教区、科技园以及各名胜古迹和旅游胜地等。

（2）市区发展规划用地尽量远离高速铁路两侧，靠近铁路两侧的住宅或学校，可以从建筑物结构上采取降噪措施，否则应予拆迁或改作其他用途。

（3）合理规划和利用高速铁路两侧附近用地。在高速铁路两侧附近可修建一些仓库、工厂、商店等对噪声不敏感的建筑物，以起到屏障的作用，减轻噪声对周围环境的影响。

（四）车室内噪声控制

车室内噪声是车轮在钢轨上高速滚动产生的轮轨噪声，通过周围的空气由车体缝隙和转向架附近的地板传入车内，使车内地板、上下墙板、车窗振动，向车内辐射噪声，可采取以下措施降噪。

（1）在车厢内外墙板和顶板间，填充吸声材料，座椅上安设吸声海绵，地板贴附吸声材料。

（2）车体金属表面涂阻尼层，采用双层地板结构，以及带空气层的双层车窗。

（3）车厢内空调设备采用螺杆压缩机取代活塞式压缩机。

知识点三　高速铁路的振动及其控制

一、概　述

列车运行对铁路两侧环境产生振动，由地表土壤等介质向四周传播，对周围环境产生各种影响。主要表现在对周围居民睡眠的干扰，其次是对居民心理的影响以及对学习和工作的干扰。因此，控制高速铁路振动对环境的污染与控制噪声污染一样，都是高速铁路建设的一项重要任务。

1. 环境振动的分级

环境振动按振级不同分为以下 3 种。

（1）稳态振动。

在观测时间内振级变化不大的环境振动。

（2）冲击振动。

具有突发性振级变化的环境振动。

（3）无规律振动。

未来任何时刻不能预先确定振级的环境振动。

高速铁路列车运行产生的环境振动属于冲击振动，根据日本 1997 年对新干线振动的实际测量结果，受振点的振级变化很大，距线路 20 m 处，列车速度大于 160 km/h 时振级为 70 ~ 95 dB。我国高速综合试验显示轴重 21 t 试验列车速度为 200 km/h 时，距线路 30 m 处振动幅值为 82 ~ 91 dB。

2. 高速铁路引起环境振动的影响因素有 5 种

（1）距离。

受振点离轨道越远，振级越小，即在同一环境下，受振点的振级递远递减。

（2）地质条件。

即土壤性质及传播性能。高速铁路路基的地质条件不同，振级也不相同，软土层振级较大，冲积层较小，洪积层更小些。

（3）列车运行速度。

受振点的振级与列车速度成正比增长。

（4）高架桥结构。

混凝土结构比钢结构桥振级要小。

（5）线路结构。

线路为路堤时振级较小，而线路为路堑时振级要大。高架线路与路堤线路相比，振级大幅降低。

上述五个影响因素中，主要因素是距离和地质条件。

二、振动环境评价标准

根据我国规定，铁路干线两侧（指距每日车流量不少于 20 列的线路外轨 30 m 的外两侧住宅区）列车运行引起的环境振动标准规定为：昼间 80 dB、夜间 80 dB。这项标准是基于我国既有铁路振动影响而确定的，未考虑高速铁路的特点。

考虑上述影响因素，参照日本高速铁路有关资料，分别对距离、地质条件、列车速度、基础、线路、高架桥条件下的振级进行修正，不同影响因素的修正量如表 8-5 所示。

表 8-5 不同影响条件振级修正量表

影响因素	代号	不同影响条件下的振级修正量/dB				
距离	Ld	距轨道距离/m	10	20	30	50
		修正量	5	0	−2.5	−6.5
地质条件	Lg	地质条件	软土地质		冲击层	洪积层
		修正量	0		−5.5	−12
列车速度	Lt	列车速度/（km/h）	>180	130～180	80～130	50～80
		修正量	0	−2	−9	−13
基础	Lb	基础类型	预制桩		现浇桩	直接基础
		修正量	0		−6	−9
80 线路	Ls	结构	路堤		路堑	
		修正量	−7		+2.5	
高架桥	L1	结构	混凝土		钢结构	
		修正量	−5		0	

三、振动控制技术

按照振动传播的三个环节（振源、传播途径、受振点），主要控制技术考虑从以下几个方面入手。

1. 动车组

动车组是主要振源，对动车组采取防振减振措施，其效果可影响高速铁路的所有运营线路，与地面防振减振措施相比更为实用有效。

（1）动车组车辆轻型化：降低车辆轴重，以减少轮轨之间垂直动力作用。有关研究和测试表明，不同轴重动车组在同一线路行走时振动值随轴重减小而降低，减轻轴重的降振效果，随列车速度提高而越趋明显。

（2）采用弹性车轮：在轮箍与轮心间加入橡胶垫，减少振动并消除轮轨间的摩擦声。

（3）改进车辆的转向架结构：如选择柔性的弹簧悬挂系统，以降低车体的浮沉自振频率；安装具有适当阻尼的油压减振器，以减轻车体的横向或垂直振动；采用空气弹簧和橡胶件，以隔离和吸收高频振动，避免产生二次激励振动等。

（4）改进车辆结构参数的配置：试验证明，车辆长度、轴距与转向架中心间距的合理配置，也可有效降低振动幅值。

2. 线路、桥梁

（1）采用无缝长钢轨，定期打磨钢轨使其平滑；采用低弹枕木和隔振垫板，以及浮动式板式轨道。在路基较软的区段改换重轨，增加线路纵向的轨道综合弯曲刚度，降低振动幅值。

（2）采用预应力混凝土桥，改变梁式高架桥的长度和跨度，采用减振性支座，安设动态减振器，控制振动辐射方向。

（3）设置地下防振沟和隔振壁。如设置柱列式、全反射、连接型的隔振壁，阻断铁路振动引起的建筑物地基振动，控制振动的传播，避免产生二次激励振动。

（4）采用排水固结，设置人工复合地基、反压护道、基底约束齿墙等路基地基加固技术，使路基稳固，减轻振动的频率。

噪声环境与振动环境影响相互关联，只有采取综合措施，方能保证实现降噪、减震的目的。

知识点四　高速铁路的电磁干扰及其防护

高速铁路均为电气化牵引，牵引供电系统包括牵引变电所、馈电线、接触网、轨道回路、回流线和继电保护装置等。接触网、变电所会在周围环境中产生电磁场，同时，高速动车受电弓沿接触网高速滑行时，会有跳动和瞬间离线现象并产生电弧；高压输电线接触不良、绝缘子积尘、导线表面局部强电场等都会导致局部放电；这些电弧和局部放电会对周围环境辐射高频电磁波，引发一系列无线电干扰。高速铁路带来的电磁干扰会造成电视接收机及电视收转设备、调幅广播接收机、城市移动通信等声音失真、图像不清。高速铁路的高架建筑物会对沿线的电视信号产生一定的“遮蔽效应”，造成电视信号减弱或画面重影，严重时会出现图画混乱。

一、电磁干扰特性

电磁干扰源包括：牵引供电设备（如接触网、配电线、变电所等）、列车上各种电气设备（照明、空调等）、电力变换设备（如逆变器等）和配线，以及列车运行产生的电磁干扰波。其中，列车运行产生的电磁干扰是最主要的，其干扰强度也是最高的。

高速铁路的无线电噪声主要包括以下两种。

（1）列车在运行过程中，受电弓与接触网导线间滑动而产生的无线电噪声辐射。列车速度在 100 km/h 以下时，由于受电弓的离线率较小，这类噪声的脉冲部分较小，对电视接收造成的干扰影响不大；随着速度的增大，离线率上升，这种干扰逐渐强烈。无线电噪声强度对电视接收的干扰影响与接收频率、电场强度、来波方向等条件有关。一般情况下，其干扰范围在沿线两侧 500 m 以内。

动车组受电弓滑动产生的无线电噪声具有下列特性：

① 列车在曲线上行驶或减速时，其噪声强度要比加速时高 1 520 dB。

② 无线电噪声与电源频率同步，周期性产生，每一周期的噪声是一个数十微秒至数毫秒的脉冲群，其持续时间因列车运行情况不同而异，在电视画面上的干扰也大不相同。

③ 由于使用的电源频率为 60 Hz，所以干扰以 120 Hz 的率出现，周期约 8.3 ms，以电视帧频的 2 倍重复干扰。

（2）接触网绝缘子放电时产生的无线电噪声。悬式绝缘子链所附属的金属接触部分，由于污损腐蚀生锈而产生高阻抗（R）和静电电容（C），在其接触部位形成分布电场，其充放电电流反复流经上述 RC 回路，形成持续的干扰辐射，造成对电视画面的影响。无线电噪声对电视接收产生的干扰体现在下列四方面：

① 由高层建筑物和高架桥体等引起电磁波反射而产生的重影。

② 由这些建筑物产生的屏蔽所引起的电视信号减弱。

③ 由运行列车引起的电视图像颤抖。

④ 由火花放电形成的无线电脉冲噪声。

其中，脉冲噪声的影响最大。

二、电磁干扰环境评价标准

高速铁路无线电干扰对电视画面影响的评价采用主观评价方法的损伤制是较为合适的，国际无线电咨询委员会（CCIR）推荐的是关于损伤制的五级评分标准。五级：没有干扰；四级：有干扰但可忽略不计；三级：有干扰但影响不大；二级：有干扰且影响大；一级：不能收看。在损伤制中，三级和二级的界限是实用极限，考虑我国实际情况，评级应保持在实用极限水平上。我国广电部门有关规定指出：要达到上述三级质量的电视接收图像，其峰值信噪比（有用信号电平对无线电噪声电平之比 D/V）为 33 dB，而要达到 3～5 级质量等级，则需 42 dB，最低不小于 40 dB。参照国内电气化铁道对电视接收影响的研究成果以及日本新干线所采用的数据，以信噪比为 30 dB 评价我国高速铁路电气化对电视信号接收应有的防护距离及相应的防护措施是适宜的。

我国标准动车组各车厢电磁环境进行现场实车测试的电场强度为 1.2～2.3 v/m，远低于国家标准 5 kV/m 的电场强度限制要求；磁感应强度分布在 1 至数十微特之间，也远低于欧洲标准针对植入心脏起搏器的特殊人群而规定的 100 微特磁感应强度限值要求。

三、电磁干扰防护措施

1. 电气方面的防护措施

（1）在受电弓斜管和连接条上安装铁氧体套管提高高频阻抗，可减低电磁辐射值。采用三维弹簧系受电弓代替通常的二维弹簧系受电弓，如图 8-2 所示。由于三维弹簧系在受电弓滑板下增加了一个弹簧系，增强了滑板与接触导线间的柔性接触，可减少接触网与受电弓间的离线率，也可降低电磁辐射值。

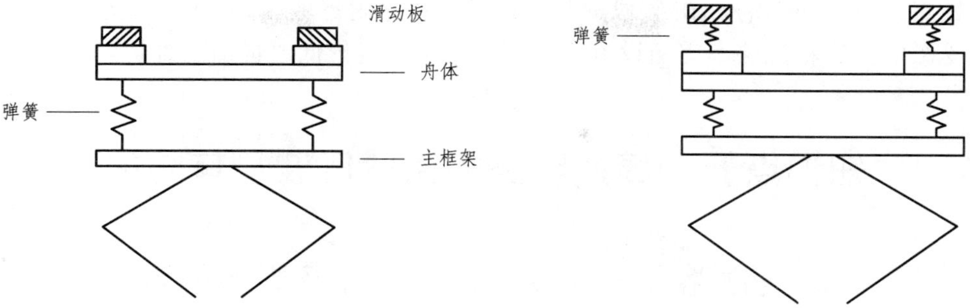

（a）二维弹簧系　　　　（b）三维弹簧系

图 8-2　受电弓的受电结构

（2）采用高压母线连接，减少受电弓数量。日本新干线列车以两节电动车为一单元，最初每单元使用一架受电弓受流，电器回路均为各单元独立设置，在各单元间采用连通高压母线，减少受电弓数量后，不仅减少了辐射源，而且受电弓电流增大，使电弧不易切断，列车整体不易产生电流急剧变化，采取上述措施后高速列车的电磁辐射强度大幅下降。在 100 MHz 和 200 MHz 频段大约降低 10 ~ 20 dB。

2. 机械方面的防护措施

（1）在受电弓上安装微动滑板，改进滑板材料，如日本新干线使用铁系及铜系的粉末冶金滑板，减低电磁辐射值，并进行金属喷涂碳滑板等方面的研究。

（2）改善接触网性能，采用弹性吊弦，改善接触质量，缩小接触网吊弦间距，以降低受电弓的离线率。

3. 对受体（电视信号接收）方面的措施

对于高速铁路的无线电噪声，虽然可采取措施使之降低，但不可能完全消除，一些距离线路很近的无线设施和居民电视仍会受到一定程度的影响。同时高架线路和动车运行造成的电波被遮蔽、电视画面重影抖动问题，也需在受影响的一方采取措施。解决办法有两种。

（1）采用共享天线闭路电视系统。

在不受电气化铁路干扰影响的地点设置接收天线，然后用同轴电缆将信号分配到沿线受影响的电视用户，可保证电视接收质量。

（2）采用差转台接收播发电视信号。

在远离电气化线路的地点设差转台接收电视信号，然后以远高于电气化铁路无线电频率的 SHF 频段的频率播发到铁路附近地区，使电视接收质量不受影响。这种方法不需铺设电缆、工程量小，造价低，也便于维护。

知识点五　高速铁路的微气压波及其防护

一、高速铁路微气压波产生的条件及影响因素

1. 微气压波的形成

微气压波是指高速列车进入隧道时对周围空气产生的压缩波，并以音速在隧道中传播，该压缩波在到达隧道出口的瞬间，形成冲击压力波，从隧道出口向周围区域辐射，使得隧道出口处周围产生突发性爆破声，导致隧道出口附近的建筑物门窗发出声响。1975 年日本山阳新干线通车时，首先出现这一新型的环境问题，沿线距隧道出口约 500 m 处的居民对此提出抱怨和投诉。因而微气压波与噪声、振动一并成为主要环境问题，得到有关部门的重视。微气压波的形成和传播分三个阶段：列车进入隧道时产生压缩波；压缩波沿着隧道传播；微气压波从隧道出口向外辐射。隧道出口微气压波形成如图 8-3 所示。

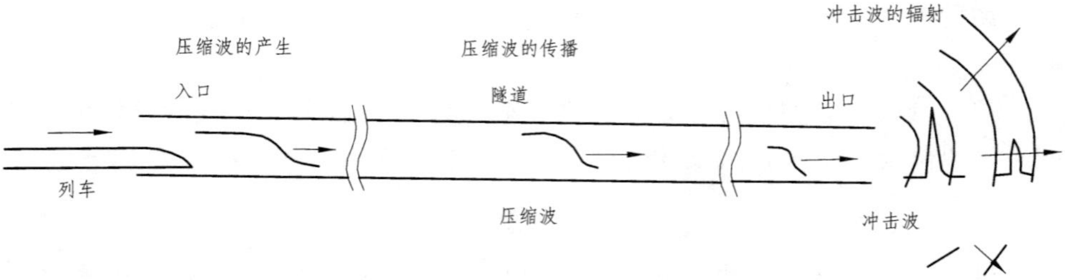

图 8-3　隧道出口微气压波形成示意图

2. 影响微气压波的因素

（1）列车速度。

压缩波波面压力随列车速度提高而升高。升高值近似与列车速度的平方成正比，压力升高所需时间与列车速度成反比。因此，压缩波波面的梯度近似与列车速度的三次方成正比。

（2）列车与隧道截面之比。

微气压波随列车截面积与隧道截面积的比值减小而减小，并随列车头型系数（长细比值）的增加而降低。

（3）隧道内部条件。

隧道内的侧洞会影响微气压波的形成。在板式道床的长隧道中，由于压缩波的非线性效应占优势，以及平滑的隧道壁和板式道床的压力波能量耗散较小，使得波面压力梯度陡峭。在道砟道床的长隧道中，由于道砟空隙吸收了部分压力波，而使其传播过程中波面压力梯度降低。因此使用类似道砟等多孔性材料是解决微气压波的有效方法之一。

（4）隧道出口。

隧道出口处周围的环境也会影响微气压波的大小。

二、微气压波防治措施

1. 设置隧道入口缓冲棚

在隧道入口安装缓冲棚，可以降低隧道入口处的压缩波波前的压力梯度，从而降低隧道出口端的微气压波。这是日本新干线采用的主要措施，自 1977 年在山阳新干线某隧道（8.99 km）入口处两侧设置了第一座缓冲棚开始，目前已有近 100 座隧道入口安装了缓冲棚。缓冲棚长度越长，降低隧道出口端的微气压波效果越好。新干线最长的缓冲棚长度为 49 m。

2. 隧道中的斜洞

当压缩波通过较长的斜洞时，也将降低压缩波波前的压力梯度，从而降低隧道出口端的微气压波。斜洞的截面积与隧道的截面积之比越大，降低隧道出口端的微气压波效果就会越好。此法已在日本上越新干线的两座长隧道中得到采用。

3. 连接隧道的带缝隙缓冲棚

该方法与上述原理一样，在两座隧道间连接的缓冲棚两侧设有缝隙，使压缩波通过缝隙得以释放，达到降低隧道出口处微气压波的效果。此方法已用于上越新干线中。

4. 降低列车的截面积和提高列车的头型系数

列车进入隧道产生的压缩波波前压力梯度随列车截面积的减少而降低，随列车头型系数的提高而减小。日本新干线 500 系高速列车在设计时，通过数值模拟计算优化设计了其头部形状，不仅满足了高速列车空气动力学性能方面的要求，也考虑到了降低微气压波效应问题。

知识点六　高速铁路对能源和其他环境的影响及其防护

我国人口稠密，土地资源紧缺，区域经济发展不平衡，许多地方生态环境十分脆弱，建设高速铁路必须格外注意节约能源和保护环境。高速铁路的勘察、设计、施工、运营的每个阶段都要做好节约土地、水土保持、保护生态、节约能源、减振降噪等工作，努力建设环境友好型、资源节约型的绿色高速铁路。

一、高速铁路对生态环境的影响及其防护措施

高速铁路修建对生态环境的影响与普通铁路工程基本相似，仅限于线路两侧的局部范围内。

1. 对水土流失的影响

高速铁路修建过程中，取土场所、存放隧道废渣的弃土场所、制梁场以及铁路路基边坡等如不加以防护，被工程施工扰动后的松散土在风吹及雨淋下会流失。为了消除或减少这种影响，可根据地形、桥涵、农田灌溉合理布置排水系统，最大限度地使原有地表水排泄和农田灌溉系统不因铁路路基的修建而遭到破坏。如在铁路两侧设侧沟、天沟，来疏通地表径流，在路堑或路堤边坡种草，设置护坡、挡土墙等，以增强其稳定性。在大规模的土方施工地点，采取随挖、随运、随铺、随夯的施工方法，不留松土面。尽可能不在雨季进行大规模土方工程施工等措施，以减少施工期间的水土流失。

2. 对野生动植物、农田水利及农业生产的影响

铁路工程施工周期长、规模大，除路基工程必须降低植被覆盖率外，施工期的临时房屋、便道、弃土堆积、机械碾压、人员践踏等也会对植被造成不同程度的损伤，对既有农田水利灌溉网造成不同程度的破坏。高速铁路所经之地大部分为耕地，地区人口稠密，土地利用率高，铁路所占用地变成了交通用地，对该地区的农业生产有不利影响。

节约土地资源的措施如下。

（1）优化路桥比例。

如以 8 m 填高为例，每千米路基（包括护道、排水沟及防护栅栏等）的占地面积超过 5.13 公顷（1 公顷=10 000 m^2），而每公里桥梁的占地面积仅 1.8 公顷，采用桥梁将比采用路基每千米节约土地 2/3。京沪高速铁路桥梁长度占线路总长 81.5%，哈大客运专线桥梁长度占线路总长 72%，京津城际铁路桥梁长度中线路总长 87%，线路设计中提高桥梁比例，节约了大量的土地资源。

（2）设置桥式站房。

如天津南站、无锡东站、苏州北站等采用了桥式站房，将站房及相关设备用房放在桥下，既减少了线下工程占地，又省去了站房及设备用房占地，使有限的土地资源得到充分利用。

（3）路基设置直立结构。

为了减少高速铁路路基用地，节约建筑材料，路基两侧设置直立结构，缩小占地面积。

（4）复耕措施。

为保护土地资源，对占用耕地的制梁场、拌和站等大型临时工程，施工结束后进行复耕，并利用弃土场进行造地。

3. 对城市人文和生态环境的影响

在城市修建或扩建大型高速铁路客运站、动车段及相应的客运服务设施，使该地区的人口密度增加，成为交通、商业、邮电的中心，对城市生态环境产生巨大影响。另外，高速铁路进入市区，对城市既有道路、市政工程设施（上、下水道、通信动力电缆、煤气、供热管道等）、居民区的拆迁以及城市景观、日照、采光等都会造成一定的影响。

保护人文和生态环境的措施如下。

（1）合理选择设计方案。

在高速铁路线路走向确定前，认真调查铁路经过地区的自然保护区、风景名胜区、水源保护区、森林公园、地质公园等人文和生态敏感区的分布，在选择线路走向时尽可能绕避上述敏感区，以环保选线设计理念保护生态环境。例如，京沪高速铁路设计阶段，采用绕避明皇陵的选线方案，避免了明皇陵受施工干扰。京沪高速铁路绕避明皇陵选线如图 8-4 所示。又如，哈尔滨至齐齐哈尔高速铁路与既有滨洲铁路并行以桥梁形式通过扎龙自然保护区的实验区，对保护区整体生态系统分割最小，线路最短，占地最少，对保护区湿地环境影响最小。哈齐客专通过扎龙保护区如图 8-5 所示。

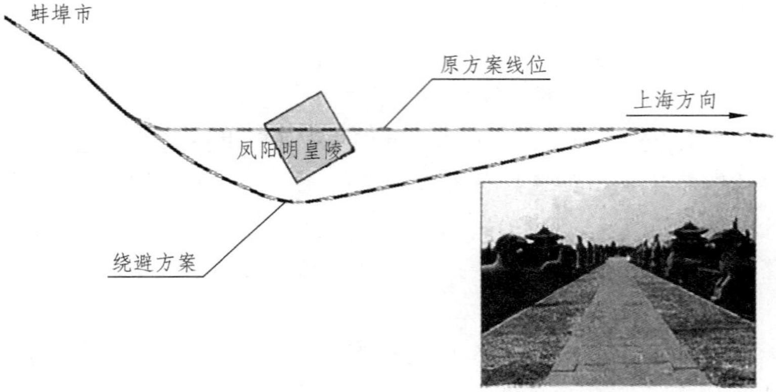

图 8-4　京沪高速铁路绕避明皇陵选线示意图

图 8-5　哈齐客专通过扎龙保护区示意图

（2）施工阶段落实环保措施。

施工建设阶段认真落实环保设计措施，并创造性地采用一些新的技术或措施，以有效保护环境。例如，为确保以盛产大闸蟹名扬海内外的阳澄湖零污染，京沪高速铁路在建设阶段采用了“双排筑坝围堰”施工。在需要水中作业的阳澄湖区，每隔一段距离先在湖底打两排木桩，然后用竹排、土方把施工地围成一个个“口”字形、“U”字形，再慢慢把这一小块区域里的水抽干，用湖底泥土修筑便道后，再像陆地一样施工。在高架桥的桩基、承台、桥墩全部建好后，拆除原先的围堰，恢复相关水域，然后再去下一个施工点继续筑坝、围堰，一步一挪，确保阳澄湖水质不受污染。阳澄湖高速铁路施工如图 8-6 所示。

图 8-6　阳澄湖高速铁路施工示意图

施工阶段落实环保的措施还有：高速铁路引入城市应与城市规划紧密协调，高速铁路与城市干道采用全立交、全封闭，并尽量绕避城市人口密集繁华区。施工过程中与城市部门配合，改移部分市政设施；高速铁路以高架桥的方式进入市区，尽量与周围的自然环境和人文环境高度协调，展示现代化城市的景观美。对敏感地段，应尽可能美化线路路基及隔离栅，加强沿线绿化带建设，必要时对线路隔离栅进行垂直绿化。

4. 施工对环境的影响

铁路大桥施工规模大、周期长、临时工程占用场地多、施工人员和机械集中，易对环境造成不良影响。如大桥桥墩基础开挖的弃土易堵塞河道，使水中的泥砂含量增加；施工场地生活、生产废水、废渣和垃圾的污染，施工机械的噪声等的影响；进入市区的高架桥施工将会使城市部分道路改移，民用建筑、地下管道拆迁，给城市居民生活带来不便。采石料场的开采和开山放炮势必使居民、动物受惊。挖土导致水土流失，减少地表植被等。应对措施是：施工中开挖的基坑地基完工后立即回填，恢复原状；施工的废土、废渣不得任意遗弃于河沟，施工产生的含油废水，不得直接排入河道；市区高架桥施工作业避免夜间扰民；施工期各种车辆按指定路线行驶；区间路堤填方，采取集中取土，少占农田，减少施工对农作物的损害。

二、高速铁路对其他环境的影响及其防护措施

高速铁路对环境的影响，除上述噪声、振动以及电磁干扰和生态环境以外，还有以下影响。

1. 对大气环境的影响

高速铁路采用电力牵引，实现了无污染的零排放，与公路、航空运输相

比，是国内外公认的有利于环境保护的最佳运输方式。我国京沪间几种运输方式的能耗量及其污染物的排放量见表 8-6 所示。

表 8-6　几种运输方式的能耗量及其污染物排放量

运输方式	能耗量（标准煤：g）	大气污染物（10^{-3} g）				
		烟尘	SO_2	CO	NO_X	C_nH_m
高速铁路	2.73	8.02	152.8	0.879	34.7	0.348
高速公路	22.05	14.45	5.235	3000	374.6	591.0
飞机	44.10	78.15	30.0	42.03	570.3	14.82

由表 8-6 可知：高速铁路与高速公路、飞机相比，能耗最少，大气污染物的排放量除 SO_2 外，都明显低于其他运输方式。但从全局大气环境分析，供电站产生的污染物也要由电力牵引来承担。供电站向大气污染物的排放量与采用的燃料有关，火力发电用煤作燃料，排放的污染物（烟尘、SO_2、CO、NO_x、C_nH_m）要比用油或天然气作燃料多得多。如采用水力或核能发电，则污染物的排放量更少，对环境的影响更小。

2. 对水环境的影响

高速铁路与普通铁路相比，由于运行速度快，沿途站段减少，所以列车上旅客用水量也减少了。由于采用电力牵引，动车段检修用水和排放的污水量比非电力机务段要少。高速铁路的生产废水，主要是含油废水，可采用目前较成熟的传统工艺“气浮法”处理。站段生活废水基本上排入城市下水道。电力机车检修的蓄电池废水，可用电渗析法处理。列车车厢、厕所废水在车内收集后，按城市生活废水进行处理。

3. 旅客列车粪便及垃圾处理

旅客旅行过程产生的列车粪便、污水及各种固体废弃物形成的垃圾，如不经过专门的收集处理而随意遗弃，将对高速铁路周围的环境卫生造成严重影响。

（1）列车粪便、污水处理。

高速列车的客车粪便采用集便器密封收集后，在站段集中排放可减轻对环境的污染。现代客车主要采用便器系统，新型的真空保持式集便装置由便器、真空发生器、污物箱、系统控制器、气管路、污物管路、水分离器等组成，其基本原理是：真空发生器使污物箱中保持一定真空度，便器的污物靠大气压和污物箱之间形成的压力差，排放到污物箱中。这种集便装置具有耗水量低，检修方便，运营成本低，一个污物箱可同时供多个卫生间使用等优点，已在我国铁路旅客列车和动车组列车上得到采用。

（2）垃圾处理。

旅客垃圾主要指旅客在车站候车及乘坐列车时丢弃的各种物品，如看过的报纸，各类饮料瓶、罐、包装材料等。其中有相当一部分物品是可以再生利用的，应将其视为一种再生资源。国外铁路部门已着手对这类旅客垃圾进行收集、分拣及再生处理。

日本铁路重视对垃圾的收集和预处理。在车站和客车上配备有明确标志的垃圾分类收集箱，旅客可按垃圾箱上标明的符号丢弃垃圾，使垃圾得到初步分类。

收集垃圾由专门的清洁公司承担。清扫工定时将在车站站台、列车上及其他固定地点的分类垃圾箱中的垃圾分别进行收集后，送往垃圾预处理厂，其中报纸、杂志直接送往再生纸厂生产再生纸（日本铁路办公用纸和名片、车票大都为再生纸），其余垃圾在预处理厂进行分拣处理后，再送资源再生工厂。

在预处理厂，垃圾进入分拣流水线进行分拣，将分拣出的少量破碎报纸、杂志、瓶、罐分别集中堆放，定期送往资源再生工厂，经分拣后，其他垃圾则压缩装车送往垃圾焚烧场处理和热能利用。

知识点七　安全监测与防灾

从高速铁路标准制定和设计之初，就充分考虑了保证安全、正点运行的问题。高速铁路设计贯彻故障导向安全、冗余备份、高可靠性的原则。

工程质量是保证高速铁路安全、正点运营的基础。高速铁路工程建设管理以质量为核心，全力保证工程质量。高速铁路工程竣工后，须按规定进行工程验收，达到设计要求和质量标准才能通过验收和开通运营。同时，还须通过联调联试和运行试验对高速铁路进行整体功能优化和检验。

高速铁路具有健全的安全保障体系，采用先进的技术手段和严格的管理制度，对高速铁路基础设施和动车组进行检测和养护维修，及时处置伤损设施和故障设备，每天开行确认列车，人员经培训后上岗，实行严格的岗位责任制，确保高速铁路所有系统始终保持良好的工作状态。

高速铁路采用全线封闭、立交化等技术手段和隔离措施。通过自然灾害及异物侵限监测系统监测大风、雷雨、冰雪等灾害天气，以及高速铁路限界内各种异常情况对高速列车运行的影响，及时启动灾害天气高速列车运行预案，如限速运行、停运等，确保高速铁路运行安全。

一、高速铁路基础设施检测

经过长时间的运营，高速铁路的线路、接触网、通信、信号等基础设施会出现不良状态，从而影响其正常工作，即需要专业技术人员使用专用设备定期或不定期对这些基础设施进行检测，做到早诊断、技术维护，以确保高速铁路的安全运营和旅客的安全。

高速铁路主要采用高速综合检测列车和特制的专业检查车对基础设施进行检测。高速综合检测列车和专业检查车上安装了各种检测设备和仪器，只要在高速铁路上跑一跑，便能测出轨道、接触网、通信信号设备等基础设施的工作状态。综合检测列车及专业检查车检测得到高速铁路基础设施的状态数据，状态数据被全部传送到铁路基础设施检测数据分析处理中心，经过专业人员的处理和分析，可以及时发现基础设施的不良状态，并通过铁路专用网络向各有关业务部门和专业技术部门提出检修建议，并及时跟踪各类病害的整治和处理情况。铁路基础设施检测数据分析处理中心为每条高速铁路建立检测档案，为制定线路养护维修计划和开展高速铁路轮轨关系、弓网关系等基础性研究提供科学数据。高速铁路基础设施检测系统如图 8-7 所示。

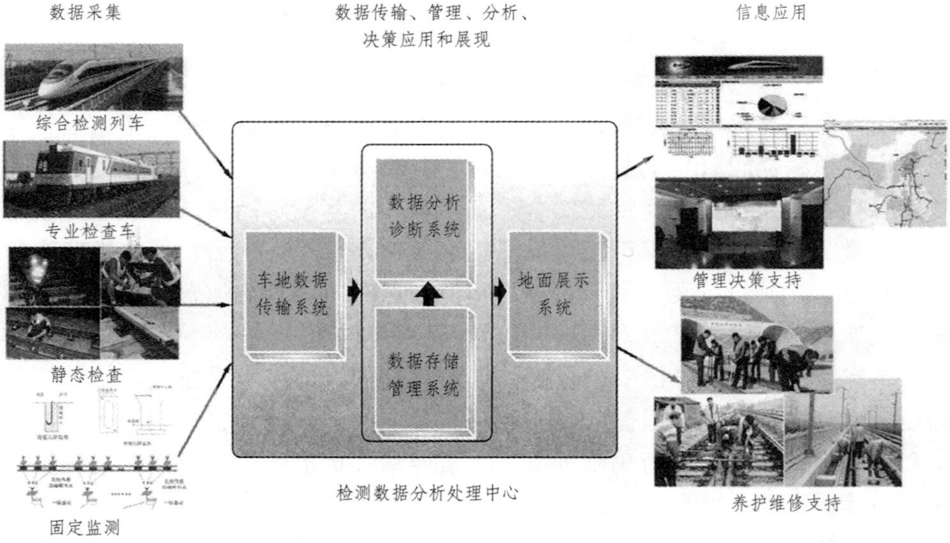

图 8-7　高速铁路基础设施检测系统示意图

二、高速铁路基础设施检测项目

（一）轨道检测

对高速铁路轨道的检测，一是通过安装在检测车上的轨道几何检测设备、巡检设备和钢轨探伤车等设备，动态检查轨道是否平顺、表面有无异常，以及钢轨有无伤损裂纹等。钢轨探伤采用超声波对钢轨内部进行透视，超声波传感器安装在特制的轮子内部，通过轮子在钢轨上的滚动就可以透视出钢轨内部的各种裂纹。二是利用夜间“天窗”采用轨道几何状态测量设备（主要包括相对基准测量的轨道检查仪和绝对基准测量的轨道测量仪两类）对线路设备进行静态周期性检查。钢轨探伤车如图 8-8 所示。钢轨探伤轮如图 8-9 所示。

图 8-8　钢轨探伤车示意图

图 8-9　钢轨探伤轮示意图

轨道动态检测结果通过铁路基础设施检测数据分析处理中心发布到养护维修部门，而养护维修部门利用轨道检查仪或轨道测量仪对动态检测结果进行复核，并用于指导轨道几何状态的调整和复验。轨道几何状态检测项目如图 8-10 所示。

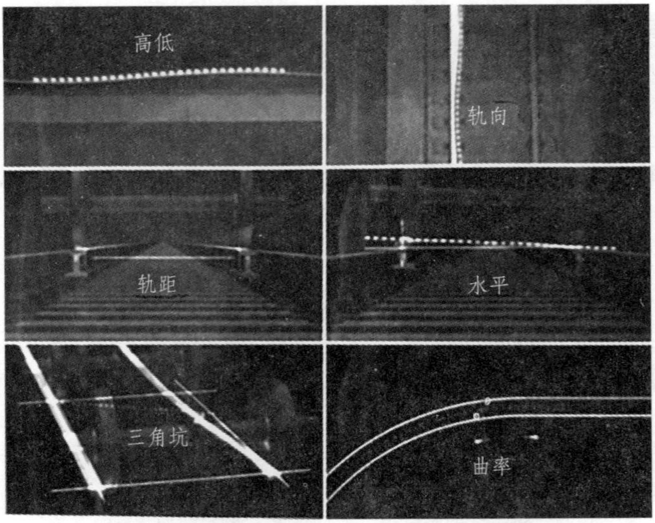

图 8-10　轨道几何状态检测项目示意图

（二）线路基础设施检测

针对所检测出的高速铁路病害类型与等级，及时采取相应的措施，对轨道部件进行修复或更换，使之恢复正常状态。对于无砟轨道的不平顺，通过调整轨距挡板和轨下垫板，使其恢复平顺性；对于有砟轨道，则采用大型养路机械进行起拨道和捣固，使其恢复平顺性。对于钢轨因自然环境和轮轨作用等原因产生的磨耗等，通过钢轨打磨，恢复钢轨的轮廓；对于钢轨由于夏季热胀、冬季冷缩而产生的内部应力过大和变形，则采用钢轨应力放散技术进行修复。对于轨道板、CA 砂浆垫层出现裂缝或缺损，及时采用特殊的修复材料进行快速修补。定期检测桥梁、隧道、站房等设施，发现问题时，及时安排维修。高速铁路线路基础设施使用的大型养路机械机组如图 8-11 所示。

图 8-11　高速铁路大型养路机械机组示意图

（三）接触网检测

通过安装在检测车顶部或受电弓内的接触网检测传感器，测量接触导线距离轨道的高度、相对轨道的左右位置以及输电电压。接触网检测项目如图 8-12 所示。

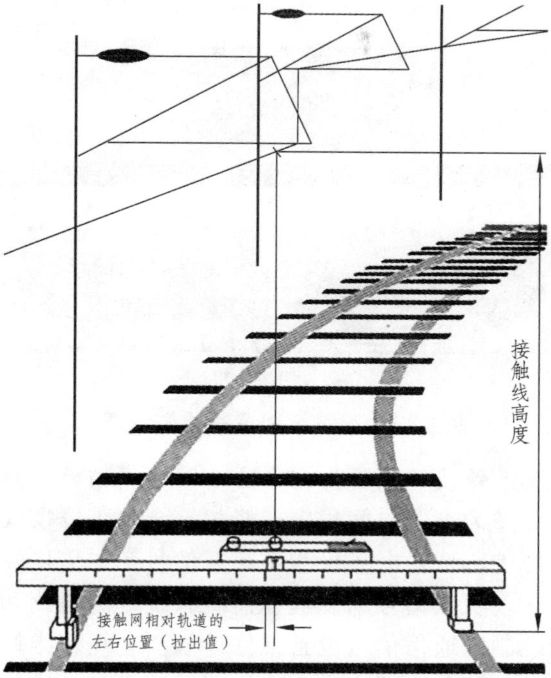

图 8-12　接触网检测项目示意图

高速铁路接触网是重要的行车设备。高速铁路接触网设备维修主要是对接触网设备进行检查、检测，掌握设备的技术性能与安全状态，对不满足安全运行的接触网设备，在垂直检修“天窗”时间进行必要的维护，保证接触网的技术状态，确保运行时的安全可靠性。

（四）信号检测

对铁路信号系统的检测是通过安装在检测车上的检测天线，采集检测对象的信号信息，然后由计算机进行分析，判断铁路信号系统设备是否正常。

（五）通信检测

通信检测时通过安装在检测车顶部的天线采集无线信号，经过计算机处理，通过分析来判断基站发射无线信号的强弱、无线通信是否受到干扰、话音通信服务质量，以及列车控制系统无线数据的传输质量等。无线场强覆盖检测如图 8-13 所示。

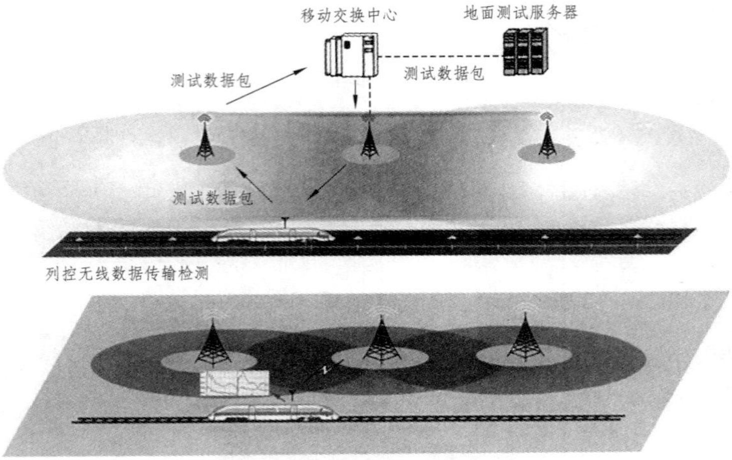

图 8-13　无线场强覆盖检测示意图

通信信号系统设备按“预防为主、防治结合、精检细修”的原则，实行预防性计划维修和“天窗”时间集中检修相结合的维修模式。铁路局及其电务段电务调度指挥中心依托电务检测车车载信号及通信检测系统、列车控制设备动态监测系统、机车信号动态远程监测系统等的检测和监测数据，通过电务信息管理系统制定通信信号设备维修计划。现场按维修计划实施，并定期对通信信号的地面设备进行中修和大修，车载设备的维修与动车组的三、四、五级修一同进行。

三、高速铁路基础设施养护维修

高速铁路每天安排固定的检修时间。由于高速动车组的运行速度和空气动力作用比普速铁路大得多，因此为了确保高速动车组的运行安全和检修人员的安全，按照“施工不行车、行车不施工”的高速铁路基础设施检查与养护维修原则，所有检查和养护维修作业均安排在每天的高速铁路运营结束以后的指定时间段内，一般为每天夜间 0:00 ~ 4:00。

在高速铁路养护维修完成后，在每天早上开行第一班正式的载客高速动车组前，双向对开一班确认列车，对线路的安全状态进行确认。除此之外，每 10 天左右安排开行高速综合检测列车对高速铁路线路进行全面检测，以确保旅客列车安全。

四、高速铁路的安全防灾

铁路部门采取了多种技术措施和预案，防止自然灾害及异物侵限对高速列车的影响和危害。

（一）自然灾害及异物侵限监测系统

大风、强降雨（雪）、地震都会对高速铁路的安全运行造成影响，如果有异物落入高速铁路线路，也会对高速运行中的列车构成巨大威胁。铁路部门充分考虑这些因素，设置了相应的监测设备，一旦发现此类情况，会及时采取应对措施，保障高速列车的运行安全。

自然灾害及异物侵限监测系统是铁路信息系统的重要组成部分，是高速铁路列车运行安全的重要保障之一。该系统根据沿线的风速、降雨量、地震动峰值加速度、地质条件以及线路环境、设计速度等情况，对沿线风、雨、雪、地震及上跨铁路的道路桥梁的异物侵限实时监测，为调度指挥及维护管理提供报警、预警信息，有效防止减少灾害对高速铁路列车运行安全的影响。高速铁路自然灾害及异物侵限监测系统如图 8-14 所示。

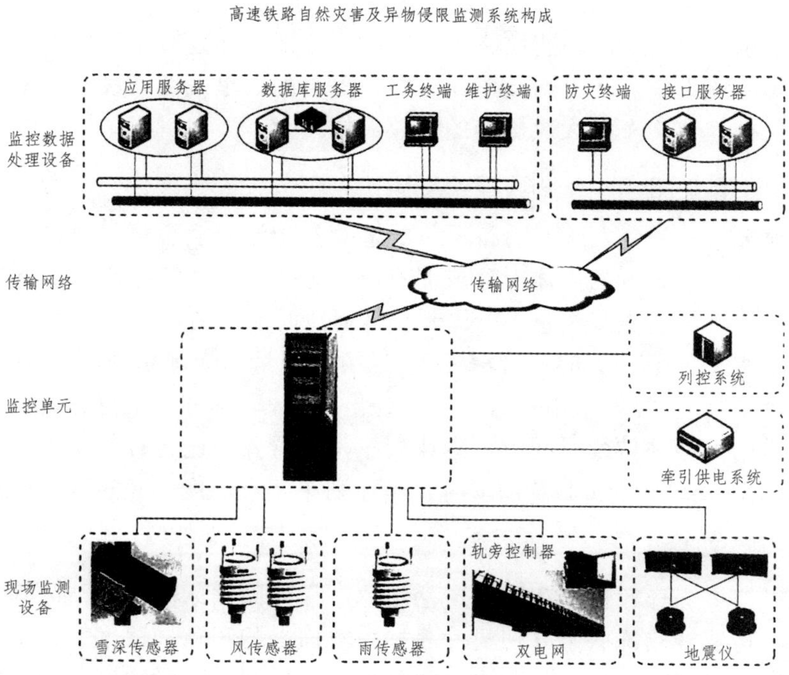

图 8-14　高速铁路自然灾害及异物侵限监测系统示意图

（二）自然灾害及异物侵限监测系统提供的报警、预警

自然灾害及异物侵限监测系统采用铁路局中心系统、现场监测设备两级构架。实时采集高速铁路沿线风速风向、雨量、雪深、地震及上跨铁路的道路桥梁的异物侵限现场数据，接收既有灾害监测系统，相邻铁路局中心系统及地震、气象等相关部门系统信息，进行数据分析及处理，为运营管理提供有效、准确、可靠的监测、报警及预警信息，异物侵限报警及地震预警、报警时联动触发信息系统、牵引变电系统进行如下的紧急处置。

1. 大风预警

大风天气会对高速列车的安全运行造成很大影响，如果风力较大会影响高速列车受电弓从接触网正常取电，引起设备故障。当横向风力较大时，将对高速列车的车体产生较大的侧向力，甚至可能导致高速列车脱轨倾覆。因此，铁路部门为应对大风天气的影响，采取了很多措施。当风速达到报警门限时，发出大风报警信息，实时显示大风报警状态，调度人员根据弹出报警框的限速建议和限速区段指挥行车。例如，当风速在 25 m/min 和 30 m/min 之间时，高速列车运行速度一般不超过 120 km/h，当风速大于 30 m/min 时，高速列车停止运行。

在常年风力较大的高速铁路运行区段，特别设计建造了防风屏、挡风墙或明洞等防风设施。在兰新高速铁路穿越著名的百里风区区段时，由于防风工程的保护，使列车受大风影响的天数大幅减少。

2. 雨量监测

降雨天气容易诱发路基、桥梁、隧道等基础设施病害，雨量较大时也可能诱发铁路沿线附近的山体滑坡或泥石流，威胁高速列车的运行安全。因此，铁路部门会现场监测降雨量（指从天空落到地面上的雨水，未经蒸发、渗透、流失而在水平面上积聚的水层深度）、连续降雨量（指降雨间隔不超过 24 h 的累积降雨量）。当发生雨量报警后，弹出报警框，根据规定执行相应操作。根据雨量的大小和持续时间决定高速列车是否需要限速运行或停止运行。例如，当降雨达到 60 mm/h 及以上时，高速列车运行速度不超过 45 km/h。

3. 雪深监测

冰雪天气会导致道床积雪、道岔结冰、接触网结冰和车底结冰等现象出现，甚至造成线路冻胀、几何尺寸超标。轨面上的积雪、覆冰、积水会使动车组轮轨接触摩擦力减小，产生打滑现象；道岔结冰会影响道岔的转换和与

基本轨的密贴性，冰雪会对接触网受电、列控地面设备、动车组车体等产生影响。当积雪达到一定深度时，将可能影响高速列车的运行安全。对于高速运行的动车组来说，“一小块冰掉落就如同一颗子弹”，因此，铁路部门会进行雪深监测，即监测从积雪表面到地面的垂直深度，决定高速列车是否需要限速运行或停止运行。通常在列车头部安装型雪机以排除轨道上的积雪，或采用可以在钢轨下贮存降雪的高架构造。此外，还可以采用设置于轨道沿线的洒水器喷洒温水融雪的方法。为监视雪情变化，还可以设置工业电视和积雪深度测厚仪等设备。

例如，当无砟轨道区段轨枕板上积雪厚度在 100 mm 以上时，高速列车运行速度不超过200 km/h；有砟轨道区段道砟面上积雪厚度在50 mm以上时，高速列车运行速度不超过 160 km/h。

风速风向计、雨量计和雪深计如图 8-15 所示。

图 8-15　风速风向计、雨量计和雪深计示意图

4. 地震预警

地震可能会使线路、桥梁、隧道等铁路基础设施遭到破坏性损毁，从而导致高速列车脱轨、倾覆。我国是地震多发国家，为了防止和减少地震给高速铁路的安全运营造成危害，将地震造成的灾害损失降至最低，我国铁路研发了高速铁路地震预警系统，地震动加速度计如图 8-16 所示。

高速铁路地震预警系统利用地震纵向波比地震横向波传播速度快这一特点，根据地震台站实时监测到的信息，快速估算地震的强度及其影响范围，确定警报等级。一旦地震达到一定强度，提前向地震影响范围内的高速列车、列控系统和牵引供电系统发布地震紧急处置信息，采取制动和停电措施使高速列车尽早减速和停车，最大限度地降低灾害损失。同时，还向运营调度中心实时传输地震信息，供其组织紧急救援、快速抢修线路时参考。

图 8-16　地震动加速度计示意图

5. 异物侵限监测

公路和高速铁路立交时，有时从高速铁路上面跨越，如果公路桥上落下的物体进入高速铁路线路，会对高速运行中的列车构成巨大威胁，因此，铁路部门在这些地段设置异物侵限监测装置。当监测到异物侵入线路时，异物侵限监测子系统能够根据异物侵入线路的实际情况，自动向列控系统发出异物侵限报警信息，并通过列控系统使列车减速或停车，同时通知相关部门巡查，排除异物，保证列车安全。异物侵限双电网传感器如图 8-17 所示。

图 8-17　异物侵限双电传感器示意图

知识点八 高速铁路应急管理

高速铁路应急管理体系是我国铁路应急体系的重要组成部分，铁路部门依托安全技术和现代信息技术，建立了中国铁路总公司—中国铁路集团有限公司—站段三级应急救援体系，明确了各级的应急管理职责，形成了比较完善的高速铁路应急管理和救援指挥体系。同时还与地方政府、部队、医疗、消防、公安、相关企业等建立了应急救援联动机制，共同构建人员救助网络。通过建设应急通信系统，实现了应急救援指挥中心与救援现场的实时语音通信和实时图像传输。各中国铁路集团有限公司常年储备足够数量的应急救援物资，并做好应急资金保障，从而实现突发事件的快速响应和联合救援。

为有效应对各类突发事件，铁路部门研究制定了一系列的应急预案，2005年，公布实施《国家处置铁路行车事故应急预案》和《铁路防洪应急预案》等部门预案，2011年，新编《铁道部处置铁路交通事故应急预案》《铁路建设工程生产安全事故应急预案》，修订《铁路防洪应急预案》《铁路地震应急预案》《铁路网络与信息安全应急预案》《铁路突发公共卫生事件应急预案》等预案，明确了铁路各类突发事件的应急组织体系和职责、预防预警、应急响应、后期处置、保障措施等内容。

针对高速铁路制定高速铁路应急预案，对高速铁路各类突发事件的应急组织体系和职责、预防预警、应急响应、后期处置、保障措施等各方面做出了规定。主要包括：《高速铁路突发事件应急预案》《高速铁路客运非正常情况应急处置办法》等。

为保证高速铁路应急预案有效实施，铁路部门提前组织应急救援演练，模拟高速铁路通信信号、动车组、线路、接触网、牵引供电、旅客服务等系统故障和火灾等紧急情况组织救援演练。一旦高速列车发生设备故障或紧急事件，会立即启动高速铁路应急预案。列车司机立即停车，采取紧急处置措施，对无法处置的，立即报告临近车站、列车调度员进行处置。事故造成行车中断的，立即组织抢修，尽快恢复列车正常运行。有人员伤亡的或需要紧急转移的，通过疏散通道迅速组织救援，疏散旅客、抢救伤员。

例如，高速铁路隧道无论长短，均设置贯通的救援通道，随着隧道长度的增加，隧道内还设置了供人员疏散的紧急出入口。特长隧道和部分特殊地质的隧道建成两个单独的平行隧道，两隧道之间设置联络横通道。联络横通道可以保证旅客从事故隧道尽快疏散至另一条隧道内。根据需要，隧道内还设置了必要的防灾救援站、避难所以及防灾通风等救援设施，一旦列车因故障停在隧道内需要救援时，救援人员可以迅速通过救援通道疏散旅客并进行救援。

复习思考题

1. 高速铁路环境保护的主要内容有哪些?
2. 简述高速铁路噪声的主要组成及控制方法。
3. 高速铁路引起环境振动的影响因素有哪些?
4. 简述高速铁路振动的控制技术。
5. 简述高速铁路的电磁干扰来源。
6. 高速铁路的电磁干扰防护措施有哪些?
7. 简述高速铁路的微气压波的形成过程及防治措施。
8. 简述高速铁路对生态环境的影响及防护措施。
9. 简述高速铁路对大气环境的影响及防护措施。
10. 简述高速铁路对水环境的影响及防护措施。
11. 高速铁路基础设施检查项目有哪些?
12. 简述高速铁路自然灾害及异物侵限监测系统构成。

项目九　高速铁路运输组织

高速铁路运输组织的目的就是通过高效使用高速铁路固定设备、活动设备和人力资源，满足旅客的运输需求，保持良好的运输秩序和运营效果，为我国社会经济的发展提供有利的支撑。与普通铁路相比，高速铁路运输组织的最大区别体现在它的高技术、高安全、高可靠、高质量和高效率上。

知识点一　概　述

高速铁路的运输组织必须达到信息、机制、决策、运作、评估之间的高度协调统一，从而实现高效率。为此，高速铁路运输组织的一般流程如图 9-1 所示。

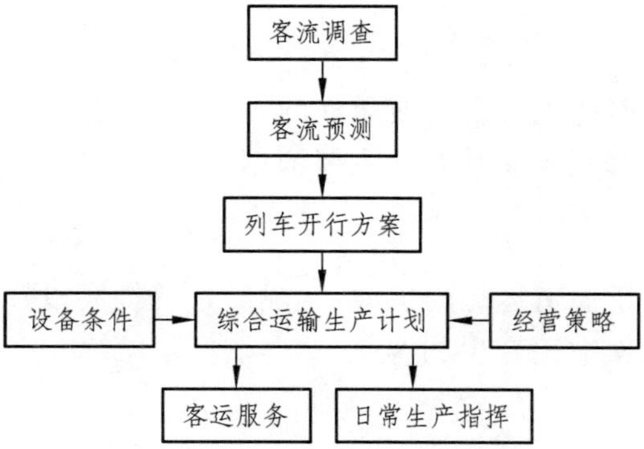

图 9-1　运输组织的一般流程

首先，通过客流调查，正确分析、预测旅客运输市场需求；其次，综合考虑铁路线路、车站、信号、动车组等技术设备条件，计算、确定列车运行的各种参数；根据运输系统自身的实际情况和市面需求情况确定经营方针、经营策略；最后，基于客流预测、设备条件、经营策略具体编制旅客输送的框架计划，即列车开行方案，对列车开行的起讫点、种类、数量、途经车站的停车方案等做出具体的规定。

具体的运输组织工作通过综合运输计划进行安排。高速铁路的综合运输计划主要包括列车运行图、动车组运用计划、乘务员运用计划。列车运行图详细规定了所有列车在各站的到达、通过、出发时刻和途中运行时分，动车组运用计划规定了动车组交路，乘务员运用计划规定司机值乘安排；因此，高速铁路列车运行质量主要由综合运输计划决定。

日常运输组织过程中，高速铁路各部门严格按照综合运输计划规定的时间、内容进行工作。当列车运行偏离列车运行图时，由日常调度指挥部门制订调度调整方案并指挥相关部门和人员，尽可能使列车运行恢复到按列车运行图运行，以减少对旅客和运行秩序产生的影响。因此，建立一套设备先进、安全可靠、功能丰富、使用方便的高速铁路调度指挥系统，是保证高速铁路运输质量的关键。

一、高速铁路客流分类

（一）从客流组成方面进行分类

从客流的组成进行分类，高速铁路通道上的客流可分为基本客流、诱发客流及转移客流三类。

1. 基本客流

基本客流由既有线上符合高速条件的客流转移而来，它是高速铁路承担的主要客流，也是修建高速铁路的主要依据。

2. 诱发客流

诱发客流是由于通道运能的扩大、运输质量的提高以及运输环境的改善，促使人们增加出行次数而产生的客流。

3. 转移客流

转移客流是指由于运输通道内各种运输方式间的竞争，使得旅客由一种运输方式转到另一种运输方式，从而产生的客流。高速铁路在其有利的运距范围内，会将原来选择其他运输方式的客流吸引过来一部分；相反的，由于旅客选择的多层次性，也有一部分客流因高速列车停站少等因素转向其他运输方式。双向转移体现了高速铁路在客运市场中的竞争力。

（二）从空间范围分

从客流流动的范围上，根据其始发终到是否在通道上，客流又可分为本线客流和跨线客流。若以京沪通道为本线，则本线客流是指始发、终到站均在京沪通道上的客流；跨线客流则指部分或全部跨越本通道的客流，分为以下三种情况：

（1）始发站在通道以外到达本通道的客流。

（2）始发站在通道上而终到站在通道以外的客流。

（3）始发站和终到站均在通道外但经本通道输送的客流。

（三）按跨线客流输送方式分

如果单独分析跨线客流的输送方式，可将其分为直达客流和换乘客流两类。

1. 直达客流

由跨线运行的高速列车承担的下高速线客流（高速直达客流），无须中途换乘。

2. 换乘客流

在高速线与既有线的接轨站换乘后到达目的地客流，根据换乘方向的不同，分为换乘高速列车客流和换乘普速列车客流。

（四）从其他层面分

从客流流动的数量（流量）上分，通道上的客流可分为大客流、中客流、小客流。

从客流流动的方向（流向）上分，通道上的客流可分为上行客流、下行客流等。

从客流流动的时间（流时）上分，通道上的客流可分为高峰客流、平峰客流、低峰客流等。

从客流流动的距离（流程）上分，通道上的客流可分为长途客流、中途客流、短途客流。

二、高速列车种类

结合我国路网条件及铁路技术装备现状，从列车运营速度和运行距离的角度出发，我国高速列车有如下种类。

（一）从运营速度上分

高速列车从运营速度上可分为高等级高速列车和低等级高速列车，其中高等级高速列车运营速度为 300 ~ 350 km/h，低等级高速列车运营速度为 200 ~ 250 km/h。

（二）从运行距离上分

根据列车运行距离的长短，可将其分为长途列车、中途列车以及短途列车；也可根据列车跨越区段比例加以分类。

（三）从列车运行范围上分

高速列车从运行范围上分，可分为跨线高速列车和本线高速列车，跨线高速列车是指部分在本线运行、部分在现有线或其他客运专线运行的列车。跨线高速列车分上线和下线两种，上线高速列车指低等级高速列车上高等级高速线路运行，如 200 km/h 列车上 300 km/h 线路运行；下线高速列车指高等级高速列车下低等级线路运行。本线高速列车指全部在本线上运行的高速列车。

（四）按编组内容分

高速列车按编组内容可分为高速座席列车、高速卧铺列车和高速混编列车。高速座席列车是国内外普遍采用的列车形式。

三、高速列车的车次

全国有不同种类、性质的动车组列车运行在城际、高速铁路及其他改造后的既有线路上。为了便于旅客区分各种动车组的性质和种类，同时考虑到铁路行车部门组织列车运行和进行作业的需要，铁路部门将各种动车组旅客列车车次按其性质、种类和运行方向用一定数字进行编订。所以，车次是某一列车的简明代号，不仅能表示动车的种类还可以判明其去向——是上行还是下行，在我国以向首都北京、支线向干线或指定方向为上行，车次编定为双数，反之为下行，车次编定为单数。

目前动车组采用的车次代码方案为：高速动车组旅客列车、城际动车旅客列车、动车组旅客列车由 1 位字母和 1 至 4 位数字组成。动车组客车车次的编定如表 9-1 所示。

表 9-1　动车组旅客列车车次表

类别顺号	列车车次		车次
1	高速动车组旅客列车	跨局	G1 ~ G5998
		管内	G6001 ~ G9998
2	城际动车组旅客列车	跨局	C1 ~ C1998
		管内	C2001 ~ C9998
3	动车组旅客列车	跨局	D1 ~ D3998
		管内	D4001 ~ D9998

四、高速列车的编组

1. 单列、重联和长编组三种形式

动车组列车具有可连挂的特性，为适应客流变化的需要，增加客运服务的灵活性，在一天、一周及客流高峰时期，实行长编组或两组列车联挂编组（重联），以运载更多的乘客。

2. 合并和分解运行

在繁忙线路合并运行，在运量小的区段分开运行。

知识点二　高速铁路列车开行方案与列车运行图

一、列车开行方案

高速铁路旅客列车开行方案是列车运行计划的重要组成部分，其内容包括：列车车次（等级）、起点终点站名、开行对（列）数、途中停站站名、编组辆数（定员）和车底运用等。它是编制列车运行图和动车组运用计划、进行调度指挥的基础，是旅客运输和行车组织的核心。

（一）高速列车开行方案的确定原则

列车开行方案要符合旅客出行规律，最大限度地方便旅客，尽可能减少旅客换乘次数，缩短旅行时间，提高服务质量，吸引更多客流，提高列车上座率；充分利用通过能力，合理确定各种列车开行的对（列）数和编组辆数（定员数），合理使用动车组，提高铁路的经济效益和社会效益。

1. 满足不同层次旅客出行需求

从高速铁路目标市场的需求特性出发，编制充分满足旅客出行需求的高速列车开行方案，最大限度地满足不同层次旅客出行的需求。根据高速铁路沿线吸引范围内基本旅客群及其出行规律、旅客需求的变化以及运输市场竞争形势，不断优化列车开行方案，开行适应季度客流、星期客流和日间客流变化规律的各类不同速度、不同行程和不同停站的高速列车。

2. 方便旅客换乘

高速铁路的列车开行方案，需要统筹优化高速铁路与既有线、高速铁路与其他交通方式在各换乘地点和换乘时间的配合。如日本通过在既有线增设第三轨（拓宽轨距），改建成“小型”新干线，扩大了高速列车直通服务范围；法国高速铁路为减少旅客换乘，在铁路枢纽与既有线联轨，采取了高速列车下高速线运行的延伸服务模式。因此，高速列车与既有铁路线以及其他交通方式的协调配合变得十分重要。

3. 经济合理使用高速动车组

不同的列车运行区段方案将产生不同的动车组车底需要数，不同的列车种类或产品配置将形成不同的市场效应。在一定开行对数的前提下，若列车间隔时间太长，会使高速客流转移或消失，而间隔太短将导致车底数量增加。因此，高速列车的行车密度应根据客流量、运营效益等因素综合考虑。

经济合理地使用高速动车组，除了能加速其周转过程，需要兼顾均衡铺画的原则，充分利用线路和车站的通过能力；兼顾不同速度等级列车的开行方案，减少高速列车间的越行与避让；兼顾高速列车的运行与高速客运站的技术作业过程相协调，保证客运站作业的有序和均衡，特别是在列车密集到发时需兼顾点线能力的相互协调。

（二）高速列车开行方案的编制步骤

编制列车开行方案的步骤主要包括：客流预测，客流图编制，确定列车起迄点，计算列车开行对（列）数，设计列车停站方案等。

1. 客流调查与预测

客流调查是在高速铁路吸引范围内，详细调查公务、商务、旅游、探亲等旅客出行的要求，学生流、民工流的流向和流量。采用历年统计资料和问卷调查等手段，预测未来年度高铁客流总量，以及其中平常、周末和节假日客流变化规律和各次列车上座率情况，为编制高速铁路列车开行方案提供比较准确的客流资料。

客流调查与预测非常重要，要由专门的机构人员负责。国外铁路有人主张委托路外调查公司负责，认为他们调查与预测的结果比较客观真实，精确度较高。我国高速铁路发展迅速，投入运营初期，既无高铁客流实际统计资料可查，又缺乏高铁客流预测的经验，对高铁客流的特点、构成和变化规律认识不足，致使预测的客流总量偏高，一些高铁线路开行列车数量偏多，一些高铁列车上座率太低。既浪费了通过能力，又增加了运营支出。

随着国民收入水平逐年提高，年假强制执行，旅游、探亲客流将逐年增加，2020 年前，城镇化进程加快，农村劳动力转移的民工流将逐年减少；正在大力推进的“一带一路”建设，国外旅游、商务客流也会逐年增加。这些客流的变化，究竟对高铁客流有多少影响？都需要在认真调查分析高铁客流特点后，才能得出比较准确的预测数据。

旅客出行选择交通方式时，主要考虑的因素是安全、快捷、舒适、票价。公务、商务旅客出差费用可以报销，无须考虑票价，多数选择高铁，少数选择民航。长途旅游、探亲的客流中：收入较高的旅客多数选择高铁或民航，少数选择普铁；收入较低的旅客多数选择普铁，少数选择高铁。短途旅游、探亲的旅客：有私家车的人，因节假日高速公路免收通行费，多数自驾车出行，少数乘高铁列车；收入低的人，多数乘坐高速公路汽车或普铁列车，少数乘高铁列车。民工和低收入旅客因高铁票价较高，只有在春节期间因买不到普铁车票才乘坐高铁列车回家过年；少部分家庭经济富裕的学生，不愿意团体购票乘坐普铁硬座而选择购买高铁票回家。

目前，我国不同地区经济发展不平衡，国民收入存在较大差距，高铁票价承受能力各不相同。北、上、广、深、杭、宁等经济发达地区，国民收入较高，高铁客流较多，高铁线路和开行动车组列车较多，上座率也较高；西北、西南、东北地区，国民收入偏低，高铁客流和高铁线路相对较少，开行动车组列车较少，上座率也较低。此外，随着我国高速铁路逐步建设成网，高铁吸引的客流范围也将发生变化。例如，在徐兰高速铁路宝鸡至兰州段未建成前，西郑高铁西安北站始发与终到的客流，只有西安地区和陕西省境内始发与终到北京、广州、上海方向的客流。宝鸡至兰州段建成并投入运营后，将增加甘肃、青海、新疆、西藏等省的中转客流。这些不断变化的情况，在客流调查与预测过程中，都需认真调查，深入分析，力求预测准确。

2. 客流图的编制

为了对需要的高速铁路旅客运输量与运输能力进行平衡，进而确定计划动车组列车的工作量，应编制高速铁路客流图。

高速铁路客流图的编制一般是先做高速铁路客流斜线表，后编高速铁路客流图。高速铁路客流斜线表见表 9-2。

表 9-2　高速铁路客流斜线表

到站 发站	距离/km	甲	乙	丙	丁	戊	上行	下行	总计
甲			3545	2 050	938	856	7 389	—	7 389
乙	250	2 823		1 436	770	501	2 707	3 826	6 530
丙	263	1 823	830		2622	865	3 487	2 653	6 140
丁	350	920	900	1 430		2 493	2 493	3 250	5 743
戊	450	780	1 300	1 170	1460		—	4 710	4 710
上行		—	3 545	3 486	4330	4 715			16 076
下行		7 346	3 030	2 600	1460	—			14 436
总计		7 346	6 575	6 086	5790	4 715	16 076	14 436	30 512

它将各大站及客流区段的发到旅客人数显示于表上。表内左边一列站名为发站，上边一行站名为到站。将发站发送的客流量按到站分列同行地放入相应栏内，表示出管内客流的流量和流向。表中斜线以上为上行，斜线以下为下行。

为使高速铁路客流斜线表所表示的客流计划更为明显、清晰，而且便于计算高速铁路旅客运输指标和确定动车组列车行驶区段与行车量，可将斜线表上的各项数字按一定的格式，以图案的形式绘制出管内高速铁路客流图，如图 9-2 所示（仅为上行部分）。

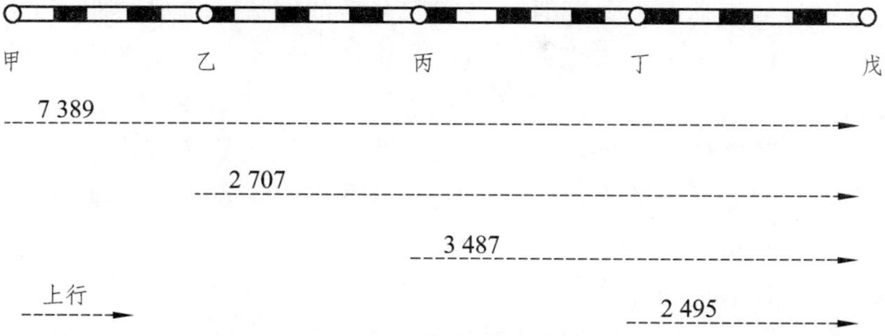

图 9-2　高速铁路客流图

各铁路局编好高速铁路客流图后，应提交铁路总公司备案，并汇总在按局别的全国高速铁路客流图上。各铁路局结合高速铁路客流调查和统计资料，利用各种预测方法推算出计划期内高速铁路客流可能的增长率或绝对数，据以编制高速铁路客流计划。最后把计划客流密度与现行运行图规定的动车组列车能力进行比较，即可提出编制新的客车运行图所需的资料。

3. 确定列车始发与终到站

编制高速旅客列车开行方案，确定列车起讫点时，应考虑以下条件。

（1）应具备动车组维修与养护条件。

动车组列车起讫点应具备必要的检修条件，保证动车组的日常维修与养护检查，确保动车组运行安全；减少动车组进出检修基地的走行时间，提高动车组运用效率。目前，我国高速铁路每日固定开行的动车组列车的起讫点绝大多数都有动车段（所），个别起讫点暂不具备检修条件，可按交路折返回到检修基地进行检修。例如，广珠城际高速铁路，广州南—新会每日开行 25.5 对动车组列车，新会不具备检修条件，按检修周期返回广州南进行检修。周末和节日才开行的短途动车组列车，终到站一般都立即折返到始发站检修。

（2）应选择客流量大、设施完善的大型客运站。

大型客运站所在地多为直辖市、省会及一些特大城市。如京沪线的北京、天津、济南、青岛、南京、上海，京广线上的石家庄、郑州、武汉、长沙、广州、深圳，杭深线上的杭州、宁波、福州、厦门，这些特大、大城市经济发达，人口众多，人均收入水平较高，乘坐高铁出行的客流量大。大型客运站站场设备、旅客服务设施和动车组维护设备齐全，最符合长途直达动车组列车始发、终到站条件。

（3）始发客流量（上座率）应满足列车开行条件。

按流开车是确定列车开行的基本原则。划定起迄点客流量时，不仅要考虑起迄点本身的直达客流，而且要考虑归并后的客流。例如，西安北开往深圳北的直达客流量，如只考虑西安地区的客流，量小就不能直达深圳，只能开西安北至广州南的列车。如把陕西省各地市的客流归并进来，使直达客流高度集中后，其客流量就能满足开行西安北—深圳北长途直达列车条件。既能减少换乘时间，方便旅客出行，又能充分利用起迄点的客运能力，提高作业效率和社会效益。

（4）应符合最优径路条件。

高速铁路网上，起迄站间可能有若干条径路，应选择输送能力大、运输距离或旅行时间短、中转换乘次数少、运输费用低的最优径路，方便旅客快捷出行，吸引更多客流，提高上座率，获得更好的经济与社会效益。例如西安至北京的动车组列车有两条路径：一条经郑州东，一条经太原南，经技术分析比较，选定经郑州东。

（5）应结合既有线列车起迄点。

我国高速铁路列车起迄点，可以选择一部分既有线列车的起迄站。如京津城际的天津站，沪宁城际的南京站，京广线的北京西站，京沪线的上海站，广深线的广州站、广州东站等。这些车站具有完善的客运设施可供利用，并与城市公共交通衔接紧密，既便利旅客出行，又能节省新建高铁站的一大笔投资。

（6）起讫点间旅行时间应不超过 8 h。

据调查了解，旅客乘坐无卧铺动车组列车超过 4 h，感觉不舒服；超过 6 h，觉得很困，公务、商务旅客会选择乘坐民航飞机出行；超过 8 h，感觉受不了，旅游、探亲的旅客会选择飞机、卧铺出行。旅行时间超过 8 h 的长途动车组列车，如乌鲁木齐至北京、上海、广州，不但旅行时间超过 8 h，往返走行千米数也超过动车组检修里程，如不能开行动卧，只能在西安北或郑州东站终到。

4. 确定旅客列车开行对数

确定旅客列车开行对数是编制列车开行方案的重要环节。在满足旅客出行需求、有效利用铁路运力、降低运输成本、保证客运服务质量、提高经济与社会效益方面具有重要的作用。

旅客列车开行对数是在确定客流总量和列车起迄点以后，根据列车运行区段客流密度、列车定员、平均上座率和客流波动等因素，经过计算确定的。根据按流开车的原则，首先确定大流量客流需要开行的列车对数，然后将零星客流和剩余客流合并，再计算这部分客流需要开行的列车对数。

列车起迄点不同，客流密度不同，各类动车组编组辆数、客座定员也不同，要根据具体情况分别计算。我国制造的动车组有 8 辆和 16 辆两种。其中 8 辆的动车组，一般单独开行，根据需要也可以重联开行。因此，各起迄点间开行的列车数量，要分析客流密度，计算大流，合并小流，考虑客流波动后再按编组辆数、客座定员数、平均上座率等因素计算，最终才能将客流转化为列车流。

我国客流波动性在日常（周一到周四）、周末（周五至周日）和节假日长假表现明显，尤其是春节期间，学生流、民工流、探亲流严重叠加。为了满足旅客的出行要求，周末和节假日比日常要多开列车。高铁旅客列车开行对数，一般按节假日高峰期最大客流量确定，并据此编制基本运行图。周末、平常客流量较小时，采取抽减列车运行线的方式，从而减少列车开行对数。例如，京沪 2011 年 12 月发布的列车开行方案，基本图 92 对，周末开行 85 对，日常开行 78 对。京津城际 2011 年 8 月发布的列车开行方案，基本图 100 对，周末开行 80 对，日常开行 70 对。

5. 列车停站方案

影响列车停站方案的因素较多，不同停站次数，对旅客出行需求和铁路效益会有不同的影响。减少停站次数，能缩短旅行时间，加速动车组周转，对长途旅客和铁路部门都有好处。增加停站次数，对满足中短途旅客出行需求，提高列车上座率有利，但会降低列车旅行速度，延长长途客流的旅行时间和动车组周转时间，使“高速”失效，对旅客和铁路都不利。因此编制列车停站方案，既要保证旅客出行需求，又要兼顾铁路经济效益。尽可能做到让旅客、地方政府、铁路部门都比较满意。

目前，我国高速铁路动车组列车停站方案有以下几种模式：

（1）一站直达，中途不停。

这种模式适用于客流集中在列车起迄站，旅行时间不超过司机乘务时间的区段。例如，沪宁城际高速铁路，运营旅程 301 km，2010 年 6 月公布的列车开行方案：本线开行 300 km/h“G”字头列车 95 对，其中南京—上海虹桥 48 对，南京—上海 22 对，属于一站直达。

（2）长途直达，省会城市停站。

京沪、京广直达客流虽然很大，但运营里程较长，旅行时间超过司机一次乘务时间，中途需要更换司机。例如，北京南—上海虹桥的长途直达列车，有 2 对只在南京南一站停车，有 6 对在省会城市济南西、南京南停站 2 次。北京西— 广州南的长途直达列车，最少在武汉停站 1 次，一般安排在郑州、武汉、长沙 3 个省会城市停车。

（3）省际直达，地市级城市交错停站。

目前，我国省会城市基本上都通高速铁路，省际间大量开行直达列车。如南宁—广州省际直达列车，在贵港、梧州、肇庆、佛山停站或交错停站；西安北—郑州的高铁列车，安排在渭南、三门峡、洛阳等地级市停站。

（4）中、短途区段列车，县级城市站站停或交错停站。

例如京广线，可在北京—石家庄—郑州、郑州—武汉—长沙间开行为县级城市服务的中、短途区段列车，满足绝大多数旅客乘坐高铁列车的出行需求，对培育市场、提高效益都大有好处。但是，数量不宜太多，防止“高速”失效。

二、列车运行图

高速铁路列车运行图是高速铁路行车组织工作的基础。所有与列车运行有关的铁路部门，必须按照列车运行图的要求，组织本部门的工作，以保证列车按列车运行图运行。高速铁路列车运行图应根据高速客流量、区段通过能力等因素确定列车对数，并要符合下列要求。

（1）区间运行、列车追踪间隔、车站间隔、列车接续或折返等技术作业时间标准。

（2）迅速、便利地运输旅客，确定行车量和列车性质时，应贯彻长短分工、快慢分工原则。

（3）充分利用通过能力，经济合理地运用动车组、机车车辆，按规定安排施工与维修共用的综合天窗。

（4）做好列车运行线与客流和旅客出行规律的结合。

（5）保证各站、各区段的协调和均衡。

（6）合理安排乘务人员作息时间，保证不超劳。

动车组交路图应与列车运行图同时编制。

高速铁路列车运行图的意义、原理、内容、编制程序和铺画运行线方法等方面与普速铁路基本相同，都是运用坐标原理对列车运行时间、空间关系的图解表示，以水平线表示车站（线路所）、垂直线表示时分、斜线表示列车运行线，如图 9-3 所示。但高速铁路在满足旅客出行需求、行车组织、列车运行速度、天窗设置等方面与普速铁路有较大区别，高速铁路列车运行图编制具有以下特点。

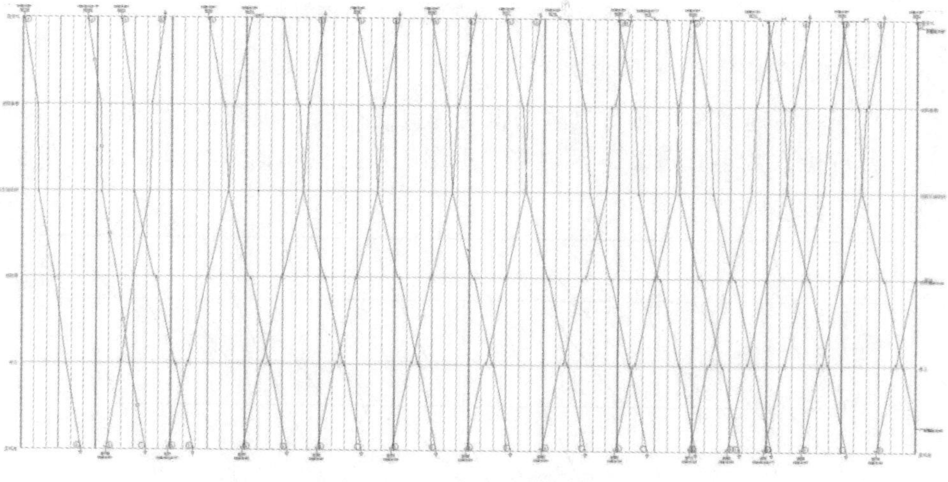

图 9-3　高速铁路列车运行图

（一）高速铁路列车运行线的铺画方式

列车运行图的铺画方式、列车的开行位置，对通过能力有影响。

1. 同类列车成组铺画

成组铺画的追踪列数越多，则每一列车占用运行图的时间越少，可铺画的总列数越多，如图 9-4 所示。

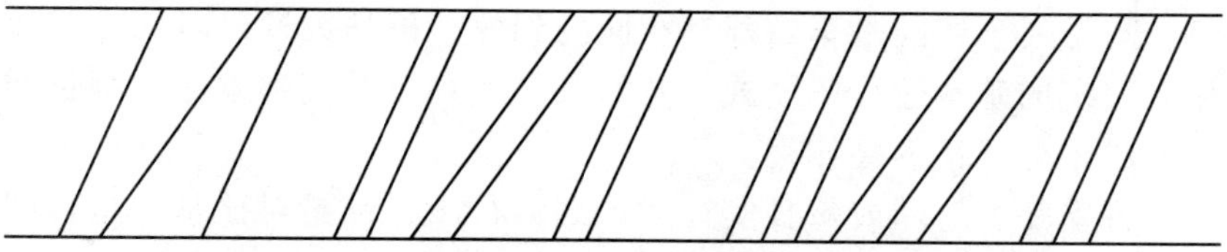

图 9-4　同类列车成组铺画对通过能力的影响

2. 高速列车停站方式

高速列车采取交替停站的方式，停站顺序应由远及近，即前行列车停远方站，后行列车停后方站，依次由远而近，如图 9-5 所示。

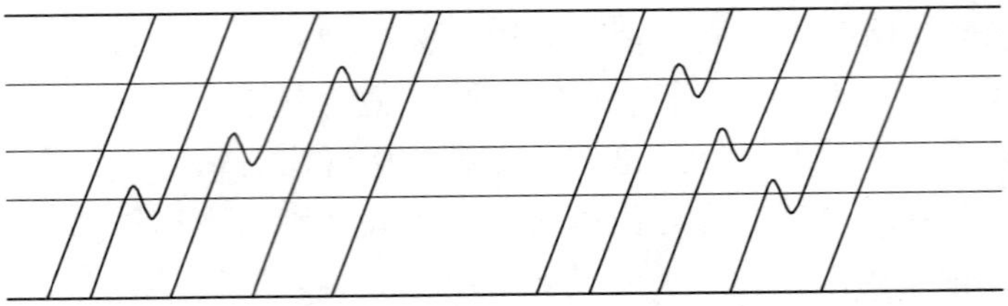

图 9-5　停站方式对通过能力的影响

3. 减少越行与待避的次数

高等级高速列车不越行过多的低等级高速列车，以减少运行图的空费时间，且待避次数不宜过多，否则将严重影响高速列车的旅行速度，如图 9-6 所示。

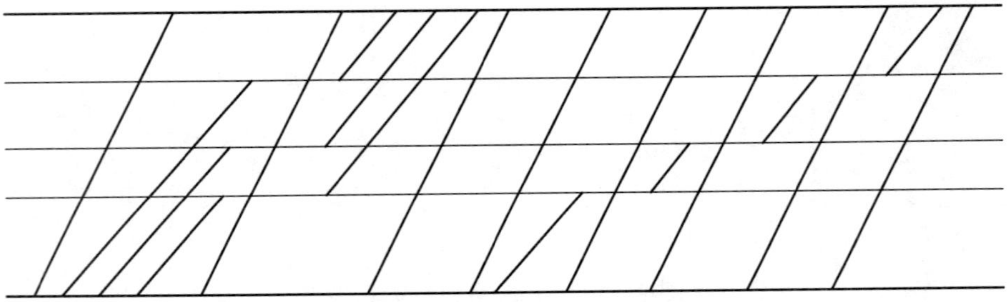

图 9-6　越行与待避过多的铺画方式

（二）高铁铁路运行图周期

所谓高铁周期运行图，也被称为模式化运行图或节拍运行图，是指基本运行图除首、末小时段以外的其他各个小时段，列车运行线铺画都具有相同的模式或列车开行规律，体现在以下几点。

（1）每小时各类列车都具有相同的开行数量。

（2）同类列车在同一车站都有相同的到发、停站或通过时间，以此形成一个相对固定的基本运行图模式；各站各车次列车及其到发停时刻长期保持不变，形成十分严格的规律性。

（3）每季度、每周或每日实行的计划运行图，都是对该基本运行图抽线后形成的。一年中不同季节、一周内不同日间以及一日内不同时段，基本图上的列车对数各不相同，有的是在指定日期开行，有的是由当日的运输计划确定的。

因此，周期运行图是编制、确定每季度、每周或每日计划运行图的基础和依据。不仅极大地方便旅客乘车，对于适应不同季度、日期客流变化而引起的运行图的调整和运行计划的编制，也提供了极大的便利。

（三）适应客流波动的运行线铺画方式

以出行需求特性为出发点和归宿，是高速铁路列车运行图编制亦即列车服务网络规划的基本特点，按旅客出行规律铺画列车运行线，体现“线随流走”，对日间、周间，以及月间客流波动具有良好的适应性。

1. 考虑日期别的运行线铺画

日本高速铁路运行图的能力利用率比较高，基本运行图是一种均衡运输的模式，看不出明显的运行高峰与非高峰时间。但列车运行图中考虑了不同日期的需求，编制了相当多的假日运行线，这些运行线在平日可作为备用线使用。这是日本高速铁路运行图的显著特点。

2. 考虑周末和工作日差别的短周期运行线铺画

日本东海道新干线的列车运行图是按照周末—工作日为短周期的运行组织方式铺画，并且考虑节假日的客流波动。以周一至周五为基准运行图，周六、周日为假日分号运行图。经统计，下行方向：节假日停运 9 对增开 1 对，周六停运 8 对，周日停运 1 对；上行方向：节假日停运 9 对，周六停运 16 对，周日停运 9 对。

3. 综合考虑不同方向客流波动时段的运行线铺画

新干线在周六、周日上下行的客流并不均衡，下行客流量明显大于上行；各时段间也存在客流高峰和低谷的差别。在编制基本图的过程中很好地考虑了客流波动时段的划分，并分别按各特征时段确定列车开行类别和对数。

最后将工作日时段、周末时段以及公历假日等特征时段的列车运行图综合在一张列车运行图上。该列车运行图具有如下基本特征：（1）在周末—工作日周期中，各特征时段具有相同的固定列车运行线；（2）各特征时段具有满足本时段客流特征的可变运行线，并在列车运行图中标明。

（四）综合维修天窗的设置

为了保证行车安全，高速铁路运行图一般在夜间设置 4h 以上的综合维修天窗，对线路、通信信号和供电设备进行综合维修。高速铁路的综合维修天窗同常规电气化铁道的日常维修天窗相比有以下不同。

（1）高铁利用夜间设置时长 4 h 以上的天窗，统一制定施工计划，进行线路、供电和通信信号设备的综合养护维修，统一协调各工种施工作业，提高施工质量。改变了常规电气化铁路各工种天窗单设、计划各自安排、昼间施工的维修组织管理局面，更符合高铁旅客昼间出行的需求。

（2）高铁采用在规定时段统一停电维修的天窗设置方式，即所谓“垂直”形天窗，这种方式便于统一管理停、供电时间，保证施工安全，改变了常规电气化铁路在客货混运条件下采用“V”形天窗对维修施工产生的局限。

（3）高铁将综合维修作业的时间保证和质量保证有机结合，由综合调度中心实施指令统一管理，统一发布停电和恢复时间，施工过程通过遥控视频设备监控全过程，维修作业后在次日首列列车始发前，还需开行确认列车，确认全线范围维修作业是否结束、线路限界内有无障碍物等，以确保行车安全。改变了常规电气化铁路调度员既不能直接监督检修过程，又不明了检修质量的局面。

（4）由于采用统一时间停电和恢复供电的“垂直”形天窗。高速铁路列车运行图是被天窗时间割断的、不连续的一个时空平面，并在分别其左上、左下角和右上、右下角形成上下行两个特殊的三角区，这四个三角区不能铺画贯穿全程的列车运行线，从而使列车运行线铺画和能力利用有“长线”和“短线”之分。这同常规铁路列车运行图相比有显著的不同。高速铁路“垂直”形天窗及其所形成的三角区如图 9-7 所示。

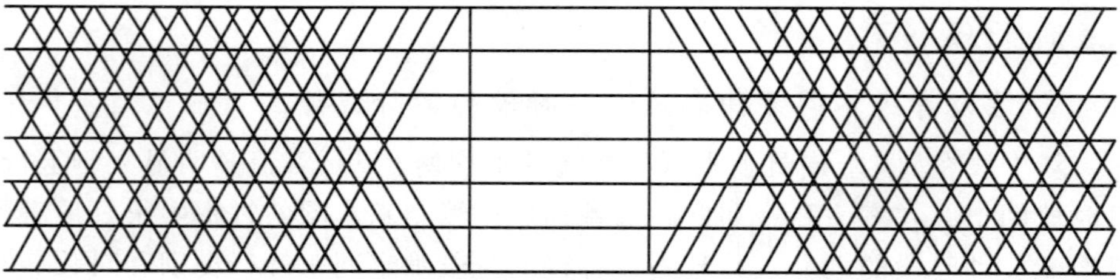

图 9-7　高速铁路垂直形综合维修天窗示意图

综合维修天窗设置不仅对高速铁路线路通过能力产生重要影响，还将对运程较长的“夕发朝至”夜行列车，以及接近天窗时间的晚点列车运行产生重大限制。上述施工与行车的矛盾问题，需要根据运营实际认真研究解决。一般的解决方案如下：

（1）尽可能采用先进技术设备，减少固定设备维修作业量，缩短天窗时间，创造夜行列车运行条件。

（2）实行差别化的综合维修天窗，如德国铁路周一至周五夜间开设小天窗，满足少量夜行列车的运行，周六周日夜间开设大天窗，不运行夜行列车。

（3）利用与高速线平行的既有线，在天窗时间运行夜行列车。

（4）研制采用混合动力型动车组。通过集成接触网供电、动力电池供电、内燃动力包等多种不同动力源，实现列车在供电和停电两种工况下的动力自动切换，以及在电化和非电化线路之间的跨线运行，既可保证客车网络真正完全贯通，又可大大减少线路停电施工天窗对夜行列车造成的影响。

（五）高速铁路列车运行图的计算机编制

计算机运行图编制是在一个特定的时空平面（区段）上，在满足不同列车运行线铺画的数量和质量要求的前提下，实现列流与运行线的结合以及运营和施工的配合，合理解决列车运行线对区间占用和车站到发线占用时间及顺序的冲突，在可行的基础上实现运行图编制的优化。

计算机编图主要采用模拟、数学模型、人工智能或人机对话等不同方法，其主要功能模块包括以下几方面的内容。

1. 数据采集、编辑和管理子系统

该子系统提供人机界面，负责录入、保存、修改、删除运行图基础数据。运行图基础数据主要有：线路数据、站别与区间数据、路网描述数据、车站间隔时间、列车区间运行时分、列车追踪间隔时间、列车运行径路、列车种类与数量、动车组交路、动车组运用方式和动车组折返时间、车站技术作业和列车接续时间、车站平面图、车站作业进路和作业时间标准、各区间正线数、信联闭方式、定点列车数据、列车编组计划、列车运行图结构数据等。

2. 时刻表规划子系统

该子系统按照优化目标，合理、均衡地安排各次列车在各站的到发时间。

3. 指标统计分析子系统

该子系统提供计算、显示、比较各时刻表方案指标的功能。

4. 运行图显示和调整子系统

该子系统可对正在生成的或已经存在的时刻表方案，以图的方式显示，并提供实时修改功能及人工干预计算机运算过程的功能。

5. 数据接口子系统

该子系统处理各子系统间的数据交换，在单机系统中负责生成接口数据文件，或从接口数据文件中读取数据；在网络系统中负责网络通信，协调各个计算模块间基础数据的同步传输。

6. 数据输出子系统

该子系统包括运行图、时刻表和指标的输出功能。

三、高速铁路通过能力

铁路通过能力是在采用一定类型的机车车辆和一定的行车组织方法条件下，铁路区段的各种固定设备，在单位时间内（通常指一昼夜）所能通过的最多列车数或列车对数。计算高速铁路的通过能力首先需要确定高速铁路的运输组织模式，即确定高速线上不同速度等级高速列车的组合、是否运行跨线列车等相关因素。不同运输组织模式表现为在客运专线上有不同速度等级的列车开行，对通过能力产生极大影响。

在选择运输组织模式时，要充分考虑铁路运输需求、线网现状以及技术、资金水平等实际情况，其中，客流特征是选择运输组织模式的基础，影响高速铁路运输组织模式的重要因素之一是跨线客流的输送问题。以下以我国京沪高速铁路为例，分析不同运输组织模式的特点。

（一）高速铁路通过能力的影响因素

高速铁路的通过能力主要受运输模式、列车种类、运行速度、停站次数及时间、运行图铺画方式、站间距离、天窗设置等设备和运营因素的影响。

1. 列车种类、比例及其连发系数

在不同速度等级的高速列车混合运行的情况下，特别是在各种列车数量都不太大的运营初期，同种列车组织连发的几率降低，导致区间通过能力的下降。当某种列车数量比例较大时，可以组织该种列车连发追踪运行，从而增加区间通过能力。当列车种类单一时，可以实现通过能力的最大化。组织同等速度列车按追踪间隔时间追踪运行，增加连发列车数量，可有效提高区间通过能力。

2. 列车追踪间隔时间

该因素是决定双线区段区间通过能力的重要技术参数。当同一区间运行两种不同速度等级的列车时，为了提高区间通过能力，对速度较高和速度较低的列车，可以根据信号显示制式的不同，采用两种追踪间隔时间标准。

3. 不同种类列车及其速差

不同列车速度（本质上是区间运行时分）差异会产生相互间的能力扣除。一般地说，速差越大，能力扣除也越大。列车区间运行时分之差是决定不同速度列车组合运行的区段区间通过能力的重要技术参数，有最大列车区间运行时分之差和平均列车区间运行时分之差两种，前者直接影响跨线列车与高速列车组合运行时的列车间隔，该时分值越大，通过能力越小。

4. 列车停站次数和时间

由于不同速度列车有不同的停站要求，即使同等速度的列车，其停站要求也不尽相同，不同列车因停站次数及其时间不同产生相互间的能力扣除。在满足旅客乘车需要的同时，应使通过能力损失降到最少。因此，在铺画运行图时要合理安排停站地点，尽可能地压缩停站次数和停站时间。

5. 站间距离及区间的不均等性

区段内中间站的站间距离与不同速度等级的高速列车区间运行时分之差，是决定区间通过能力的重要因素之一。如果高等级高速列车数量较少时，缩小站间距离有利于提高低等级高速列车长线能力，而低等级高速列车长线能力的提高又会适当降低低等级高速列车短线能力；而当高等级高速列车数量较多时，缩小站间距离只有利于提高低等级高速列车短线能力而难以提高低等级高速列车长线能力。

6. 天窗时间和类型

为保证高速铁路的行车安全，需要保持良好的线路和设备状态，其维修作业时间要求较长，一般宜在夜间 0:00 ~ 6:00 间预留 3 ~ 6 h 的双向均停止行车的矩形天窗。值得注意的是，“垂直”形天窗时间行车中断除了产生直接的能力损失外，还因在运行图四个边角时空上产生特殊的三角区，使全线能力利用有了“长线”和“短线”之分。

7. 运行图铺画方式

在不同种类列车间存在速差的情况下，运行图铺画方式对通过能力有较大的影响。

（1）同速集中铺画。

相同速度的列车间集中地平行铺画，不同列车分区集中铺画，此时，不同速度列车占用区间能力的相互影响较小。

（2）异速分散铺画。

不同速度列车分散均衡铺画，此时，不同速度列车占用区间能力的相互影响较大。

（3）阶段均衡铺画。

按不同种类列车比例和速差，合理选择不同种类列车在图中的布局关系，列车时空分布以及运行线间的交错关系。此种方式能够让高速铁路不同发展阶段的能力得到合理利用。

（二）高速铁路通过能力与普速的区别

1. 昼夜能力利用的不均衡性

由于高速列车运行速度高，旅客的旅行活动一般可在昼间完成而无需夜间行车，造成昼夜之间能力利用极不均衡；此外，由于不同季节客流的生成和变化规律有所不同，一周内工作日与双休日的客流特点不同，一日内旅客出行的频率也不同，往往形成客流高峰、平峰及低谷的不同时段，造成昼夜能力利用的不均衡性进一步扩大，不能充分利用通过能力。因此，在昼间能力利用也不均衡。这同普通铁路力求组织均衡运输、充分利用区间通过能力的运营要求有较大不同。

2. 理论计算能力与实际可利用能力差距较大

高速铁路运行图理论上可铺画较多的列车运行线，但由于高速铁路客流特点和昼间能力利用的极不均衡，各条运行线由于所处时段不同，所能吸引并完成的旅客输送量有很大不同。因此，高速铁路整体形成的实际输送能力与理论计算能力之间的差距较大。

3. 不同速度等级的高速列车均存在扣除系数

其中，低等级高速列车的扣除系数值较大，在不同速度等级的高速列车混跑的情况下，对线路通过能力有较大影响。为完成同样的旅客运输量，高速铁路通常需要更大的后备能力。

4. 列车起停车附加时分和停站时间的影响较大

普通铁路影响通过能力的主要因素是列车速差、各种追踪间隔时间，而停站时分、起停车附加时分对通过能力的影响较小。高速铁路列车停站时分加上起停车附加时分所造成的影响已超过追踪间隔时间的影响，高速列车因停站而产生的能力扣除已经成为高速铁路能力计算中的一个组成部分。

5. 长线能力相对不足与短线能力相对富余并存

“垂直”形天窗使高速铁路的线路通过能力有“长线”和“短线”之分。长线能力可以分段使用，转化为短线能力，而短线能力却不能组合为长线能力。而且随着线路里程和天窗时间的延长，长线能力也越来越小。因此，在能力利用上，显现方向通过能力小于其各区段通过能力，长线能力相对不足与短线能力相对富余并存的特点。

知识点三　高速铁路调度指挥

高速铁路行车工作是由多部门、多工种联合，连续不间断地进行的。一趟列车往往要经过几个区段、数十个车站，甚至几个铁路局、数千公里线路才能到达目的地。如分散领导、多头指挥、各行其是，必将造成行车工作上的混乱和错误，不仅会影响正常工作、降低效率，甚至可能发生列车相撞事故，造成重大损失。为使车、机、工、供、电、辆各部门、各工种步调一致、协调动作，保证列车安全、正点、高速、高效地完成铁路运输任务，高铁《技规》规定：行车工作必须坚持集中领导、统一指挥、逐级负责的原则。

铁路运输调度工作，分级管理、统一指挥的原则。局与局间由铁路总公司，局管内各区段间由铁路局，一个区段内由本区段列车调度员统一指挥。

高速列车调度台原则上应独立设置。高速铁路与普速铁路间联络线一般设有列控设备，其行车指挥原则上纳入高铁调度指挥。

高速铁路设有调度集中设备，正常情况下列车调度员可以利用该设备直接操纵集控站的道岔和信号，可以随时了解区段内各站接发列车进路、道岔、信号和列车运行情况。因此，正常情况下集控站的行车工作，由该区段列车调度员直接指挥。集控站因故转为车站控制时，根据列车调度员指示，由该站值班员指挥。非集控站的行车工作，由车站值班员统一指挥。

列车和单机由司机负责指挥，列车或单机在车站时，所有乘务人员应在列车调度员（车站控制时为车站值班员）的指挥下进行工作。司机等相关人员应直接向列车调度员报告有关行车工作；在非集控站及转为车站控制的集控站，应向车站值班员报告。

一、铁路总公司高速铁路调度组织机构与职责范围

中国铁路总公司高铁调度设值班处长，行车、动车调度台，涉及高铁的其他工种调度工作由相关普速铁路调度台兼任负责。

铁路总公司高铁调度主要职责范围如下。

（1）负责全路高铁运输组织和调度指挥工作。

（2）负责监督管理和检查铁路局调度指挥工作。维护调度纪律，检查各铁路局执行规章制度和调度命令情况，对违章违纪造成不良后果的单位和人员进行通报批评、提出处理意见。

（3）负责全路高铁日常旅客运输组织工作。经济合理地使用动车组，组织各铁路局及时输送旅客，充分利用运输能力，提高运输效率和效益。

（4）检查铁路局高铁调度日计划执行情况。监督检查各铁路局按图行车，及时协调处理各局间高铁运输工作中出现的问题。

（5）掌握各铁路局动车组配属、转属、借用、调动、运用及检修情况。

（6）掌握动车组列车运行情况，收集、分析晚点原因，组织有关单位（人员）采取措施，恢复运行秩序。

（7）处理跨局动车组列车的临时加开、停运、变更径路、途中折返、变更编组、变更客运业务停站等工作；根据需要安排跨局试验列车开行及动车回送。

（8）组织和部署专运、中央大型会议及重点任务的乘车计划，并掌握运行情况。组织和掌握军运、特运工作，安排新兵和退役士兵运输，重点掌握与其有关的动车组列车始发、运行情况。

（9）负责铁路总公司抢险救灾物资、人员运输组织工作，跟踪掌握运输情况。

（10）负责审批铁路总公司管理的施工项目日计划，组织各铁路局兑现施工日计划。

（11）检查、通报安全情况，及时收取、掌握铁路交通事故、设备故障、自然灾害等突发事件信息，按规定启动应急预案，组织救援、调整运输。负责调动跨局的救援列车、救援队。

（12)负责检查指导铁路局调度基础管理和技术培训工作,规范调度管理，加强队伍建设。负责总公司高铁日常的运输工作和安全监督检查情况的分析工作，抓好典型，及时总结推广。

二、铁路局高铁调度组织机构与职责范围

铁路局高铁调度设值班主任、值班副主任、计划、列车、动车、供电、施工调度台，涉及高铁的其他工种调度工作由普速铁路调度台兼任负责。根据工作情况有关调度台可合并设置，具体由铁路局确定。铁路局高铁调度指挥机构如图 9-8 所示。

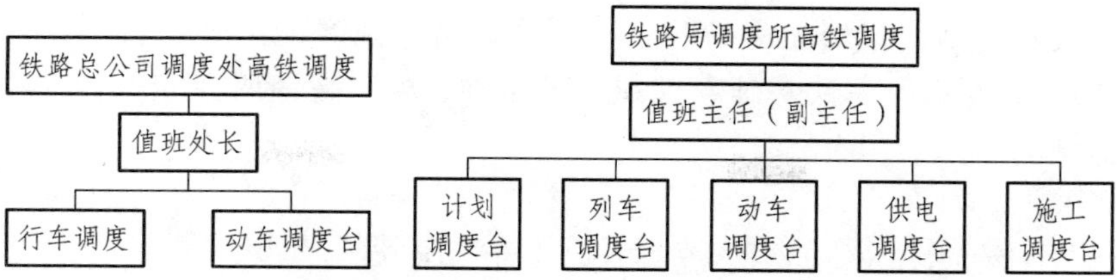

图 9-8　高铁调度指挥机构

铁路局高铁调度主要职责范围：

（1）在铁路总公司调度的集中统一指挥下，负责铁路局管内高铁运输组织和调度指挥工作。

（2）严格执行各项规章制度，遵守调度纪律，及时处理影响行车的有关情况，保证调度指挥的安全。

（3）负责铁路局管内高铁日常旅客运输组织工作。

（4）负责编制下达铁路局高铁调度日计划，并组织落实，完成运输生产任务。

（5）负责组织有关单位按高铁列车运行图行车，及时协调处理局管内高铁运输工作中出现的问题。

（6）掌握管内动车组配属、转属、借用、调动、运用、检修情况。

（7）组织旅客列车按图行车，遇列车晚点时，积极采取措施，组织有关单位（人员）恢复运行秩序，做好正晚点分析，上报铁路总公司。

（8）掌握局管内主要站客流波动及动车组列车超员和票额利用情况；处理动车组列车临时加开、停运、变更径路、途中折返、变更编组、变更客运业务停站等工作；组织和落实专运及重点任务的乘车计划，并掌握运行情况。根据需要组织和落实试验列车开行及动车组回送等。

（9）组织完成局管内军运、特运工作，重点掌握与其有关的动车组列车始发、运行情况。

（10）负责局管内抢险救灾物资、人员运输组织工作，跟踪掌握运输情况。

（11）负责编制下达路局施工（维修）日计划，发布运行揭示调度命令、施工（维修）调度命令，协调组织施工（维修）按计划进行。

（12）及时收取、上报高铁交通事故、自然灾害等突发事件信息，按规定启动应急预案；负责调动救援列车、救援队。

（13）检查路局、高铁各单位执行规章制度和调度命令情况；对违章、违令的单位和人员进行通报批评并提出处理意见。

（14）负责对铁路局高铁日常运输工作完成情况和调度安全工作情况进行

分析，及时总结、推广先进经验，不断改进高铁调度工作。

（15）负责路局高铁基础管理和技术培训，规范高铁调度管理，加强高铁队伍建设。

三、铁路局高铁主要调度工种职责

（一）值班副主任主要职责

（1）在调度所值班主任的领导下，负责管内高铁运输的集中统一指挥，协调高铁各线间、高铁与既有线间的运输工作，加强与邻局高铁调度工作间的联系，并向铁路总公司高铁调度汇报有关工作。

（2）严格执行各项规章、文件、电报、命令和安全管理制度。

（3）掌握高铁列车、动车组安全正点情况，遇涉及动车组及高铁的非正常行车组织、应急处理等情况时，上台加强组织指挥。

（4）掌握相关区段综合维修计划、试验列车开行、动车组回送情况。

（5）负责审核管内高铁动车组列车加开、停运、回送等计划。遇非正常情况时，指导相关调度调整列车开行计划、动车组车底运用计划。

（6）组织协调相关工种调度制定并实施管内高铁站车滞留旅客疏导方案，及时协调处置站车发生的与客服相关的突发事件。

（7）负责管内救援用的动车组列车的调用。需要跨局调动救援列车时，向铁路总公司调度申请。

（8）掌握高铁重点任务的运输情况，协助列车调度员做好列车运行组织和调整。遇有突发情况，立即向铁路总公司报告。

（9）组织实施应急指挥中心确定的救援和处理方案；协调相关单位实施救援、抢修和抢救。

（10）根据文件、电报、有关单位申请，审核管内动车组试验运行计划，审批施工天窗内临时施工、维修作业计划。

（11）负责铁路总公司调度命令申请单的审核工作，并督促有关工种调度转发铁路总公司的调度命令。

（12）负责高铁安全信息的收集、通报和高铁列车正点统计分析上报工作。

（13）完成领导临时交办的工作和任务。

（二）计划调度员主要职责

（1）严格执行各项规章、电报、命令和安全管理制度。

（2）了解客流变化，掌握管内动车组配属、备用、运用情况，落实动车组列车开行方案。

（3）掌握相关区段综合维修计划、试验列车开行、动车组回送情况。

（4）汇总、编制调度日计划，及时上报、接收铁路总公司审批下达的日计划。

（5）与相邻铁路局调度所交换日计划有关资料。

（6）在客运处指导下，根据客流需要，发布动车组临时加开、停运、途中折返、编组调整、定员变化、变更客运业务停站和应急情况下的票额调整等调度命令。跨铁路局时，向铁路总公司高铁调度提出调度命令申请。

（7）遇非正常情况，会同相关调度调整列车开行计划（含客运业务停站股道运用计划）、动车组车底运用计划。

（8）组织管内高铁运输中有关军事运输工作，安排新老兵乘车计划，重点掌握有关高铁动车组安全正点情况。

（9）完成领导临时交办的工作和任务。

（三）列车调度员（列车调度岗位）主要职责

（1）严格执行各项规章、文件、电报、命令和安全管理制度。

（2）接收调度日计划，负责本调度区段行车指挥工作，编制和下达列车运行调整计划，组织并监控列车运行、调整列车运行和到发线使用。

（3）负责与邻台交换列车运行计划。

（4）掌握管内车站及列车的技术设备和作业过程，注意列车运行情况，掌握重点列车运行信息，正确及时地发布与行车有关的调度命令、行车凭证和口头指示。

（5）需人工办理进路时，负责布置进路，并听取助理调度员进路准备妥当的汇报，确认进路正确。

（6）转为非常站控时，负责向车站值班员或车务应急值守人员下达列车进路调整计划（包括车次、股道、方向、到开时刻），布置进路并听取进路准备妥当的汇报，CTC终端能正常显示时，须与助理调度员共同确认进路正确。收取列车到发时刻（计算机报点除外）。

（7）遇发生铁路交通事故、设备故障、自然灾害、防灾安全监控系统报警及列车报告异常信息等情况时，正确及时处理，通报信息，并按规定填写“安监报-1”。

（8）掌握救援列车分布情况，根据值班（副）主任的指示，及时发布救援列车运行的调度命令。

（9）对列控限速命令（数据格式）与助理调度员执行“二人确认制度”。

（10）完成领导临时交办的工作和任务。

（四）列车调度员（助理调度员岗位）主要职责。

（1）严格执行各项规章、文件、电报、命令和安全管理制度。

（2）接受列车调度员（列车调度岗位）的领导。

（3）掌握管内站、段及列车技术设备和作业过程，注意列车运行情况和有关安全监控设备工作情况，注意管辖内各站列车进路和调车进路排列情况，如需人工办理进路和开放信号时，根据列车调度员的指示进行人工办理。

（4）负责进行控制模式转换、列控限速设置、接触网有（无）电状态、线路（道岔）封锁等操作。

（5）分散自律模式下，担任调车领导时，及时编制调车作业计划，向调车指挥人和司机下达调车作业计划，并负责办理调车进路。

（6）负责列控限速调度命令（数据格式）的设置、取消及人工排列进路，与列车调度员执行“二人确认制度”。

（7）转为非常站控时，在 CTC 终端能够正常显示的情况下与列车调度员共同确认进路正确。

（8）遇使用无线传送调度命令不成功的情况时，按照列车调度员的指示，使用列车调度电话向司机发布调度命令。

（9）按列车调度员的指示，负责办理综合维修，设备故障登记、销记和接触网停、送电签认手续，及时拟定并发布综合维修、抢修作业的调度命令。

（10）完成领导临时交办的工作和任务。

（五）动车调度主要职责

（1）严格执行各项规章、文件、电报、命令和安全管理制度。

（2）掌握本局管内动车组配属、转属、借用及车底到位等情况；掌握本局管内当日的动车组运用、检修、备用、热备、试运、回送、试验计划。

（3）负责编制动车组车底运用日计划，并组织落实，遇列车运行计划变更时，组织调整车底运用计划。掌握本局管内动车组车底运用周转情况，组织动车段实施日计划。

（4）掌握日常运用动车组随车机械师的乘务信息。掌握热备动车组停放位置和车底变更、临时开行等情况。

（5）监控本属及在管内运行的动车组列车的运行情况，及时收取故障信息报告。接到故障信息后立即汇报铁路总公司动车调度和有关领导，通报相关专业调度和相关铁路局动车调度，并及时做出判断，采取妥当的应急处置措施。

（6）监控动车组出、入段及列车始发情况，出现晚点时，负责组织车底运用、检修的调整工作。因动车组故障或其他原因影响本局管内车底正常交路时，组织车底交路调整、热备启用工作。

（7）掌握运用动车组故障情况，协调回送工作。掌握故障动车组的入库检修情况。督促动车段进行原因分析并上报铁路总公司动车调度。

（8）动车组需要异地检修时，协调有关单位组织实施；需跨铁路局检修时，上报铁路总公司动车调度。

（9）掌握本局管内动车组定期检修计划。负责检查督促本局管内动车段是否合理制定动车组在段检修计划。

（10）负责动车组相关调度命令的发布。跨铁路局时，向铁路总公司动车调度提出命令申请。

（11）掌握管内动车组运用检修能力及每日运用检修基本情况，检查督促动车段制定检修计划，保证动车组科学合理检备。

（12）负责动车组管理信息的监控，定期对动车组检修、运用数据进行汇总、统计、分析和上报。

（13）完成领导临时交办的工作和任务。

四、高铁调度工作信息报告制度

为贯彻调度工作分级管理、统一指挥的原则，加强各级调度间的工作联系，加强调度与安全监察、业务部门间的信息沟通，基层单位（人员）应及时报告工作信息。调度应准确掌握工作进度和安全信息，及时处理发生的问题。

1. 基层单位（人员）向路局高铁调度的信息报告

（1）集控站有关行车工作信息由列车调度员负责。相关人员直接向列车调度员报告有关行车工作。列车运行途中，司机应随时向列车调度员报告有关行车事项，随车机械师、列车长遇影响列车运行的有关事项时，应通过司机向列车调度员汇报。

（2）高铁发生铁路交通事故、设备故障及其他影响行车安全突发情况时，有关单位（人员）立即报告列车调度员。

（3）当施工维修作业不能按计划结束时，作业负责人应提前 30 min 向列车调度员报告。

（4）发生影响旅客服务的突发情况时，车站由站长，客运值班员或综控室值班员、列车由列车长向客运调度员报告。

（5）客运段及时向客运调度员汇报客运乘务计划落实及变化情况。

（6）动车段（车辆段）调度员及时向动车调度员汇报车底运用、备用、检修、乘务计划落实及变化情况。机车牵引的旅客列车，机务段调度员及时向机车调度员汇报乘务计划落实及变化的情况。

2. 铁路局调度所向铁路总公司调度的信息报告

（1）每日 9:00（21:00）前，向高铁值班副主任报告管内高铁运输情况及重点事项。

（2）动车组列车需临时停车上下人员，应立即报告。

（3）安全情况和重要事项应随时报告。

（4）当上级调度向下级调度和运输生产单位了解有关运输情况时，有关人员应及时认真汇报。

（5）铁路局调度接到铁路交通事故、行车设备故障等安全信息后，应填写《铁路交通事故（设备故障）概况表》（安监报 1），通过铁路安全监督管理信息系统，及时报送铁路局安全监察部门，并互相签认、定期核对。

知识点四　高速铁路旅客运输组织

旅客运输是目前高速铁路运输的核心部分。随着我国经济建设的迅速发展和人们物质文化生活水平的不断提高，经由高速铁路运送的旅客人数大幅度增长。因此，做好高速铁路旅客运输工作，对于国家的经济建设、文化交流以及满足人民群众的物质文化生活需要有着十分重要的意义。

旅客运输的基本任务是：最大限度地满足广大人民群众在旅行上的需要，安全、迅速、舒适、便利地运送旅客，保证旅客在旅行途中舒适愉快，并得到精神层面上的优质服务。

一、高速铁路旅客运输组织工作的基本特点

（1）高速铁路旅客运输组织工作覆盖旅客旅行服务的全过程，最大限度地满足不同层次的旅客出行需求。从客票预订和售票服务、站车信息服务、

旅客换乘服务以及各种形式旅客自助服务等方面，实现了运输组织管理和运输服务管理的一体化。

（2）充分满足旅客出行需求、适应客流变化的运输计划和旅客列车开行方案。列车开行的等级、数量、运程、经停、服务、时刻、票制等形式多样，保证旅客有充分的选择空间。

（3）运输基础设施和运载工具运用的效率化、精细化，运输计划的科学化、合理化，运输过程管理和控制的规律性和节奏性，在高速铁路运输组织中得到充分体现。

（4）建立以高新技术为基础的安全保障体系和以调度中心为中枢的运营管理系统，在保证高速铁路运输的高度安全性和可靠性的基础上，形成设备运用、整备、检修一体化的系统运营管理特色和信息、机制、决策、运作、评估之间的高度协调统一，实现了运营组织管理的高水平和高效益。

二、旅客运输合同

（一）旅客运输合同及凭证

铁路旅客运输在法律上体现为铁路旅客运输合同关系。铁路旅客运输合同是明确承运人与旅客之间权利义务关系的协议。在起运地承运人与旅客订立的旅客运输合同，对所涉及的承运人都有连带关系，具有同等约束力。

铁路旅客运输合同从售出车票时成立，自旅客进站检验车票为合同履行开始，至按票面规定运输结束旅客出站时止，为合同履行完毕。

铁路旅客运输合同的基本凭证是车票，如图所示。车票具有一定的时效性，旅客应根据票面记明的时间和车站乘车，限乘当日当次车，途中下车车票即失效。通票的有效期按下列规定计算：客票根据乘车里程计算，500 km 以内为 2 天，超过 500 km 时，每增加 1 000 km 增加 1 天，不足 1 000 km 的尾数也按 1 天计算。

图 9-9　高速铁路车票

（二）承运人、旅客的基本权利和义务

承运人应为旅客提供良好的旅行环境和服务设施，文明礼貌地为旅客服务，确保旅客运输安全、正点；对运送期间发生的旅客身体损害以及因承运人过错造成的旅客随身携带物品损失，应予以赔偿。

旅客应购票乘车，旅行中遵守国家法令和铁路运输规章制度，爱护铁路设备、设施，维护公共秩序和运输安全，听从铁路车站、列车工作人员的引导，按照车站的引导标志进、出站。对运送期间发生的身体损害以及因承运人过错造成的随身携带物品损失，有权要求承运人赔偿。

三、旅客运输生产过程

客运组织是指为了实现旅客位移而由一系列或多或少具有无形性的活动所构成的一种过程，该过程是在旅客与服务人员、硬件和软件的互动过程中进行的。其实质是最大限度地满足旅客需求并为其创造价值。

铁路客运服务基本属于售后服务（旅客买票以后才能消费运输服务），也有少部分服务是售中服务或售前服务。例如旅客购票服务和一些咨询服务等。

高速铁路旅客运输生产过程如图 9-10 所示。

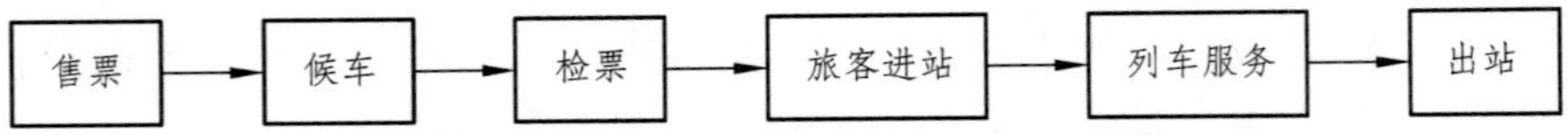

图 9-10　高速铁路旅客运输生产过程

（一）高速铁路售票

车票是旅客乘车的凭证，同时也是旅客加入铁路旅客意外伤害强制保险的凭证。高铁票包括卧铺、商务座、一等座、二等座。车站应采用多样化的售票方式，合理设置售票处所、售票专用窗口、自动售票机的数量和位置，方便旅客购票，并且通告售票服务的相关信息（余额、变更）。高速铁路客票售票渠道主要有车站窗口售票、自动售票机售票、互联网售票、电话订票、代售车票、上车补票。

1. 车站窗口售票

旅客可在窗口凭有效身份证件购买各种列车的车票，如购买任意两个车站间的单程票、往返票，以现金、银行卡支付。

2. 自动售票机售票

旅客可凭有效二代居民身份证，在自动售票机（如图 9-11 所示）上购买各种车票，可银行卡、手机支付。

图 9-11　自动售票机

3. 互联网售票

互联网用户可在 12306.cn 网站购票。中国铁路客户服务中心网站（www.12306.cn）只对注册用户提供网上购买火车票的服务。用户注册时，须准确提供真实信息，以保证顺利购票乘车及享受 12306.cn 网站提供的各项服务。一张有效身份证件只能注册一个用户。购票时，凭用户自行设定的用户名和密码登录。12306.cn 网站接受的有效身份证件是指：中华人民共和国二代居民身份证、中华人民共和国港澳居民来往内地通行证、台湾居民来往大陆通行证、按规定可使用的有效护照。购买儿童票的乘车儿童没有办理有效身份证件的，须使用同行成年人的有效身份证件信息，并于开车前换取纸质车票后乘车。12306.cn 网站可以购买全价票、儿童票、学生票、残疾军人或伤残人民警察优待票。凭购票时使用的二代居民身份证，直接在自动取票机上就可以打印出车票。旅客可在中国铁路客户服务中心网站 www.12306.cn 使用二代居民身份证购票，并且乘车站或下车站都具备二代居民身份证检票条件的，可以使用二代居民身份证原件直接在车站自动检票机办理进、出站检票手续，无需换取纸质车票。已经换取纸质车票的，只能凭纸质车票办理进、出站检票手续。

4. 电话订票

电话订票仅受理二代居民身份证，旅客拨打订票专线 95105105（外地订票需加拨出发地区号，如北京 010)，凭银行卡或现金在车站售票窗口取票。

5. 代售车票

通过授权代售点发售车票，旅客可通过旅行社、连锁便利店等售票渠道购票。

6. 上车补票

旅客上车后补票。

（二）高速铁路候车

候车室是旅客休息和等候乘车的场所。车站昼夜都有大量的旅客，而且流动性很大，必须为旅客创造一个良好舒适的候车环境。候车室一般实行凭票候车制度。候车室工作人员要主动热情、诚恳、周到地为旅客服务，搞好清洁卫生，及时通告列车到、开和检票进站时间，加强安全和旅行常识的宣传工作，做好饮水、购物、娱乐等延伸服务，为了维护站车的良好秩序，确保运输安全，方便旅客进出站、上下车，一般在旅客进入候车室之前需对旅客的随身携带品进行检查。旅客不得携带国家禁止或限制运输的物品、危险品、动物及妨碍公共卫生、能够损坏或污染车辆的物品进站上车。

高速铁路客运站不仅要为普通旅客提供便捷、舒适、优质的服务，同时为了充分体现“人性化”的服务理念，还应该能够满足特殊旅客的各种需求，例如，老弱病残孕幼等弱势群体旅客、重要旅客（VIP)、团体旅客及其他特殊旅客。

在站内为行动不便的旅客提供设备支持。长距离车站配有方便残障乘客上车的移动设备，如升降电梯和坡道。许多地方列车添加了升降梯、自动坡道以及人工操作的桥式跨板。在站内为旅客提供婴儿护理设施等。

此外，每一个成人旅客可免费携带物品 20 kg，儿童（含免费儿童）10 kg，外交人员（持外交护照者）35 kg；旅客携带品的外部尺寸，每件长、宽、高之和不得超过 160 cm；杆状物品不得超过 200 cm；重量不超过 20 kg。残疾人旅行时代步的折叠式轮椅可免费携带，不计入上述范围。

旅客候车期间的服务包括：旅客旅行生活服务，购物、娱乐、餐饮服务和寄存等。

（三）高速铁路检票

为维护站车秩序，保证旅客安全，防止旅客乘错车，车站对进站的旅客和人员持有的车票站台票要检验和加剪。检票时先重点（老、弱、病、残、孕等旅客）、后团体、再一般。高铁检票一般采用自动检票机。经自动检票机检验车票有效后，自动检票机的翼门打开，允许顾客进入或离开乘车区域。

自动检票机根据闸机的开启方式分为三种类型，分别是转杆式、扇门式和拍打式，如图 9-12 所示。转杆式检票机通行流量比较小，容易造成拥堵和事故。

图 9-12　自动检票机

扇门式可以达到迅速安全疏散人流的目的，不会出现转杆式闸机那样的拥堵与事故。但人性化的闸机也引来了小麻烦，由于停滞时间相对较长，往往出现一些不自觉的乘客在出闸门时漏刷或者逃票。

拍打式适合大流通量或大件行李及残障车通过的情况，须配合监控人员使用。

（四）高速铁路旅客乘降

旅客乘降包括旅客在进站、站内通行，检票上车以及到站下车、出站等活动的过程。“便捷、快速”是高速铁路客运站旅客乘降最主要的特性。要求设置现代化的、动静结合的导向标志，其各类信息应该有效准确、规范醒目、方便识别。导向信息应具有易辨性，标志布局要具有合理性，传递信息强调连续性，标志系统具有整体性。各类标志在材质、形式、规格、色彩等方面都要保持统一，形成一个较为稳定连贯的体系，以保证能有效地引导客流的连续移动。

我国铁路旅客引导标识是由文字、图形符号和颜色等单个要素或多个要素组成的，向旅客传递特定信息，用于引导旅客流线的设施。引导标识的规格、位置要本着最大限度方便旅客为原则，一切从旅客出发，一切以旅客为中心，坚持理念引领，准确把握新时期铁路客站建设定位理念，运用先进理念引领铁路客站建设新实践。树立服务为本的理念，在规划设计上注重从过去管理旅客向现在服务旅客的理念转变。在功能表达上，按照满足旅客换乘方便、环境舒适的要求，做好细部设计。在系统优化上，坚持以客站为中心，与城市其他交通有机结合，优化流线组织，缩短换乘距离，实现各种交通方式的无缝衔接。铁路客站作为城市门户，必须恰如其分地反映当地人文特质、城市形象和时代特征，力求简单高效。

导向标志是按旅客到站和离站流线设置的重要引导标志，在大型车站，特别是一些特大型车站一般会有城市的地下铁道或高架轻轨铁道引入车站，从目前城市交通形势来看，大型和特大型铁路旅客车站将会随着城市交通系统的现代化，逐步发展成为集地下铁道地上高架轻轨及公共汽车交通等于一体的综合性的城市交通枢纽。车站也将会逐步采用多通道的立体广场形式加快旅客的疏导。当车站很大、设施又多，且地上、地下有多个方向的进站和出站口时，很容易使第一次到达车站的旅客失去方向感。所以，进站导向标志应该从旅客进入车站广场的公共交通站点、出租车站、停车场和城市轨道交通站点等进入车站范围的起点开始设置,并沿进站流线引导旅客至售票处、进站口、候车室检票口，直至站台。出站导向标志应该从站台开始设置，沿旅客出站流线引导旅客至出站口、公共交通站点、出租车站、停车场和城市轨道交通站点。导向标志应该按通向目标的最佳路线进行布置，而且标志应该非常醒目，有很好的连续性，使旅客在视线之内能很容易看到。另外，在道路和通道的节点处由于方向发生改变，特别是当通往多个方向或多个目标时，如果没有导向标志会使旅客感到迷茫。所以，在这些地方应该设置指示方向明确的通往不同方向、不同目标的导向标志。这样，就可以使旅客很容易地在标志的引导下到达目的地。外国的自动售票机是完全不需要工作人员在旁边进行操作引导的,日本的自动售票机采用最通俗易懂的符号指示标记。不管是本国人还是外国人，只要按照形象符号就可以买到自己所需的车票。

（五）高速铁路列车服务

在整个高速铁路客运服务链中，旅客对列车服务环节所提供服务的感受最为看重。列车服务包括以下内容：

1. 乘务人员/列车员

高速铁路列车上，所有乘务人员均可以为旅客解答问题（如列车换乘）或提供帮助。列车员也可以为未持有效票的旅客补票或为旅客提升车厢等级。这些工作可以通过一个移动的电子终端器进行。但旅客必须尽快主动告知列车员。车票支付必须通过现金或手机进行。

2. 列车广播

广播系统具备收音及播放功能，能向乘客自动播放音乐及各种服务信息，以及预先储存的节目和沿线广播电台信息。

3. 信息显示

每辆车内两端分别设有车号显示器和信息显示器，信息显示器显示的内容根据需要进行设置。

4. 婴儿护理和儿童活动区域

如果一家人一起坐火车，车上也为他们提供了专门的空间。订票时，如果售票员没有给出建议，乘客必须自己咨询。一等车厢和二等车厢均有供婴儿换用尿布的桌子。

5. 残障旅客专用设施

高速铁路列车都为残障旅客专门设置了两个宽敞的座位，邻近卫生间是专为坐轮椅的旅客设计的。高速铁路列车上为残障人士和母婴专门配置了功能卫生间。

6. 车上餐饮

一等车厢的旅客，可以享受餐饮到座服务。列车上所有的旅客都可以到位于一等车厢和二等车厢之间的餐车用餐。餐车里有甜点、小食品、饮料及杂志。列车里设有流动售货车。

7. 报纸、杂志

高速铁路列车的旅客都可以免费阅读由高铁列车提供的报纸、杂志等休闲刊物，也可以在餐车购买报刊与杂志。

复习思考题

1. 高速铁路客流分为哪几类？
2. 高速铁路旅客列车开行方案包括哪些内容？
3. 编制高速旅客列车开行方案，确定列车起迄点时，应考虑哪条件？
4. 我国高速铁路动车组列车停站方案有几种模式？
5. 高速铁路列车运行线的铺画方式有哪些？
6. 适应客流波动的运行线铺画方式有哪些？

7. 高速铁路列车运行图的计算机编制主要功能模块包括哪些几方面?
8. 高速铁路通过能力的影响因素有哪些?
9. 高速铁路通过能力与普速铁路的区别在哪儿?
10. 铁路局高铁调度组织机构有哪些?其职责范围是什么?
11. 高速铁路旅客运输组织工作有哪些特点?
12. 什么是旅客运输合同及凭证?
13. 高速铁路旅客运输生产过程包括哪些内容?
14. 高速铁路列车服务的内容是什么?

参考文献

[1] 佟立本. 高速铁路概论[M]. 4 版. 北京：中国铁道出版社.
[2] 韩宝明，李学伟. 高速铁路概论[M]. 北京：北京交通大学出版社.
[3] 李学伟. 高速铁路概论[M]. 北京：中国铁道出版社.
[4] 中国铁路总公司. 铁路技术管理规程（高速铁路部分）. 北京：中国铁道出版社.
[5] 洪立新. 铁路信号与通信设备运用[M]. 成都：西南交通大学出版社.
[6] 赵水仙，连义平. 铁路线路与站场[M]. 成都：西南交通大学出版社.
[7] 赵德生. 铁路信号应答器的应用分析[J]. 铁道运营技术，2018（4）：24.